汉语国际教育本科专业系列教材

U1020607

汉语课堂教学示例集

（语言要素篇）

程　红　主编

北京体育大学出版社

出 版 人　李　飞
责任编辑　佟　晖
审稿编辑　董英双
责任校对　未　茗
版式设计　佟　晖　博文宏图

图书在版编目（CIP）数据

汉语课堂教学示例集．语言要素篇/程红主编．－－北京：北京体育大学出版社，2017.7
ISBN 978－7－5644－2669－9

Ⅰ.①汉…　Ⅱ.①程…　Ⅲ.①汉语－对外汉语教学－教学研究　Ⅳ.①H195.3

中国版本图书馆 CIP 数据核字（2017）第 176167 号

汉语课堂教学示例集（语言要素篇）

程红　主编

出　　版　北京体育大学出版社
地　　址　北京海淀区信息路 48 号
邮　　编　100084
邮 购 部　北京体育大学出版社读者服务部 010－62989432
发 行 部　010－62989320
网　　址　http：//cbs. bsu. edu. cn
印　　刷　北京昌联印刷有限公司
开　　本　787 毫米×1092 毫米　1/16
成品尺寸　260 毫米×185 毫米
印　　张　19

2017 年 9 月第 1 版第 1 次印刷
定　价　45.00 元

编委会

主　编：程　红

编　委：（署名按章节排序）

匡　昕　项　英　乔东鑫　贺吉庆

杜　丽　程　红　王　辰

序

汉语国际教育无论本科专业或硕士专业的教材建设，都大大滞后于该专业的发展。尤其是有关教学实践课程，更缺乏当前教学实际所需要的、公认的权威性的教材。由北京体育大学国际教育学院牵头编写的《汉语课堂教学示例集（语言要素篇）》，正是一部很及时、很有现实意义的教材。该研制项目提出“教学理论实践化，教学实践理论化”，并把它作为这一教材的“编写原则和指导思路”，是很有见地的。与同类教材相比，《汉语课堂教学示例集（语言要素篇）》，体现了以下三个特点：

一是专业知识和教学方法的结合。一般教材大都是，属知识课程的专门讲解语言知识，属教学实践课程的则专门讲解教学方法和技巧，两者是分离的。本教材在侧重讲教学方法的同时，注意联系（语言）知识，使教学能力得以正确运用，让已学知识在教学实践中得到印证和深化。

二是传统教学法和现代教学法的结合。从对外汉语教学的特点出发，本教材在编写理念上体现了继承而不是抛弃我国半个多世纪以来积累的、行之有效的传统教学法，如重视汉语结构的教学，重视语言知识的讲解和规则的操练；同时也汲取了当前西方第二语言教学所重视的课堂活动、游戏、任务等新的教学方法。

三是指导备课与提供资源的结合。本书在如何进行语言要素的课堂教学，帮助教师备课方面用了大量的篇幅，介绍得非常详细，汇集了编者多年来在国内外的丰富的教学经验，给新教师的教学提供了很大的方便和质量保证。本书还通过注释、资料拓展、本章参考文献等部分，给教师备课发挥自主性和创造性，提供了更大的空间。

以上三个方面是本教材的特色，也是本教材的创新之处。当然，要精确地评价一部教材，需要结合教材在教学中的使用情况和各方面的反馈全面考量。但读了本书书稿，我相信这是一部值得向大家推荐的汉语国际教育本科专业有关教学实践课程的好教材。

刘　珣

2016 年 8 月于北京语言大学

编者的话

近年来，汉语国际传播的关注度日益提高。在国家汉办/孔子学院总部汉语及文化推广政策引导下，北京体育大学充分发掘利用丰厚的传统文化资源和鲜明的武术文化特色，于2007年与挪威卑尔根大学、卑尔根联合大学合作创办了挪威卑尔根孔子学院，2014年又成立了汉语国际推广武术师资培训基地。在此背景下，经国家教育部批准，2014年北京体育大学开办了汉语国际教育本科专业。

为适应汉语国际教育教学理论发展趋势，促进学科建设与专业良性发展，同时，也让本专业青年教师更好地把教学与科研紧密融合起来，进一步提升专业水准和教学质量，经学校各级领导研究决定，国际教育学院牵头组织青年教师编写北京体育大学汉语国际教育本科专业的系列参考教材。其中，《汉语课堂教学示例集（语言要素篇）》就是以青年教师为主精心耕耘的第一份成果。

该教材秉承“教学理论实践化，教学实践理论化”的编写原则和指导思路，既借鉴国内外先进的语言教学理论，又汲取汉语国际教育专业教材编写的新鲜经验，尤其融入了编者亲身的教学体验。教材体例完整，思路清晰，示例实用，释文简要，尝试做到篇幅小，内容精，让本专业学生“看得懂、学得会、用得上”。

教材内容上：包括语音、汉字、词汇、语法、文化①，并紧密结合一线教学实践。教材以示例为突破口，提出话题。这些示例都是编者多年来汉语作为第二语言教学经验的积累，边探索边总结，从教学实践中来，贴近学生实际，鲜活生动。示例虽不面面俱到，但能以小见大，以点带面，使复杂问题简单化，同时也结合新媒体拓展教学手段。从而突出教材的实用性、针对性、指导性、趣味性，以及一定的创新探索性。

教材形式上：共分5章。每章开篇都设计一个知识结构图，力求全面而清楚地展示出该章语言要素本体的概貌。每节设计2~4个典型示例和思考练习题，示例由示例缘起、示例背景知识、示例实施（课堂教学全程）、示例小结（教学反思）、任务（配合思考练习题为专业学生而设计）五部分组成。每章最后附有资料拓展和参考文献，学习者可以从中受到启发，拓宽学术视野与学习空间。

教材各章节分工如下：第一章语音教学，由匡昕老师执笔。第二章汉字教学，由项英老师执笔。第三章词汇教学，由乔东鑫老师执笔。第四章语法教学，第1~4节，由贺吉庆老师执笔；第5节，由杜丽老师执笔；第6节，由程红老师执笔。第五章文化教学，由

① 本教材的文化教学重在从中国文化象征性符号、生活符号、艺术符号等角度出发，结合具体示例阐释中国文化现象，凸显跨文化视角，并为海外文化传播提供教学设计参考。目的是与语言要素教学关联更密切。

王辰老师执笔。

本教材是集体劳动的结晶。全体编委根据教材编写方案和工作分工，统筹协作，各负其责，都倾注了大量心血。初稿完成后，又协同作战，互相校对，互提意见，废寝忘食，充分体现出高度负责、分工合作的团队精神。

程红教授对全书进行了认真的校审和补充修改。

值得一提的是，贺吉庆老师由于紧急赴挪威卑尔根孔子学院工作，在后期修改阶段，其执笔的第四章第 1－2 节、第 3 节、第 4 节，分别由匡昕、项英、乔东鑫三位老师进行了稿件的修改、补充、完善等工作，付出了极大的辛劳，这种同事间的热情帮助很值得肯定和鼓励。

感谢北京体育大学校领导和国际教育学院领导的大力支持，感谢教务处和出版社的悉心指导，感谢教研室吴志强教授对教材编写方案及思路提出的非常中肯的建议。特别感谢北京语言大学刘珣教授、姜丽萍教授，东北师范大学黄晓颖教授，对汉语国际教育事业的无私奉献和对后辈同行的提携指引。几位专家从百忙中抽出时间，审阅教材的立项申请，包括教材目录、章节示例样稿等，提出了非常宝贵的意见。尤其是汉语教学界著名前辈学者刘珣教授在身体欠佳的情况下，还不辞辛劳为教材作序，我们深感荣幸也衷心地表示感谢！这不仅是对青年教师的热情鼓励和教诲，更表达出对我校汉语国际教育专业建设和发展的美好期望。

总之，《汉语课堂教学示例集（语言要素篇）》是北京体育大学首部汉语国际教育本科专业参考教材，由于时间仓促，水平有限，不妥之处，敬请专家学者、一线教师和广大学生批评指正，以使这部年轻的教材日臻完善。

程　红

2016 年 8 月 28 日

目　录 Content

第一章

语音教学

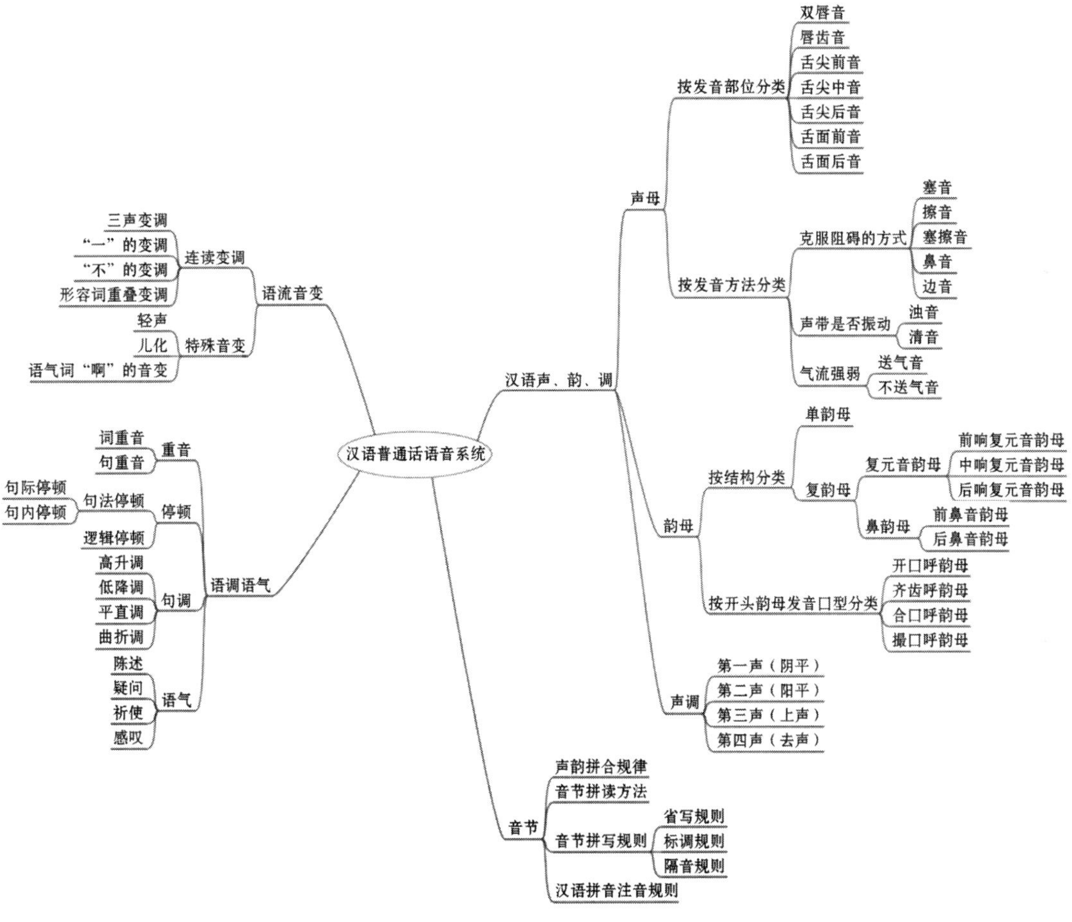

图 1－1　语音部分知识结构图

语音是语言的物质外壳，是语言系统最外在的形式特征。语音教学是第二语言教学的基石，是培养学习者听、说、读、写技能和语言交际能力的前提。汉语语音教学的目的是让学习者掌握汉语语音基础知识和汉语普通话的正确发音，培养准确听、说汉语的能力，为使用汉语进行正常的口语交际打下扎实的基础。其内容包括语音和语调两大部分。语音部分包括声母、韵母、声调，音节，变调、轻声、儿化等，语调部分包括重音、停顿、句调、语气等。

掌握汉语语音，是建立新的语音概念，养成新的发音习惯的过程，并不是一朝一夕短期速成的，必须细水长流，才能水到渠成。因此，语音教学必须贯穿到整个汉语教学的不同阶段之中。在初级语音入门阶段，以语音教学为主，反复操练，开展语音“明线”教学。到了中、高级阶段，结合词汇、语法，甚至是语篇教学，在语流中纠正发音，点拨技巧，挖掘语气、语调教学，进行语音“暗线”教学。“明”“暗”交织，双管齐下，让汉语学习者在长期不懈的语音教学中感受标准发音，提高汉语语感，远离“洋腔洋调”。

第一节　汉语声、韵、调

示例一　一个手势胜千言

一、示例缘起

一门全新的语言课程——汉语课开课了！教师、学生进入了课堂，上课了！可是……教师不懂学生母语，学生又没有任何汉语知识储备，这堂课怎么上下来？此时，课堂手势的地位便突出起来。教师的课堂手势可以形象地指示学生进行学习活动，巧妙地解说发音技巧和口形，有效地控制课堂进度与节奏，省去了大量课堂解说的时间，是语音阶段不可或缺的教学手段之一。教学示例以语音阶段的第一堂课——教授单韵母 ɑ、o、e、i、u、ü 为例，展示课堂手势的用法与作用。

二、示例背景知识

普通话一共有 10 个单韵母，最重要、最基础的有 6 个，即：ɑ、o、e、i、u、ü，每个单韵母以严式音标标注，均有 2－5 个音位变体，但在实际教学中，本着简化、易化的原则，应以宽式音标标注及讲解。另外四个单韵母：－i［ɿ］是 zi、ci、si 中 i 的发音，－i［ʅ］是 zhi、chi、shi、ri 中 i 的发音，都不单独使用；ê［ɛ］在普通话中只有一个“欸”字发此音，且极少使用；er［ɚ］只能单独作为一个音节使用，不能与声母相拼，而放在音节末尾形成儿化韵时将单独教学。因此，这 4 个特殊单韵母在教学中可忽略不讲。

1. ɑ［A］舌面、央、低、不圆唇元音；
2. o［o］舌面、后、半高、圆唇元音；
3. e［ɤ］舌面、后、半高、不圆唇元音；
4. i［i］舌面、前、高、不圆唇元音；
5. u［u］舌面、后、高、圆唇元音；

6. ü［y］舌面、前、高、圆唇元音；
7. ê［ɛ］舌面、前、半低、不圆唇元音；
8. －i［ɿ］舌尖、前、高、不圆唇元音；
9. －i［ʅ］舌尖、后、高、不圆唇元音；
10. er［ɚ］卷舌、央、中、不圆唇元音。

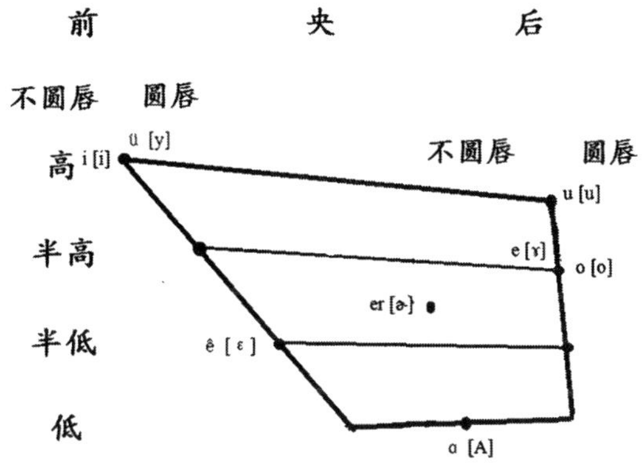

图 1－2　舌面元音舌位唇形图

三、示例实施

（一）教学目标

1. 掌握单韵母 ɑ、o、e、i、u、ü 的正确发音；
2. 熟练听读单韵母 ɑ、o、e、i、u、ü。

（二）教学重点、难点

1. 教学重点

单韵母 ɑ、o、e、i、u、ü 的发音。

2. 教学难点

单韵母 e、ü 的发音。

（三）教学前准备

1. 知识准备

无。

2. 教学材料准备

单韵母卡片、汉语拼音挂图（或发音图）、元音音位图。

（四）教学过程

1. 导　入

问好。教师微笑面对学生并用较慢语速说："你好！/你们好！"

介绍教学内容。教师将6个单韵母写在黑板上，用较慢语速向学生介绍："现在我们学习ɑ、o、e、i、u、ü"（由于学生完全为零起点，可根据学生情况进行翻译或配以手势示意）。

2. 讲　练

（1）ɑ的发音示范

教师指示黑板上的ɑ，同时手指指向自己的嘴，示意让学生注意口形，张大嘴，然后发ɑ音，此时还可以配合手势：大拇指代表下颚，其余四指并拢代表上颚，大拇指与四指张开，形成">"形，指示ɑ的开口度较大。

（2）ɑ的发音操练

齐读。教师示范ɑ的发音，然后以手势（或指令语，如："read together""一起读"等）示意学生集体跟读。

轮读。教师再次发音，以"请"的手势指示学生依次发音。注意：教师应对发音较好的学生以眼神、手势（如：竖大拇指）、语言（如："好""good""excellent"等）进行适当赞扬、鼓励。

再齐读（巩固发音，也可根据学生实际掌握情况省略或增加次数）。

（3）其他5个单韵母的示范与操练

o的示范。教师指示黑板上的o，同时拢圆嘴，发o音。配合手势为：大拇指与其余四指相触、拢圆，形成"O"形，指示圆唇。

e的示范。教师指示黑板上的e，同时咧开嘴，发e音。配合手势为：大拇指与食指相触后横向拉开，其余三指收拢于掌心处，以突出e的扁长唇形。

i的示范。教师指示黑板上的i，并发音。

u的示范。教师指示黑板上的u，同时拢圆噘嘴，发u音。配合手势为：大拇指与其余四指向前伸长并相触，形成"<"形，以展示u音嘴唇前突的特征。

ü的示范。教师指示黑板上的ü，同时发音（可采取"带音法"，详见下文）。

每个单韵母示范发音后，教师均需进行操练（方法同ɑ的发音操练）。

6个单韵母全部学完后，教师再进行发音操练。利用板书，依次指示单韵母，学生齐读；随机指示单韵母，学生齐读、依次轮读、教师指定个别学生读。教师在指示单韵母时，可有意识地逐渐加快速度，训练学生的反应。

（4）纠正发音

在学生个别发音时，如果学生发音有误，教师可用手势示意其暂停，然后再次示范发音，要求学生模仿跟读。

模仿跟读1~3次后，如果学生发音仍不正确，教师可再次以口形、手势进行纠正，或请发音好的学生进行示范。

注意语音教学不能一蹴而就，有的学生如果反复发不好一个音，教师可先放松要求，以免增加学生紧张感，影响课堂气氛与进度。但应及时记下该学生的发音困难，课下找时间进行一对一指导纠正。

（5）发音技巧

在6个单韵母中，ɑ、o、i、u在各种语言的元音中都较为常见，学生容易掌握。e、ü在掌握上有一定难度，个别学生容易产生偏误，教师可以利用带音法指导、纠正发音。

用带音法教e：先请学生发o音，延长o的发音，用拇指和食指（或两手的食指）轻触两嘴角，将嘴角横向拉开，唇形由圆变扁，e便发出来了。

用带音法教ü：请学生先发i音，延长i的发音，保持舌位不变，将嘴唇逐渐收拢、前突，圆唇，即可带出ü音。

3. 活动与游戏

游戏一：听一听，辨一辨

在黑板上板书6个单韵母，教师随机指示一个单韵母，并说出一个单韵母。学生看板书，听发音，进行听辨判断。如果教师指示的韵母与发音的韵母相同，学生大拇指向上，表示“对”；如果教师指示的韵母与发音的韵母不同，学生大拇指向下，表示“不对”，看谁辨得又快又准。

游戏二：听后举牌

教师课前制作单韵母卡片（六张为一套），卡片套数最好与学生数相同，每个学生发一套单韵母卡片。教师说单韵母，学生听后找出相应单韵母卡片并举起，看谁举得又快又对。

四、示例小结

在这个单韵母教学示例中，教师教学目标明确，教学安排循序渐进。教师在简单导入后，先利用演示法、口形夸张法、手势法、带音法等语音教学方法进行发音示范；然后采用齐读、轮读、指定个别学生读等方法对6个单韵母进行操练，保证了课堂的开口率和教学质量；最后设计小游戏，避免语音教学的枯燥性，活跃课堂，巩固教学效果，最终完成6个单韵母的教学。

在语音教学阶段，单韵母教学是教学的开篇环节，也是师生初次见面进行的第一次教学配合。因此，精心设计教学步骤，有意识地引入课堂教学指令语或指令手势是极其重要的。在汉语教学的第一次课上，教师展示出自己语音教学的独特风格、固定的教学环节、简易的操练指示语或教学手势，并在今后的声、韵母及声调等教学中一以贯之，有利于教师控制教学节奏、提高课堂效率，学生在熟悉并适应教师教学模式后，也将大大消除课堂紧张感，并将注意力更集中于发音操练。

五、任 务

任务一：仔细体会 u 的发音技巧，试用带音法教授 u 的发音。
任务二：设计一个操练单韵母的课堂小游戏，注意游戏的趣味性与可操作性。

示例二 “妈、麻、马、骂”要分清

一、示例缘起

当我们就汉语语音难点进行调查时，学生十有八九会说“声调很难”“我的声调不太好”等等。的确，汉语声调是学习者的一大难点。即使在学习多年的学生口中，也不乏出现将“愁眉苦脸”说成“愁眉哭脸”，将“我不买”说成“我不卖”，将“美食家”说成“没食家”等声调偏误现象。这些问题的出现，除了让汉语教师哭笑不得以外，更提示了声调教学的重要性。声调是汉语语音结构重要的组成部分之一，它具有区别词义的作用。声调掌握得好坏直接影响交际的效果。因此，要搞好汉语普通话语音教学，声调应作为教学的重中之重，放在突出位置上，贯穿每一次语音课，更应贯穿语音教学乃至整个汉语教学的全程。

二、示例背景知识

汉语普通话有四个基本声调，分别是第一声、第二声、第三声和第四声，也称阴平、阳平、上声、去声。四个声调的基本特点是：第一声又高又平，用五度标记法可描述其调值为［55］；第二声由中音上升到高音，调值为［35］；第三声先降后升，由半低降到低音再升到半高音，调值为［214］；第四声由高音降到低音，又短又快，调值为［51］。

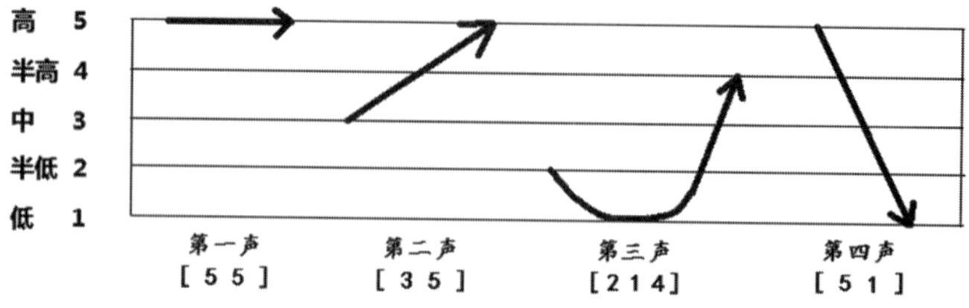

图 1－3 普通话调值五度标记图

三、示例实施

（一）教学目标

1. 了解声调在汉语普通话中的重要意义；
2. 了解汉语普通话四个基本声调的名称及其调值；
3. 能够准确、熟练地听读汉语音节的声调。

（二）教学重点、难点

1. 教学重点

汉语普通话四个基本声调的调值及发音。

2. 教学难点

第三声、第四声的发音。

（三）教学前准备

1. 知识准备

学生已学过单韵母及部分声母，如：b、p、m、f。

2. 教学材料准备

声韵表，声调卡片，声母、韵母卡片，教学示例中涉及的相关图片。

（四）教学过程

1. 导 入

复习已学过的单韵母和声母。教师在黑板上板书单韵母：ɑ、o、e、i、u、ü，声母：b、p、m、f，一边板书一边示意学生集体朗读，复习发音。教师指示声母 m，再指示韵母 ɑ，两手由分开合拢到一起，示意学生将声母与韵母进行拼读，发 mɑ（妈）音，并在黑板上板书 mɑ。

引入汉语普通话声调的概念，并强调其重要意义。教师用汉语慢速说："汉语有声调"，如果大部分学生懂英语或教师会学生母语，也可借助英语或其他语言进行翻译。比划手势"四"，说："汉语有四个声调"，同时在黑板上写 mā、má、mǎ、mà，调号可用彩色粉笔标出，加以强调。随后教师分别指示四个音节，说："四个声调，意思不一样"，然后逐一指示四个音节，配以相应意思的图片或运用多媒体设备展示图片，并用英语进行翻译，如指"mā"，展示表示"妈妈"的图片，用英语"mother"翻译辅助学生了解意思；"má"，展示表示"麻"（草本植物"苎麻"）的图片，翻译成"a kind of plant"；"mǎ"，展示表示"马"的图片，翻译成"horse"；"mà"，展示表示"骂"的图片（如妈妈训斥孩子的图片），翻译成"scold"；最后小结并强调"声调不一样，意思不一样，所以汉语声调很重要!"，同时配合体态及手势进行解释或翻译。

图1－4　声调教学课件展示图

2. 讲　练

（1）讲解示范

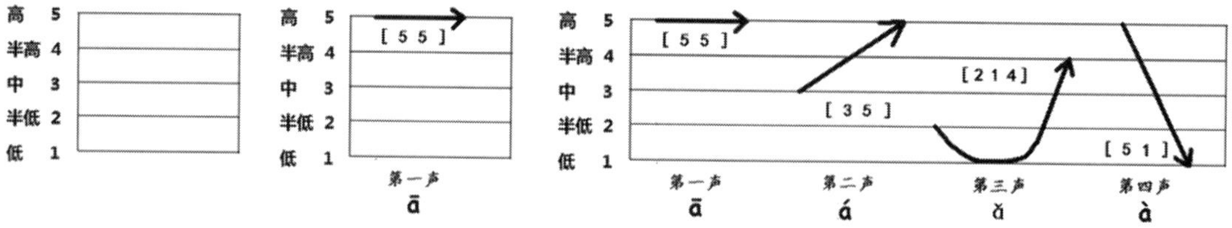

图1－5　声调音高分步教学图

教师在黑板上勾画五度音高图，以“a”为例，示范 ā、á、ǎ、à 四个声调的音高，注意发音时要慢速、清晰并拖长音。

分别讲解四个声调的音高特点。

第一声 ā：在五度音高图上标写“第一声 ā”，然后进行发音，示范三次。第一次手指“ā”示范发音；第二次在音高 5 的位置上标出箭头，书写调值［55］，并发音；第三次发音时配合手势，在空中画第一声的调号“—”。

第二声 á：在五度音高图上标写“第二声 á”，然后进行发音，示范三次。第一次手指“á”示范发音；第二次标出音高箭头，注释调值［35］，并发音；第三次发音时在空中画调号“/”。

第三声 ǎ：在五度音高图上标写“第三声 ǎ”，然后进行发音，示范三次。第一次手指“ǎ”示范发音；第二次在音高图中标写箭头，书写调值［214］，并发音；第三次发音时在空中画第三声的调号“﹀”。

第四声 à：在五度音高图上标写“第四声 à”，然后进行发音，示范三次。第一次手指“à”示范发音；第二次标出音高箭头，书写调值［51］，并发音；第三次发音时配合手势，在空中画第四声的调号“\”。

（2）发音纠音

学生发音。教师分别指示 ā、á、ǎ、à 并领读，学生集体跟读，依次朗读。

教师板书 o，领读 o，用手在空中依次比画四声调号，示意学生集体尝试读四声，同时教师在黑板上书写“ō、ó、ǒ、ò”，然后指示 o 的四个声调，再请学生依次轮读或指定个别学生朗读，巩固发音。随后分别练习 e、i、u、ü 的四声。

教师纠音。学生在唱四声时，存在的普遍问题是：第一声不够高，第二声上不去，第三声转不好，第四声下不来。因此，教师应格外重视纠音纠错，帮助学生打下正确的发音基础。在纠错时，如果学生发音有误，教师可先让其再尝试发音，争取自行纠正。如果学生不能自行改正，教师可利用五度标记图提示学生该声调的调值或在空中比画其调号，并示范一次发音，让学生模仿。如果学生尝试两次后仍不能正确发音，教师可以试运用以下技巧进行引导。

第一声发音技巧。第一声又高又平，像唱高音，所以教师可以尝试先唱音阶 1（do）-2（re）-3（mi）-4（fa）-5（so），用手随着五个音阶依次由低到高在空中画横线，唱到 5（so）时，挺胸抬头收小腹，发音又高又平并持续一段时间，然后在同一音高上，改发第一声，如“ā”，并用英语解释道：“very high，like singing a song”。

第二声发音技巧。第二声是中升调。教师在黑板上写英文“what”，同时语调上扬，配合“询问”“质疑”等表情或身体语言，发音“what? ↗”，并标示问号“?”和上扬箭头“↗”，以强调音调上升。随后请学生模仿，体会第二声的调值变化。以同样的方法，再让学生发第二声，如“ú”。

第三声发音技巧。第三声的调值是［214］，它体现的是单独发音时的全音声调。但在实际发音时，除了在句尾或强调时发［214］以外，在其他情况下都发成［211］或［21］，其特点是前长后短，以降为主。根据这一特点，教师示范、纠音时可夸张强调“低降慢转并拖长”的特点。在教学时，可找一张游乐园过山车在最低段转弯的图片，教师指示“低转”的那一段，低低地发音并拖长，如“ǐ”，配合手势由调值 2 降到调值 1 并延长调值 1，用英语提示“very low”，让学生跟读发音。

第四声发音技巧。第四声的特点是由高到低，又短又快，很像急促的叹气，教师可由此引导。教师展示一张“叹气”的图片，夸张地用身体语言表演“叹气”（先挺胸抬头，然后发“唉”音，同时吐出胸中空气，呈蔫头耷脑状，拖长音），可配以英语翻译“sigh”，然后以同样的方式，将“唉”换成第四声音节，如“è”，再表演一遍，此时音长较长。最后，加快速度，缩短音长，再发第四声“è”，并用手在空中快速地由高向低画第四声的调号“\”，示意学生第四声的特点——由高到低，又短又快。

（3）听读操练

读的操练。

复习声母。教师在黑板上横向书写已学声母 b、p、m、f，一边写一边示意学生齐声朗读，然后纵向书写已学单韵母 ɑ、o、e、i、u、ü，请学生朗读。

引导拼读。教师在声韵交汇处书写 bɑ，先读 b，再读 ɑ，停顿片刻，用手势示意学生声韵相拼进行发音，等学生发出 bɑ 音后，确认发音正确并重复，“很好！bɑ”。在 bɑ 下面逐一书写四声，并朗读，每读完一个音节请学生齐声跟读，如：教师：“bā”，学生：“bā”，教师：“bá”，学生：“bá”……

p 与 ɑ 相拼。教师指示黑板上的 p 和 ɑ，在交汇处写出 pɑ，示意学生拼读，随后用手在空中画四声的调号“—、/、ˇ、\”，示意学生集体“唱四声”，最后就学生的拼读进行积极反馈，如：“很好！”。

m 与 ɑ 相拼。教师指示黑板上的 m 和 ɑ，在交汇处写出 mɑ，请平时学习较好、课堂反应快的学生拼读四声“mā、má、mǎ、mà”。

同样方法训练 f 与 ɑ，b、p、m、f 与 o、u，b、p、m 与 i 的拼读。注意灵活变换拼读操练方式，以避免发音训练的机械性、枯燥性。如：请一个学生唱四声；请四个学生依次拼读四声；教师通过手势或板书规定声调，学生拼读指定声调等。操练的音节应为可拼读且有相应汉字、有意义的音节，不要拼出声韵不能拼合的音节，如“be”“pü”，尽量避免无相应汉字、无意义的音节，如：“mé”“fò”等。

听的操练。

教师准备一张声韵表，发给学生，教师读音节，让学生在表格相应的声韵交汇处标出声调（标调号或数字均可）。教师读音节：①mā、②fǔ、③bō、④pì、⑤fó、⑥mǐ、⑦fá、⑧mò、⑨pá、⑩bù，每个读 2～3 遍，读完后在黑板上画出声韵表，请一个学生说答案，让其他学生自己检查答案，然后可以询问学生听的情况，如学生有疑问，教师可再读一遍相应音节。

表 1－1　声韵表（答案）

	b	p	m	f
ɑ				
o				
e				
i				
u				
ü				

表 1－2　声韵表（学生用）

	b	p	m	f
ɑ		⑨ 2	① 1	⑦ 2
o	③ 1		⑧ 4	⑤ 2
e				
i		④ 4	⑥ 3	
u	⑩ 4			② 3
ü				

3. 活动与游戏

活动：一起来拼读

准备已学过的声母卡片、韵母卡片及声调调号卡片，请一位学生拿声母卡片，一位学生拿韵母卡片，教师拿声调调号卡片，三人面向其他学生，每人抽取一张卡片，并举起，其他学生将举起的声母、韵母及声调拼读起来，进行发音，如：第一位学生举起声母卡片“p”，第二位学生举起韵母卡片“o”，教师举起声调调号卡片“\”，其他学生应齐声拼读“pò（破）”。注意：（1）教师举调号卡片时应尽量选择有意义、常用字的声调，增加活动的有效性；（2）教师发给学生的声、韵母卡片，应注意其可拼读性，避免出现声韵不能拼合的情况，如声母“b、p、m、f、d、t”不与撮口呼韵母相拼，“j、q、x”不与开口呼、合口呼韵母相拼等。

游戏一：看谁反应快

教师大声说出一个声韵拼合音节，学生听后判断音节的声调，并用手势或声调卡片反馈所听到的声调。看谁听得准，反应快。音节的选择应注意常用性和练习的覆盖率。

游戏二：你说我学123

教师大声说出一个声韵拼合音节，要求学生按照一定次序依次重复这个音节。第一个学生重复一遍这个音节，第二个学生重复两遍，第三个学生则重复三遍。然后教师再示范另一个音节，学生再依次重复。教师在学生重复时，应注意学生发音是否标准，如不够标准，可以手势示意其暂停并重新发音，或教师再行示范发音，请学生重复。

游戏三：拍手找朋友

根据座位把学生分成四组，每组负责一个声调，告诉学生这个声调就是你的好朋友，你们一听到他，就要马上拍两下手欢迎它。游戏开始后教师说出音节，让学生拍手听辨。拍错的学生要跟老师再重复一遍，然后带着所有学生齐读该音节。此游戏可根据学生水平逐渐提升难度，如（1）刚开始时，每个音节教师读三遍，然后读的次数逐渐减少至一遍；（2）读音节的速度由慢变快，音节与音节之间的停顿时间逐渐缩短，节奏加快，训练学生反应速度；（3）音节从单音节逐渐变为双音节、三音节、四音节等。

四、示例小结

教学示例从声调在汉语语音系统中具有区别意义的重要地位入手，引导并展开教学，以五度标记图、动态手势等方式指示各声调的音高、调值，形象、直观地展示声调的重要性和发音特点；将声调教学融入声、韵母发音练习中，以“唱四声”的经典声调训练方法进行课堂操练，一举两得。特别值得一提的是示例展现了两大教学亮点。亮点之一：“导入”部分以生动活泼的图片明确声调在汉语普通话中的重要意义。这一教学内容可能是很多学生在学完语音部分也未能明确和知晓的内容，也是很多教师在实际教学中经常忽视的讲授内容。在声调教学之初，通过学生可理解并幽默的方式阐释声调区别意义的重要性，不仅可以突出声调教学的重要地位，更可有效防止学生不愿学声调、对声调操练不重视等情况的发生。亮点之二在“发音纠音”部分。教学示例根据四个声调的特点：通过唱歌定第一声音高，语调上扬引导第二声音准，根据第三声“低降慢转”的特点配“过山车”图片，用人类通用的情态“叹气”示意第四声的音高下降维度。这样的教学技巧既引导了发音，标示了音准与调值，又贴近学生现实生活，易学易懂，避免了声调教学的抽象性和枯燥性，对今后学生读准音节，找准调值有较好的提示、基准作用。

在声调教学顺序的安排上，有学者提出应从由易到难的角度进行教学，即先教第一声，继而教第四声、第二声，最后教第三声。因为第一声是高平调，易于掌握。另外，第一声的调值是［55］，是普通话的最高调，学生掌握后，可以为后面三个声调的音高升降定下基准。而后教第四声时，可以第一声为起点，速降后即得第四声发音。学生在熟悉了降调的第四声和升调的第二声后，对音高的下降、上升有了体会，最后学习最难的第三声，就容易多了。其实，声调的教学顺序并没有一定之规，只要掌握好每个声调的突出特点，并找到针对性强、效果好的教学方法，使学生能够轻而易举地学习并掌握四个声调，那么对于声调教学顺序的争论就没有存在的必要了。

就教学方法来说，无论是发音操练，还是活动、游戏的设计均应根据学生水平、适应情况和学习进度灵活运用，并适当调整、扩充或变换。如：进行声调对比辨析，双音节声调连读定调，三音节、四音节声调听读训练等。随着教学经验的丰富和积累，教师更应深入挖掘四声的特点与搭配发音规律，发挥想象力和创造力，设计更多学生喜闻乐见的活动、游戏，进行声调操练。

总之，声调教学是一项长期的教学任务，不是一两次课就可以解决的，应贯穿语音教学始终。教师在进行声母、韵母及今后的词汇、语法，甚至是语篇教学时，都应该有意识地纠音正调，培养学生的汉语音感，以达到“音正调准、字正腔圆”的理想效果。

五、任　务

任务一：两人一组，模拟一对一声调教学。注意教师示范、学生模仿、教师讲解、学生产生偏误及教师纠音等环节的处理。

任务二：模仿教学示例关于声调重要性（不同声调，意义不同）的教学环节，选择一个声韵拼合音节进行讲解。注意各声调例字意义的易理解性、形象性及常用性。

任务三：针对不同母语背景的汉语学习者的声调偏误类型、成因及其学习难度，有研究者提出了不同的声调教学顺序。例如：针对日韩学生，采用一、四、二、三的声调教学顺序；针对欧美学生，采用一、四、三、二的教学顺序。请了解其理论基础并选择一种教学顺序进行教学设计。

示例三　练辨结合乐趣多

一、示例缘起

随着语音学习的不断深入，学生掌握的声、韵母越来越多，近似音混淆这一学习现象开始频繁出现。因此，语音课的操练内容就不再仅仅是单一的新课操练了，教师应在操练新知识的同时，融入以旧代新、新旧辨析等讲授及操练方法，降低新课难度，丰富课程内容，明晰近似音区别，尽量避免语音偏误的产生。

在汉语普通话21个声母中，舌尖前音 z、c、s，舌尖后音 zh、ch、sh、r，舌面前音 j、q、x 往往是最后讲授，且学生极易混淆，产生偏误的三组声母。示例以讲授舌尖后音 zh、ch、sh、r 为例，简介汉语普通话声母及其辨析的教学与操练方法。

二、示例背景知识

从语音学角度讲，发音时气流受到发音器官阻碍的音叫辅音。汉语普通话中有 22 个辅音。其中有21个辅音放在音节的开头作声母，只有n和ng可以出现在音节的末尾，与元音组合成鼻韵母。汉语普通话中，声母一般不能自成音节，汉语音节中也没有辅音连缀的现象。

辅音的音色由两大因素决定：一是发音部位，二是发音方法。

发音部位即发辅音时，阻碍气流形成的人体发音器官，既可以是活动的发音器官，也可以是固定的发音器官。发音器官及部位不同，阻碍方式不同，发出的辅音就不同。根据发音部位，汉语普通话辅音可分为：

1. 双唇音。上下唇接触形成阻碍，发音时双唇紧闭，如：b、p、m；

2. 唇齿音。上齿和下唇接触形成阻碍，上齿和下唇接触发音，如：f；

3. 舌尖前音。舌尖和上齿背接触形成阻碍，发音时将舌尖顶住或接近上门齿齿背，如：z、c、s；

4. 舌尖中音。舌尖和上齿龈接触形成阻碍，舌尖顶上齿龈靠前的部分发音，如：d、t、n、l；

5. 舌尖后音。舌尖和硬腭前部接触形成阻碍，发音时舌尖顶住或接近硬腭前部，如：zh、ch、sh、r；

6. 舌面前音。舌面前部和硬腭前部形成阻碍，发音时，舌面上升，靠着或者接近前硬腭，如：j、q、x；

7. 舌面后音，也称舌根音。舌面后部和软腭形成阻碍，发音时，舌面后部上升，靠着或者接近软腭，如：g、k、h、ng。

教学或纠音时，不同发音部位常用手势法或发音部位图示法引导发音和进行辨析。

发辅音时，发音器官形成阻碍后，气流要想办法克服阻碍并在口腔或鼻腔内获得不同的共鸣最终发音。发音方法就是指发辅音时，气流克服阻碍的方式及共鸣的状况。发音方法可以从三个方面考察：

（一）克服阻碍的方式

1. 塞音。发音时，阻碍形成后在持阻阶段，发音部位完全阻塞，气流无法通过，随后发音部位突然打开，解除阻碍，气流突然冲出，发出辅音，如：b、p、d、t、g、k。

2. 擦音。发音时，阻碍形成后在持阻阶段，发音部位不完全阻塞，发音部位留有狭窄的缝隙，气流挤过阻塞部位摩擦发出声音，如：f、h、x、sh、r、s。

3. 塞擦音。即先塞后擦的辅音，发音时，阻碍形成时发音部位完全阻塞，气流无法通过，阻碍保持一段时间后发音部位稍有放松并留出窄缝，气流挤出摩擦成声，如：z、c、zh、ch、j、q。

4. 鼻音。发音时，阻碍形成后发音部位完全阻塞，软腭下降，阻碍口腔通道，鼻腔通道随后被打开，气流从鼻腔冲出，发出声音，如：m、n、ng。

5. 边音。发音时，舌尖形成阻碍不让气流通过，舌尖的两边或一边留出空隙，气流从空隙冲出，发出辅音，如：l。

（二）声带是否振动

1. 浊音。声带振动，普通话中只有声母 m、n、l、r 和辅音 ng 是浊音；

2. 清音。声带不振动，即：b、p、f、d、t、g、k、h、j、q、x、z、c、s、zh、ch、sh；

教学或纠音时，清音与浊音常用将手放于声带处感受声带振动的方法引导发音和进行辨析。

（三）气流的强弱

1. 送气音。发辅音时，阻碍解除后，紧跟着送出一股较强的气流，如：p、t、k、q、ch、c，国际音标中常用［ʻ］表示送气音；

2. 不送气音。发辅音时，阻碍解除后，没有特别明显的气流送出，如：b、d、g、j、zh、z。

教学或纠音时，送气音与不送气音常用吹蜡烛法、吹纸法，或将手放于嘴前感受气流呼出强弱等方法引导发音和进行辨析。

表 1－3　汉语辅音及国际音标表

发音方法 发音部位	不送气音清音		送气音清音		浊音	清音	浊音	浊音
	塞音	塞擦音	塞音	塞擦音	鼻音	擦音	边音	擦音
双唇音	b［p］		p［pʻ］		m［m］			
唇齿音						f［f］		
舌尖前音		z［ts］		c［tsʻ］		s［s］		
舌尖中音	d［t］		t［tʻ］		n［n］		l［l］	
舌尖后音		zh［tʂ］		ch［tʂʻ］		sh［ʂ］		r［ʐ］
舌面前音		j［tɕ］		q［tɕʻ］		x［ɕ］		
舌面后音	g［k］		k［kʻ］		ng［ŋ］	h［x］		

教学示例重点讲练舌尖后音 zh、ch、sh、r，及其与舌尖前音 z、s、c，舌面前音 j、q、x 的辨析，现将此十个声母描写如下：

zh［tʂ］舌尖后、不送气、清、塞擦音。舌尖翘起顶住硬腭前部，口腔通道完全阻塞，然后口腔中蓄气，舌尖放松，与硬腭前部打开一条窄缝，较弱的气流从窄缝中摩擦而出。声带不振动。

ch［tʂʻ］舌尖后、送气、清、塞擦音。舌尖翘起顶住硬腭前部，口腔通道完全阻塞，然后口腔中蓄气，舌尖放松，与硬腭前部打开一条窄缝，较强的气流从窄缝中摩擦而出。声带不振动。

sh［ʂ］舌尖后、清、擦音。舌尖翘起接近硬腭前部，中间留出一条窄缝，气流从窄缝中摩擦而出。声带不振动。

r［ʐ］舌尖后、浊、擦音。舌尖翘起接近硬腭前部，中间留出一条窄缝，气流从窄缝中摩擦而出。声带振动。

z［ts］舌尖前、不送气、清、塞擦音。舌尖平伸，抵住上齿背，口腔通道完全阻塞，然后口腔中蓄气，舌尖放松，与上齿背打开一条窄缝，较弱的气流从窄缝中摩擦而出。声带不振动。

c［ts‘］舌尖前、送气、清、塞擦音。舌尖平伸，抵住上齿背，口腔通道完全阻塞，然后口腔中蓄气，舌尖放松，与上齿背打开一条窄缝，较强的气流从窄缝中摩擦而出。声带不振动。

s［s］舌尖前、清、擦音。舌尖接近上齿背，中间留出一条窄缝，气流从窄缝中摩擦而出。声带不振动。

j［tɕ］舌面前、不送气、清、塞擦音。舌面前部紧贴硬腭，口腔通道完全阻塞，然后口腔中蓄气，舌面稍降，与硬腭打开一条窄缝，较弱的气流从窄缝中摩擦而出。声带不振动。

q［tɕ‘］舌面前、送气、清、塞擦音。舌面前部紧贴硬腭，口腔通道完全阻塞，然后口腔中蓄气，舌面稍降，与硬腭打开一条窄缝，较强的气流从窄缝中摩擦而出。声带不振动。

x［ɕ］舌面前、清、擦音。舌面前部向上隆起，接近硬腭，中间留出一条窄缝，气流从窄缝中摩擦而出。声带不振动。

三、示例实施

（一）教学目标

1. 掌握声母 zh、ch、sh、r 的正确发音并能够熟练听读；

2. 能够准确听读辨析舌尖后音 zh、ch、sh、r，舌面前音 j、q、x，舌尖前音 z、c、s 三组声母。

（二）教学重点、难点

1. 教学重点

zh、ch、sh、r 的发音。

2. 教学难点

r 的发音；zh 与 ch 的区别；zh、ch、sh 与 j、q、x 的区别；zh、ch、sh 与 z、c、s 的区别。

（三）教学前准备

1. 知识准备

学生已学过全部韵母，大部分声母，特别是 j、q、x 和 z、c、s，声调。

2. 教学材料准备

声母、韵母、声调卡片，汉语拼音挂图，声母发音部位图，教学示例中涉及的相关词语卡片等。

（四）教学过程

1. 导　入

用听写的方式复习学过的声、韵母及声调，声母重点听写 z、c、s 和 j、q、x，以便后续发音讲授和比较辨析。

听写词语：变化（biànhuà）　特点（tèdiǎn）　司机（sījī）　缺乏（quēfá）
凑巧（còuqiǎo）　思想（sīxiǎng）　早教（zǎojiào）　就绪（jiùxù）
去厕所（qùcèsuǒ）　做游戏（zuòyóuxì）　节奏性（jiézòuxìng）

听写后，请学生朗读词语，教师在黑板上写出正确答案，学生自查。

教师展示已学的声母卡片，学生集体朗读，b、p、m、f、d、t、n、l、g、k、h、j、q、x、z、c、s（顺序可打乱）。教师以手势或者英文辅助，进行总结，“我们已经学习了 17 个声母了，今天学习最后四个声母 zh、ch、sh、r”，同时展示相应声母卡片或在黑板上进行板书展示。

2. 讲　练

（1）发音讲授

zh 的发音。根据 z 与 zh 发音部位的不同，利用带音法引出 zh 的发音。教师展示声母卡片 z，请学生集体发音。教师右手伸直，手心朝上，一边向前伸，一边再次发音 z。然后右手四指向掌心弯曲，示意卷舌，同时发出 zh。请学生齐读，依次个别读。教师在黑板上书写 zhi，以手势示意学生集体唱四声“zhī、zhí、zhǐ、zhì”。

ch 的发音。根据 ch 与 zh 发音方法，即送气、不送气的区别，利用吹气法讲授 ch 的发音。教师在嘴前放一张纸条，读 zh，示意发音时纸条未动，再发 ch 音，此时纸条被发音呼出的气流吹起，示意 ch 的送气特征。请学生齐读，依次个别读。教师在黑板上书写 chi，以手势示意学生集体唱四声“chī、chí、chǐ、chì”。

sh 的发音。根据 sh 清擦音的发音特点：发音部位不完全阻塞，始终留有窄缝，利用发音延时法讲授 sh 的发音。教师读 ch，朗读时故意夸大除阻、爆破、短暂的特点，然后保持发 ch 音的舌位，即将翘起的舌尖与硬腭前部留出一条缝隙，再发音，拖长音，形成 sh——。学生会意后，教师再发一个标准的 sh 音，完成发音示范。请学生齐读、依次个别读，并集体唱四声“shī、shí、shǐ、shì”。

r 的发音。根据 r 浊擦音的发音特点，利用声带振动法，对比 sh 与 r，讲授 r 的发音。教师先读 sh，用手轻按声带处，示意学生声带不振动，再发 r 音，示意此时声带振动。为使学生会意 r 的发音需要振动声带，教师可在自己发音时请学生轻触自己的声带，感受振动；也可发音时先用手指自己的声带，然后将手上下晃动，以示振动；还可利用英文翻译进行阐释。请学生齐读，依次个别读，并朗读音节“rī、rì”。

（2）拼读操练

表 1－4 zh、ch、sh、r 与开口呼韵母拼合表

	ɑ	e	－i	ɑi	ei	ɑo	ou	ɑn	en	ɑng	eng
zh											
ch											
sh											
r											

表 1－5 zh、ch、sh、r 与合口呼韵母拼合表

	u	uɑ	uo	uɑi	uei（ui）	uɑn	uen（un）	uɑng	ong
zh									
ch									
sh									
r									

利用“zh、ch、sh、r 与开口呼韵母拼合表”“zh、ch、sh、r 与合口呼韵母拼合表”进行拼读训练。如：教师指 zh 与 ɑ 的交汇单元格处，请学生集体唱四声“zhā、zhá、zhǎ、zhà”……按照拼合表的顺序，依次拼读音节。操练时应注意拼读韵母由易到难，拼读方式由教师领读到学生齐读、依次个别读，由唱四声到唱指定声调，通过拼合韵母、唱读学生、唱读方式、唱读声调的变换增加训练的多样性、趣味性，避免语音训练的枯燥性。

（3）听后辨析

教师发给每个学生三张 A4 白纸，带着学生一起制作“声母卡片”。将 A4 纸分别横向、纵向对折，裁开，在卡片上分别标出舌尖后音 zh、ch、sh、r，舌尖前音 z、c、s，舌面前音 j、q、x，然后教师说音节，学生听后，分辨声母并举起相应卡片。如：教师说“捉 zhuō”，学生举卡片“zh”；教师说“相声 xiàngsheng”，学生举卡片“x、sh”……

3. 活动与游戏

<u>游戏一：同“声”传递</u>

教师提前准备一些声母为 zh、ch、sh、r 的词汇，在黑板上写出这四个声母，请学生在听到教师说出词语后，找出带 zh、ch、sh、r 的音节，以“……的…”的形式重复一遍该词语。如教师说：“读书（dúshū）”，学生说“读书的书”，教师说：“日期（rìqī）”，学生说“日期的日”……依此类推。注意教师应多准备些词语，词语中应只有一个字带有声母 zh、ch、sh、r。为加大难度，训练听辨，教师可多设计混有 j、q、x 或 z、s、c 等易混淆声母的词汇，如：“申请（shēnqǐng）”“出租（chūzū）”等。

<u>游戏二：改头换面</u>

教师准备一些带有声母 zh、ch、sh 或 z、c、s 的音节，教师读音节，学生将该音节中

的 zh、ch、sh 换成 z、c、s，或将 z、c、s 换成 zh、ch、sh，然后再说一遍。如：教师说“字（zì）”，学生说“志（zhì）”；教师说“长（cháng）”，学生说“藏（cáng）”。

活动：绕口令

教师用拼音板书绕口令，进行朗读示范后，请学生练习，看谁读得又快又准。注意：绕口令可根据学生水平及课程进度进行选择并适当缩减。

四十四，十是十，十四是十四，四十是四十，四不是十，十不是四，十四不是四十，四十不是十四。

山前有 44 个石狮子，山后有 44 个涩柿子，山前的 44 个石狮子偷吃了山后的 44 个涩柿子，山后的 44 个涩柿子涩死了山前的 44 个石狮子。

四、示例小结

在汉语普通话声母教学中，zh、ch、sh、r 往往是最后学习的一组声母。多数汉语学习者母语中都没有此类翘舌音，因此，zh、ch、sh、r 已成为学生最难发音、最易产生偏误、最常与其他声母或母语辅音发生混淆的一组声母。教学示例以此为主要讲练内容，在讲授发音时，灵活、恰当地运用多种教学方法：通过带音法由 z 引出 zh，利用吹纸法展示 ch，借助发音延时法从 ch 引导到 sh，运用声带振动法讲授 r。既让学生轻松、愉快地掌握了新声母的发音，同时又就极易混淆的 z 与 zh，zh 与 ch，ch 与 sh，sh 与 r 进行了辨析，有效避免了学生此类偏误的产生。在进行操练时，除采用语音教学传统、经典的声、韵拼合唱四声外，教师还设计了很多辨析舌尖后音 zh、ch、sh、r，舌尖前音 z、c、s，舌面前音 j、q、x 的练习、活动及游戏，针对性强，趣味性高，真正做到寓教于乐。

在教学实践中，由于多数汉语学习者母语中没有翘舌音，因此学生常常将 zh［tʂ］、ch［tʂʻ］、sh［ʂ］发成浊辅音［dʒ］、清辅音［tʃ］、［ʃ］或浊辅音［z］、声母 c［tsʻ］、s［s］等。在此情况下教师要告诉学生发准 zh、ch、sh 的关键在于卷舌，即发音时一定注意控制舌位，将舌尖翘起，使舌尖的背后和硬腭前部接触形成阻碍。有时，学生掌握了舌面前音 j、q、x 后，再学习 zh、ch、sh，由于不习惯翘舌，所以将 zh、ch、sh 发成了 j、q、x。此时，除了强调控制并翘起舌尖外，还要提醒学生发 zh、ch、sh 时，舌尖翘起并稍往里卷，而发 j、q、x 时舌尖放松且自然下垂；前者成阻部位是舌尖后与前硬腭，后者成阻部位是舌面前与前硬腭；前者发音时嘴唇相对收拢、肌肉松弛，后者则双唇平展、肌肉紧张；前者发音时下颌相对靠后、不用力，后者则下颌用力往前。另外，r［ʐ］的难点也源于其发音不存在于多数学生的母语中，因此，学生往往将 r 发成舌尖颤音［r］、舌叶清辅音［ʃ］或舌叶浊辅音［ʒ］。纠正时，教师要提示学生舌尖不要翘得太高，只需稍向后移，“吊在半空中”，放松发音即可。总之，舌尖后音 zh、ch、sh、r 作为声母教学的重难点，除了要相对集中地重点单个练习外，还要将其与舌面前音、舌尖前音放在一起对比辨析。在学生发准这些单音后，再把这些声母放在词句中反复操练，在语流中辨析、纠正单音的发音，在日常听、读、说中训练并纠正这些难音，将语音教学贯穿于整个汉语教学始末，唯有这样，才能彻底攻破发音障碍，做到字正腔圆、收放自如。

作为汉语教师，应扎实现代汉语语音基本功，不仅要熟记汉语普通话声母的发音部位和发音方法，更要反复发音，细心体会、揣摩。在教学中，要能迅速辨识学生的发音偏误，更要能发现其偏误原因，并将已烂熟于心的理论知识转化为实用技能，指导纠音实践，灵活自如地选择、运用丰富、高效、有趣的教学方法和操练形式，提升教学质量和效果。

五、任　务

任务一：就学生易混淆的三组声母舌尖后音 zh、ch、sh、r，舌尖前音 z、c、s，舌面前音 j、q、x 设计一些辨析练习或游戏。

任务二：参考舌尖后音 zh、ch、sh、r 的教学，用手势法指导舌尖前音 z、c、s 或舌面前音 j、q、x 的发音，并进行教学操练与纠音。

示例四　复韵母教学有捷径

一、示例缘起

国内的汉语教学系统而细致，不仅有读写课（精读课）、口语课、听力课，甚至还有阅读课、报刊课、翻译课等，其语音集中教学的时长也有一到两个星期之多。而海外的汉语教学则多只有一种课型，即汉语综合课，其课时少、课程短，学生水平也参差不齐。在这样的情况下，往往要求教师在一两节课内完成全部声、韵母及声调的教学任务。如何让不具有汉语语境的学习者通过一两次课快速地识读并掌握声、韵母的发音，对海外汉语教师提出了挑战。其实对于大多数字母文字而言，拼读是非常重要的认读方式。汉语拼音的声母、韵母需要拼读，而对于一些复元音韵母和一些鼻韵母，也可以采用拼读的方法进行教学。这样的教学方式既大大减少了学习内容，降低了学习难度，更能让学生切实参与到教学之中，赋予学生成就感，增加课程趣味性，可谓是学习汉语拼音复韵母的一条捷径。

二、示例背景知识

根据韵母构成成分不同，汉语普通话韵母可分为两大类：单韵母和复韵母。单韵母是由一个音素构成的，复韵母是由两个或三个音素构成的。复韵母又可分为两类：复元音韵母和鼻韵母。由两个或三个元音组成的韵母称为复元音韵母，由元音和鼻辅音音素组成的韵母称为鼻韵母。

表 1－6　汉语普通话韵母分类表

汉语普通话韵母	单韵母 10 个		单韵母：a o e i u ü
			特殊单韵母：ê －i［ɿ］－i［ʅ］er
	复韵母 29 个	复元音韵母 13 个	前响复元音韵母：ai ei ao ou
			中响复元音韵母：iao iou uai uei
			后响复元音韵母：ia ie ua uo üe
		鼻韵母 16 个	前鼻音韵母：an ian uan üan en uen in ün
			后鼻音韵母：ang iang uang eng ing ueng ong iong

从结构上看，根据不同音素在整个复韵母中的发音时间和清晰度，可以将一个复韵母分为韵头、韵腹和韵尾三部分。按是否有韵头及韵头的性质，普通话韵母可分为四个类型：开口呼、齐齿呼、合口呼和撮口呼。

开口呼：指 i、u、ü 以外的单韵母和不以 i、u、ü 开头的复韵母。即没有韵头且韵腹不是 i、u、ü 的韵母。

齐齿呼：指单韵母 i 和以 i 开头的复韵母，即韵腹或韵头是 i 的韵母。

合口呼：指单韵母 u 和以 u 开头的复韵母，即韵腹或韵头是 u 的韵母。

撮口呼：指单韵母 ü 和以 ü 开头的复韵母，即韵腹或韵头是 ü 的韵母。

掌握普通话韵母四呼分类对系统了解并掌握声韵拼合规律以及系统纠音都有重要的意义和作用。

表 1－7　普通话韵母四呼表

	开口呼（15个）	开齿呼（9个）	合口呼（10个）	撮口呼（5个）
单元音韵母（10个）		i［i］	u［u］	ü［y］
	a［A］	ia［iA］	ua［uA］	
	o［o］		uo［uo］	
	e［ɤ］			
	-i［ɿ］［ʅ］			
	ê［ɛ］	ie［iɛ］		üe［yɛ］
	er［ɚ］			

续表

	开口呼（15个）	齐齿呼（9个）	合口呼（10个）	撮口呼（5个）
复元音韵母（13个）	ai［æi］		uai［uæi］	
	ei［ei］		uei［uei］	
	ao［au］	iao［iau］		
	ou［ou］	iou［iou］		
鼻韵母（16个）	an［an］	ian［iɛn］	uan［uan］	üan［yɛn］
	en［ən］	in［in］	uen［uən］	ün［yn］
	ang［aŋ］	iang［iaŋ］	uang［uaŋ］	
	eng［əŋ］	ing［iŋ］	ueng［uəŋ］	
			ong①［uŋ］	iong［yŋ］

从韵母结构及四呼的分类看，有近一半的复韵母可以采用拼读的方法识读和练习发音。

表 1－8 可以采用拼读法练习发音的复韵母

ia：i 和 a 相拼	ua：u 和 a 相拼	
iao：i 和 ao 相拼	uai：u 和 ai 相拼	
iou：i 和 ou 相拼	uei：u 和 ei 相拼	
ian：i 和 an 相拼	uan：u 和 an 相拼	üan：ü 和 an 相拼
in：i 和 en 相拼	uen：u 和 en 相拼	ün：ü 和 en 相拼
iang：i 和 ang 相拼	uang：u 和 ang 相拼	
ing：i 和 eng 相拼	ueng：u 和 eng 相拼	
iong：i 和 ong 相拼		

三、示例实施

（一）教学目标

1. 掌握汉语普通话 29 个复韵母的发音；
2. 能够熟练听读汉语普通话复韵母；

① 韵母 ong 和 iong 在普通话韵母四呼表中的位置与在《汉语拼音方案》韵母表中的位置有所不同。《汉语拼音方案》按字母形式把 ong 归为开口呼，把 iong 归为齐齿呼。但从语音的系统性及实际发音看，ong 中的韵头 o 实际发音是［u］，应归为合口呼；iong 的实际发音是［yŋ］，应归为撮口呼。

3. 能够熟练运用拼读法进行拼读发音。

（二） 教学重点、 难点

1. 教学重点

29 个复韵母的发音，拼读法。

2. 教学难点

在已学韵母基础上，运用拼读法拼读出复韵母。

（三） 教学前准备

1. 知识准备

学生已学过单韵母、部分声母及声调。

2. 教学材料准备

声、韵、调卡片，汉语拼音韵母表（挂图），教学示例中涉及的相关词语卡片。

（四） 教学过程

表 1－9　复韵母教学板书步骤示意表

	开口呼	齐齿呼	合口呼	撮口呼
单元音韵母		i ①	u ①	ü ①
	a ①	ia ③	ua ④	
	o ①		uo ④	
	e ①	ie ⑥		üe ⑥
复元音韵母	ai ②		uai ④	
	ei ②		uei ④	
	ao ②	iao ③		
	ou ②	iou ③		
鼻韵母	an ②	ian ③	uan ④	üan ⑤
	en ②	in ③	uen ④	ün ⑤
	ang ②	iang ③	uang ④	
	eng ②	ing ③	ueng ④	
	ong ②	iong ③		

1. 导　入

按照“复韵母教学板书步骤示意表”进行步骤①。教师在黑板上依次板书单韵母 a、o、e、i、u、ü，并示意学生齐读。

2. 讲　练

（1）讲授开口呼复韵母

按照“复韵母教学板书步骤示意表”进行步骤②。教师依次板书复韵母 ai、ei、ao、ou、an、en、ang、eng、ong。每板书一个复韵母，都按照教师领读，学生集体跟读，学生个别读，教师示意学生唱四声四步进行训练。教学时，可根据复韵母的特点，灵活运用手势、口形夸张、近似音间比拟、转音等方法。如：

转音法：教师指“ai”，先读“a”，再读“i”，然后从“a——”慢慢渐变发音到“i——”，形成“ai——”音，拖长音，让学生清晰地听到“ai”音，最后缩短并重新发音“ai”。又如：教师指“an”，先读“a”，再用手指摸鼻翼（即示意为鼻音），读“n [n]”，然后从“a——”慢慢渐变发音到“n——”，形成“an——”音，拖长音，让学生清晰地听到“an”音，最后缩短并重新发音“an”。

近似音比拟法：教师指“ei”，同时书写英文字母“A”或用英文翻译，示意学生韵母“ei”与英文首字母“A”发音相同。再如：教师指“ao”，展示“老虎”的图片或者用英语进行翻译，模拟老虎的叫声，并将两手张开模仿虎爪，发出“ao——”。

口形夸张法：教师在黑板上书写“ao”，注意“a”写得大一些，“o”写得小一些，然后将嘴张到最大，发出“ao”音，注意口形逐渐变小。

手势法：教师发“n [n]”音，再发“ng [ŋ]”音。进行对比展示后，教师重新发音，发“n [n]”时立掌，掌心向外、向前推送，示意发音靠前；发“ng [ŋ]”时手心向内、向教师面部回拉，示意发音靠后。然后指“an”发“an”音，指“ang”发“ang”，并请学生模仿发音。

（2）拼读齐齿呼、合口呼、撮口呼复韵母

按照“复韵母教学板书步骤示意表”，利用拼读法，依次进行步骤③、④、⑤。

如：教师指齐齿呼复韵母“ia”，然后先指“i”，发“i”音，再指“a”，发“a”音，拼读“i”“a”→“ia——”，学生集体跟读。教师继续指齐齿呼复韵母“iao”，引导学生拼读“i、ao——”，拖长音并停顿，等待学生会意并进行拼读发音。学生发出“iao”后，教师给予正面反馈，如：“好！”“very good！”等，然后再领读发音“iao”，以便没能拼读出来的学生学到一个清晰、正确的发音。依此类推，教师引导，学生拼读，学习齐齿呼复韵母“ia、iao、iou、ian、in、iang、ing、iong”，合口呼复韵母“ua、uo、uai、uei、uan、uen、uang、ueng”及撮口呼复韵母“üan、ün”。

按照“复韵母教学板书步骤示意表”进行步骤⑥。教师示范并教授发音较为特殊的韵母“ie、üe”。教授时仍按照教师领读、学生齐读、学生个别读，学生唱四声的步骤指导操练。

（3）与声母的拼读练习

教师准备几套词语卡片，每套 5 - 10 张，主题可选择与学生日常生活、学习相关的语义类别，如：水果、食物、家国、运动、数字、交通工具等。卡片的形式如：词语“苹果”，正面中间是图片，下方是汉字和拼音“píngguǒ”，反面是英文释义“apple”。每个学生发一套词语卡片，先自己拼读，期间教师应逐个进行检查及纠音，然后让学生两三人一组，向同伴介绍自己的卡片，最后视课堂进度和学生情况，选择性地请学生展示卡片并带领其他学生朗读词语。注意：教师在设计或选择词语卡片时应适当调整复韵母的出现率，以保证所有复韵母都练习到。

（4）听辨练习

教师设计一份复韵母辨析练习单，题型为听后选择正确答案。发给学生后，教师朗读词语，学生听后选择。练习完成后，请学生朗读答案，教师反馈正确与否。如学生回答正确，教师可赞扬以示鼓励；如学生回答错误，教师可再朗读一遍，引导其自行纠正答案。最后教师带领学生将练习单上的所有选项都朗读一遍。

复韵母辨析练习单

1. A. yǎnshì	B. yuǎnshì	2. A. tūnbìng	B. tōngbìng
3. A. lǎonián	B. lǎoliáng	4. A. xiānhuā	B. xiāngguā
5. A. zhěnzhì	B. zhěngzhì	6. A. xīnhuān	B. xīnhuāng
7. A. chéngshì	B. chángshì	8. A. báiyín	B. báiyún
9. A. zuìxíng	B. zōngxióng	10. A. mǎimai	B. mèimei

（5）综合练习

教师给学生每人发一套声、韵、调卡片，或所有学生共用一套声、韵、调卡片，每个学生发几张。先让学生们熟悉一下自己的声、韵、调卡片，然后每个学生都向其他学生展示并朗读自己的卡片。准备就绪后，教师说单音节词，学生听，然后举起相应的声、韵、调卡片。教师应多准备一些词，待学生熟练听辨单音节后，教师可朗读双音节，甚至是三音节、四音节词语，让学生进行听辨练习。教师设计词语时应注意均衡搭配考察复韵母。

3. 活动与游戏

游戏一：我来拆拆看

教师发给每个学生一张 A4 白纸，指导学生一起制作单韵母及鼻韵尾卡片。即将 A4 白纸平均分为 8 份，分别写出单韵母“ɑ、o、e、i、u、ü”和鼻韵尾“n、ng”，然后将纸裁开，形成 8 张卡片。教师快速说出复韵母，学生挑出复韵母所包含的拼音字母，并按照正确顺序摆放好。如：教师说“ɑo”，学生按顺序摆出“ɑ”和“o”；教师说“iɑng”，学生依次摆出“i”“ɑ”“ng”。看谁摆得又快又准。

游戏二：韵母滚雪球

教师将学生分成几个小组，每组 2 ~ 5 名学生，请学生们为自己的组起一个名字，教师在黑板上写下组名，以便游戏时进行计分。教师说一个单韵母，每组的第一个组员要在这个单韵母前边或后边添加一个字母形成新的复韵母，然后剩下的组员再在前一个组员形成的复韵母基础上添加字母，形成新的复韵母，像滚雪球一样，将教师说的单韵母拓展成一个个新的复韵母，当形成的复韵母不能再添加字母后，由下一个组员为复韵母配上声母和声调，并拼出这个音节。每个组都对同一个单韵母进行滚雪球式拓展拼读，出现过的复韵母不能再进行拓展，每拓展出一个新的复韵母，小组可以记一分，看哪个组最后拓展的复韵母最多，得分最高。例如：教师说："ɑ"，第一组的第一个组员在"ɑ"的基础上加一个字母，形成新的复韵母："iɑ"，第二个组员再在复韵母"iɑ"的基础上添加一个字母，形成新的复韵母："iɑn"，第三个组员继续添加，形成"iɑng"，当不能再添加字母形成新的韵母时，后面的组员为该韵母搭配声母和声调，拼出"liǎng"，该组回答完毕，出现三个复韵母"iɑ、iɑn、iɑng"，记三分。下一组重新进行滚雪球式拓展，如："ɑ→ɑo→iɑo→biǎo"，扩展出两个新韵母，记两分。注意：后续小组再拓展时，不得出现前组曾拓展过的复韵母。如果该小组拓展不出来，不计分，由下一组继续进行，直到所有组都拓展不出来后，教师可进行提示、补充或总结，然后展开新一轮拓展。

四、示例小结

教学示例以海外汉语学习者为教学对象，介绍了汉语普通话复韵母的简化教学方法——拼读法。该方法充分体现了"以学生为中心"的教学理念，让学生动脑、动口自行拼读出韵母的发音，大大提高了学生的课堂参与性和积极性；以听辨练习、拼读主题词语及游戏代替传统、机械、费时的音节拼读及唱四声训练方法，增加了操练的趣味性和实用性，提高了学生兴趣，为今后的词语教学进行了铺垫，是"快餐式"海外汉语语音教学的良好范例。

目前，随着全球"汉语热"的兴起和孔子学院的兴办，大批汉语志愿者、职业汉语教师赴海外开展汉语教学、推广中国文化。海外汉语学习者的人数，已经超过1亿，人数之多，地区之广，规模之大，有目共睹。面对这场汉语热潮，如何提高教师教学技能，适应海外汉语教学特点，已成为迫切需要研究探讨的问题。海外的教育体制、课程大纲、教学方法、语言环境、学生特点等都与国内的汉语教学迥然不同。单就学生而言，在海外，他们选择学习汉语有的是因为兴趣，而更多的却是父母要求或混学分，再加之汉语课通常是选修课，学习压力较小，学生常常想学就学，不想学就放弃，这对汉语教师形成了巨大的挑战。如果教师在课堂上一味地教语法、纠正发音等等，就会事与愿违，不仅抓不住学生的心，反而使学生对汉语学习产生畏难情绪和抵触心理，从而放弃学习汉语。因此，教师必须要以学生为中心，要让学生对汉语和中国文化产生兴趣；要让学生感受到学有所成，学而能用；要精心设计教学环节，使汉语易学易懂；要不断翻新教学方法，吸引学生，让学生充分体验到学习的成就感和乐趣。教师只有不断地思考、实践、改进、提升，才能优化课堂设计，提高教学效果，使汉语国际教育事业健康稳步发展。

五、任　务

任务一：设计一份汉语普通话复韵母的测试卷，注意考题的覆盖率。

任务二：通过问卷调查或查阅论文，整理并总结汉语学习者在复韵母学习上的常见偏误，思考偏误的产生原因及有效的解决办法。

思考与练习

1. 单韵母“ɑ”有5个音位变体，分别为：[A]、[ɛ]、[æ]、[ɑ]、[a]，请说明它们在什么情况下使用；在教学中，是否有必要全部介绍给学生，为什么？

2. 在对同一母语背景的学生进行语音教学时，某教师用学生母语介绍汉语普通话声母的发音部位和发音方法，谈谈你的看法。

3. 如果教师会学生的母语，在指导发音时，也可利用汉外语音对比进行教学。思考英语中与汉语声母、韵母相对应的元音、辅音或音节，并尝试运用对比法指导学生发音。

4. 在教学中，如果有位学生始终对某一个声母或韵母的发音掌握不好，作为教师，你应该如何处理？

5. 在汉语普通话的声、韵、调教学中，国内与海外的语音教学课程设计、教学特点有何异同？作为一名汉语教师，应如何应对？

6. 你认为韵母四呼有必要让学生了解和掌握吗？为什么？

7. 结合论文或教学实践，归纳总结汉语语音课堂教学的方法与技巧。

8. 针对周课时少，课后不复习的学生，说说你的教学思路和方法。

第二节　音节与音变

示例一　声调标注有讲究

一、示例缘起

声调标注规则是汉语普通话语音教学的一项内容，但在实际教学中却往往被忽略。究其原因不外乎教师认为标调规则过于简单，学生可以自然领会；标调对学生发音、拼读音节影响不大；教师对学生母语掌握不好，没有能力解释标调规则等。但从教学项目的完整性来看，标调规则是汉语普通话音节拼写的一个重要组成部分；从学生实际掌握情况看，没有教师的教学指导，学生很难自行发现标调规则，在拼写音节时，往往出现凭印象、凭感觉或胡乱标调的现象。因此，对标调规则的思考和教学设计应引起教师的注意。

二、示例背景知识

汉语普通话声调符号要求标在韵母上，由单韵母构成的音节，声调符号标在单韵母上，如：è（饿）、nǚ（女）；由复韵母构成的音节，声调符号要标在韵腹上。不同韵腹的标调顺序是：ɑ→o→e→i→u→ü，即有ɑ时，声调符号标在ɑ上，没有ɑ时标在o或者e上，ɑ、o、e都没出现，则标在i、u、ü上，如：jiǎo（脚）、mǒu（某）、lèi（累）、kūn（昆），注意在字母i上标调号时，必须去掉i上的点，如：xī（西）、píng（瓶）。另外，复韵母iou和uei与声母拼合省写成iu和ui时，声调符号要标在后面的字母上，如：shuǐ（水）、qiū（秋）。

标调顺口溜：ɑ、o、e、i、u、ü，ɑ是第一个，没ɑ找o、e，o、e不在找i、u，i、u并列标在后，i上小帽要省掉。

三、示例实施

（一）教学目标

1. 掌握汉语普通话音节的标调规则；
2. 能够快速并熟练地给汉语音节标调。

（二）教学重点、难点

1. 教学重点

普通话音节的标调规则。

2. 教学难点

调号标注位置，复韵母iou和uei调号标注的特殊性。

（三）教学前准备

1. 知识准备

学生已完成汉语声母、韵母、声调的学习。

2. 教学材料准备

彩色粉笔，黑板，声调标写练习单。

（四）教学过程

1. 导　入

复习韵母，总结分类。教师通过提问引导、带领学生复习所学的韵母。如教师引导并提示："我们学完了所有的韵母，现在复习。我们学习了单韵母，ɑ——"教师停顿，请学生集体接着说："o、e、i、u、ü"。同时，教师在黑板上画出"汉语拼音标调表 -1"，并填写。

表 1-10　汉语拼音标调表-1

次序	单韵母	复韵母
	ɑ	

教师继续引导："我们还学习了——"，同时指"ɑ"及表格第二行第三列的空白单元格，提示："比如：ɑi……"。看学生的反应，找反应快，有答案的学生回答。如该学生的答案没有穷尽单元格中的复韵母，教师可再找其他学生补充。然后再依次进行以"o、e、i、u、ü"开头的复韵母的填表提问。学生回答的同时，教师填写表格。完成"汉语拼音标调表-2"后，学生齐读所有韵母。

表 1-11　汉语拼音标调表-2

次序	单韵母	复韵母
	ɑ	ɑi　ɑo　ɑn　ɑng
	o	ou　ong
	e	ei　en　eng
	i	iɑ　iɑo　iɑn　iɑng ie　iou（iu）iong in　ing
	u	uɑ　uɑi　uɑn　uɑng uo　uei（ui）uen（un）ueng
	ü	üɑn　üe　ün

2. 讲　练

（1）听写标调

教师指"汉语拼音标调表-2"，提出要求："汉语有声调，我们现在给这些韵母标上声调"。然后教师听写音节，请学生用彩色粉笔在黑板上的表格中找到该韵母，并填写声调。可以请一位学生填写所有的，也可请几位学生依次填写。全部听写完成后，教师检查、点评，形成汉语拼音标调表 -3。

表 1 -12　汉语拼音标调表 -3

次序	单韵母	复韵母
	ā	ài　ào　ǎn　áng
	ò	ǒu　ōng
	è	ēi　ēn　ēng
	ǐ	iá　iáo　iān　iǎng iě　ióu（iu）iòng īn　íng
	ǔ	uá　uài　uàn　uǎng uǒ　uèi（ui）uén（un）uēng
	ǘ	üán　üè　ǖn

听写音节[①]：ài（爱）、wén（文）、yá（牙）、è（饿）、yūn（晕）、wǎng（网）、ǒu（藕）、yáo（瑶）、wēng（翁）、yīn（音）、áng（昂）、yān（烟）、wèi（位）、ēn（恩）、wǔ（五）、yě（也）、ò（哦）、yǐ（以）、wài（外）、yú（鱼）、ēi（诶）、ā（啊）、wàn（万）、yuè（月）、yǎng（养）、yóu（游）、yuán（员）、ǎn（俺）、wǒ（我）、yòng（用）、yíng（赢）、wá（娃）、ào（傲）、ēng（鞥）、ōng。

教师在检查、点评学生答案时尤其注意“i”上标声调的问题，如果有学生在“i”上直接添加声调，调号没有盖住“i”上的小点，教师应指出并纠正。如果没有学生犯这类错误，教师也要提出“i”上留有小点还标声调的错例，让学生加以纠正，以强调“i 上小帽要省掉”的标调规则。

（2）发掘规律

教师指示“汉语拼音标调表 -3”，引导学生寻找标调规律。如教师分别指示复韵母单元格中声调标在“ɑ”上的韵母，提示：“这些韵母在哪儿标声调?”“这些韵母的声调都标在‘ɑ’上，我们把它们放在一起”……最后经过提示、引导，教师和学生一起将“汉语拼音标调表 -3”整理合并成“汉语拼音标调表 -4”。

---

① 为简化、凸显标调规则的教学，此处设计为听写零声母音节。如学生水平较高，声、韵母掌握情况较好，也可听写声韵拼合的常用音节。另外，关于零声母音节的隔音规则及书写规范，教师可在完成标调规则的教学后，根据教学进度及学生接受情况简要提及或详细讲解。

表 1－13　汉语拼音标调表－4

次序	单韵母	复韵母
	ā	ài　ào　ǎn　áng iá　iáo　iān　iǎng uá　uài　uàn　uǎng üán
	ò	ǒu　ōng ióu（iu）iòng uǒ
	è	ēi　ēn　ēng iě uèi（ui）uén（un）uēng üè
	ǐ	īn　íng
	ǔ	
	ǘ	ǖn

（3）点拨特例

教师在“汉语拼音标调表－4”中依次指示三个有形式变换的韵母，并朗读“iou（iu）、uei（ui）、uen（un）”，同时进行板书，中间写“复韵母 iou、uei、uen”，再说“yóu（游）wèi（位）、wén（文）”，在左边写出拼音，展示自成音节时调号标写的位置。然后说“diū（丢）、duì（对）、dūn（蹲）”，请学生上黑板写拼音，补充韵母与声母相拼时的调号标写位置。最后，教师点评学生答案，并形成板书。

自成音节（零声母）		韵母		与声母相拼
yóu	←	iou	→	diū
wèi	←	uei	→	duì
wén	←	uen	→	dūn

在板书的基础上，对“汉语拼音标调表－4”进行再整理。“uen”与声母相拼时省略“e”，写作“（un）”，在“u”上标声调，因此，将“（un）”移动到“u”行的复韵母单元格中。“iou、uei”与声母相拼，省略“o、e”，写作“（iu）、（ui）”，教师将“（iu）、（ui）”移动到最后一行单元格中，并在此三例前标写“★”注明其特殊性。

（4）总结提升

教师指调号标在“ɑ”上的单元格，指“ɑ̀i”说“有ɑ有i，声调在ɑ上”；指“ɑ̀o”说“有ɑ有o，声调在ɑ上”；指“uɑ́”说“有ɑ有u，声调在ɑ上”；指“üɑ́n”说“有ɑ有ü，声调还在ɑ上”；“（没有ɑ、e组合的韵母）所以标声调时，只要有ɑ，声调就在ɑ上”，同时在表格第二行第一列标“1”，表示标注声调时“ɑ”具有第一优先权。然后依此类推，为含有“o、e、i”的韵母归纳出标调次序并在表中第一列“次序”中标写相应序号，形成“汉语拼音标调表－5”。

表1－14 汉语拼音标调表－5

次序	单韵母	复韵母
1	ɑ̄	ɑ̀i ɑ̀o ɑ̆n ɑ́ng iɑ́ iɑ́o iɑ̄n iɑ̆ng uɑ́ uɑ̀i uɑ̀n uɑ̆ng üɑ́n
2	ò	ǒu ōng ióu iòng uǒ
2	è	ēi ēn ēng iě uèi uén uēng üè
3	ǐ	īn íng
3	ǔ	★（ūn）
3	ǘ	★（ūn）①
★		★（uì）★（iū）

教师一边指示“汉语拼音标调表－5”，一边进行总结：“汉语拼音的声调放在哪儿？我们一起看。ɑ、o、e、i、u、ü，ɑ是第一个，没ɑ找o、e，o、e不在找i、u，i、u并列标在后，i上小帽要省掉。”由于学生汉语水平有限，所以教师总结时，一定要注意边说边指示表中相应内容或配合翻译，以便学生理解。

3. 活动与游戏

活动一：急速标调

教师提前准备出一份声调标写练习单，上面分四行，每行行首标出一个声调调号，调

① 在普通话音节中，“ün”只存在自成音节或与“j、q、x”相拼两种情况，无论哪种情况，“ü”上两点均将省去，如“yūn、jūn”。因此，此处标注“★”及括号以示其特殊性，教师可根据教学安排及学生情况进行讲解。

号后写出一些音节。教师先向学生讲解活动要求：即教师将练习单背向发给学生（题面向下，防止学生提前看到），所有学生拿到练习单后，教师说“开始”，学生将练习单翻开，迅速在每一行的音节处标上行首的调号，教师说“停”时，所有学生停止作答。然后学生之间互换练习单，教师在黑板上一边朗读正确答案，一边标写声调，学生互相检查答案并判分，看谁做得又多又准。

调号标写练习单

一声（—）：yi　xiu　suan　feng　chui　kua　san　cun　jia　hei　shuang

二声（/）：ming　yuan　qun　ci　xue　qian　rou　you　pin　chuang　tiao

三声（∨）：gong　pao　jiong　lü rang　hao　tie　fou　zhuai g　ou　zuo

四声（＼）：dui　bian　piao　dai　zui　weng　nen　shun　wei　zhu　nüe　wen

活动二：调号标在谁头上？

教师给每个学生发一套单韵母卡片（也可在课堂上发A4复印纸现场制作），教师说出一个音节，学生听音节，快速反应出该音节的韵母，将标有调号的单韵母卡片举起。如：教师说“liǎng（两）”，学生举起卡片“ɑ”；教师说“qún（群）”，学生举起卡片“ü”；教师说“lùn（论）”，学生举起卡片“u”。注意“j、q、x”与“ü”相拼，“iou（iu）、uei（ui）、uen（un）”自成音节及与声母相拼等特殊拼写情况下的答案。学生水平较低时，可在黑板上粘贴汉语普通话韵母表，辅助学生在脑中反应出相拼的韵母。学生水平较高时，也可将每张单韵母卡片再细分为四个声调，如：“ā、á、ǎ、à……”，同时训练学生的声调听辨能力。

四、示例小结

标调规则对汉语母语者而言是几句顺口溜就能解释的简单规则，而对汉语作为第二语言的学习者来说，则是复杂隐晦的强制规范。如果教师用汉语解释，学生往往会由于语言水平的限制而不知所云；如果教师用学生母语进行翻译，学生又会因术语多、枯燥、难理解而注意力分散，学习效率低下。教学示例没有繁复的讲解，而是利用板书，通过朗读、听写、整理归并、特例点拨等环节，循序渐进、直观形象地展开教学，最终水到渠成，规则揭晓，达到了“润物细无声”的效果。

语音教学属于汉语零起点教学，对于仅仅掌握声、韵母发音和简单问好的学生来说，讲解诸如标调规则、省写规则、隔音规则等汉语普通话音节拼写规则就显得复杂、枯燥了。在教学示例中，教师以精心设计、步步为营的板书呈现教学内容，展示教学环节，既完成了教学任务，达到了教学效果，又让学生参与到教学活动中来，自愿、自觉、自主地发现问题，寻找规律，提高了兴趣，增加了成就感，是一个板书教学的典型示例。

板书，作为一种最常用的教学手段，是每一位教师的教学基本技能。树立板书设计意识，熟悉板书呈现技巧，养成良好的板书习惯能使板书在课堂中成为教师的助手，辅助教学，在课下成为学生的参谋，协助巩固复习，对提高教学质量和效果具有重要的意义和作用。

在进行板书设计时要注意：

1. 板书要能体现教学的重点和难点，让学生通过简洁清晰的板书把握学习要点。

2. 板书布局要符合逻辑、自然合理，如将黑板分为教学重、难点展示区，主要内容讲解区，附注、随笔区等；设计动态、成系列的板书时，要把握宏观，注重微观，什么内容写在黑板什么位置，如何一步步扩展内容辅助教学进程，最终要形成什么样的板书等都要事先考虑清楚。

3. 板书具有示范作用，教师书写拼音、汉字、标点符号时要正确、规范，字迹清晰、工整。

4. 板书呈现要适时，有的内容适合在课前提前写好，有的可以边练边写，有的则需要在总结归纳时写。

5. 板书内容要适度，语言教学提倡精讲多练，板书不能占据课堂太多环节，更不能剥夺学生操练的时间。

随着教育技术的发展，多媒体课件越来越受到年轻教师的欢迎，它使传统的“黑板 + 粉笔”式的板书开始变得“有声有色”“活灵活现”。但无论是多媒体课件的制作，还是教学音、视频的运用，都可以看做是板书的新载体、新发展，其设计原则和理念则是万变不离其宗的。

五、任　务

任务一：总结汉语普通话音节拼写的省写规则，撰写一份教学设计。

任务二：汉语普通话在拼写音节时，哪些情况需要使用隔音符号？请举例说明，并设计相应的教学板书，注意板书要清晰、简明、循序渐进。

示例二　轻声音高门道多

一、示例缘起

轻声是以北京音为标准音的汉语普通话的一个重要特点。普通话因为有轻声才更富于表现力。要学会一口标准、地道的普通话，掌握好轻声是非常重要的一环。对汉语学习者来说，轻声虽然有意思，但却是块难啃的“硬骨头”。遇到轻声，学生们总是又挠头又皱眉，小心翼翼地试探着读。的确，轻声的读音并非没有音高，更不是简单地读轻读短就行了。因此，在语音课上，对学生进行轻声的教学和训练是十分必要的。

二、示例背景知识

轻声指在一定情况下读得又轻又短的音。轻声不标调号，如："谢谢 xièxie"。读轻声的音节有的本身就是轻声音节，如"吗 ma、吧 ba、呢 ne"，有的本身有声调，但在词句中失去了原来的声调变成了轻声。轻声总是出现在其他音节之后，或加在词语中间，不出现在词首、句首。

轻声不是一个独立的声调，本身没有固定的音高。在语流中，它的音高受前一音节声调的影响而变化。一般来说，轻声字在第一声后读半低调（约 2 度），很像又轻又短的第四声，如："知道 zhīdao、姑娘 gūniang"；在第二声后读中调（约 3 度），不高不低，如："虫子 chóngzi、咳嗽 késou"；在第三声后读半高调（约 4 度），很像轻而短的第一声，如："姐姐 jiějie、暖和 nuǎnhuo"；在第四声后读最低调（约 1 度），像特别低的、又轻又短的第四声，如："肚子 dùzi、棒槌 bàngchui"。

轻声具有区别词义、词性的作用，与汉语词汇和语法有着密切关系。如："舌头（shétou）"与"蛇头（shétóu）"，轻声与非轻声汉字不同，词义也不同；又如："东西"，汉字完全相同，然而读"dōngxi"与读"dōngxī"，词义却迥然不同；再如："利害"，读"lìhài"时是名词，读"lìhai"时是形容词。

轻声是汉语普通话的一个重要特点，读轻声的词语也有一定之规。

表 1－15　变读轻声规律表

序号	规律	例词
1	语气助词：吗、呢、吧、啊等	好吗？你呢？来吧、去啊……
2	结构助词：的、地、得	他的书、生气地说、跑得快……
3	动态助词：着、了、过	看着、吃了、用过……
4	作为后缀的构词语素：头、子、们等	椅子、我们、斧头……
5	叠音词的第二个音节	爸爸、星星……
6	量词"个"	五个……
7	名词后的少量方位词：上、下、里	桌上、床下、家里……
8	动词重叠形式的第二、第四个字	说说、研究研究……
9	动词重叠形式中间的"一"	找一找……
10	动词与补语之间的"不"	听不到、学不会……
11	动词后的某些结果补语和趋向补语	坐下、打开、走出去、站起来……
12	正反问句中的"不""没"	胖不胖、买没买、停不停……
13	人称代词作宾语、兼语	请他吃饭、叫你……
14	一些口语常用双音节词	漂亮、舒服、明白、知识、窗户……

三、示例实施

（一） 教学目标

1. 掌握轻声音节的读音；
2. 了解轻声区别词义、词性的作用。

（二） 教学重点、 难点

1. 教学重点

普通话四个声调之后轻声音节的音高。

2. 教学难点

第三声后轻声音节的音高。

（三） 教学前准备

1. 知识准备

学生已完成汉语声母、韵母、声调及音节拼写规则的学习。

2. 教学材料准备

彩色粉笔，带有轻声音节的词语拼音卡片，教学示例中涉及的相关词语图片等。

（四） 教学过程

1. 导　入

教师在黑板上写拼音“liánzǐ（莲子）”和“liánzi（帘子）”，提问学生两个词语读音是否一样。如果学生说一样，让学生再仔细看看，或用红粉笔将“ǐ”与“i”圈出，进行提示；如果学生说不一样，请学生分别读出来。引起学生思考、注意和讨论后，教师公布答案。告诉学生：“这两个词这儿不一样”，同时用红粉笔圈出“ǐ”与“i”，再重点指“i”，说：“这儿没有声调，是轻声，轻声（重复，强调）”，然后分别展示莲子和帘子的图片，并朗读。朗读时注意夸张轻声及非轻声部分的读音，最后一边变换图片，一边总结：“汉语中有没有轻声，有时候意思不一样。我们今天学习读轻声。”

2. 讲　练

（1）讲授

教师在黑板上画出或通过多媒体课件展示轻声音高示意图，在示意图下面分别写出例词，如：“tāde（他的），shuíde（谁的），wǒde（我的），shìde（是的）”。教师手指例词“tāde（他的）”，朗读两遍，读的同时，在轻声音高示意图上指示轻声的音高，学生集体跟读，学生个别朗读。依此类推，教师示范并教授其他三个声调后轻声音节的音高。

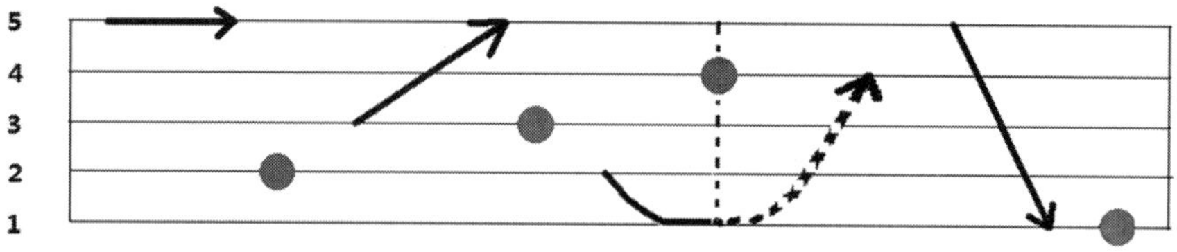

图 1－6　轻声音高示意图

（2）操练

教师在黑板上写出或通过多媒体课件展示词语的拼音，请学生朗读，如：

1＋0	gēge	wūzi	yīngtao	zhēnde	dāozi	dōngxi；
2＋0	bízi	biéde	pútao	sháozi	zhúyi	liángkuai；
3＋0	běnzi	wǒmen	lǎoye	zuǒbian	hǎochu	nǐne；
4＋0	tùzi	shàngqu	shìma	dìfang	wèidao	dàifu。

学生朗读后，教师反馈，如：学生读得比较准确，教师可用手势或语言评论“好”；学生读得不太准确，教师可提示其再读一遍或教师领读一遍，然后请学生再读。所有词语都读完后，教师再带领学生齐读一遍所有词语，加深印象，培养音感。

读的练习。教师将学生分成几组，进行读轻声比赛。教师展示带有轻声音节的词语拼音卡片，学生抢读，读对了即给该组加一分，最后看哪组抢得多，读得准，分数高。词语拼音卡片要多准备，词语要丰富多样，展示时应打乱顺序。如：

1＋0	zhuōzi	chūlai	zhuāngjia……	
2＋0	táozi	zhóuli	biéjie ……	
3＋0	yǐngzi	qǐngba	qǐlai ……	
4＋0	gùshi	rìzi	hòubian ……	
其他	kànlekàn	xiàozheshuō	pǎojinlai	liáojieliáojie ……

听的练习。教师准备一些词语，其中包含轻声音节和非轻声音节，教师读词语，学生判断是否含有轻声音节。如果有轻声音节，学生就拍手示意并集体跟读；如果没有轻声音节，学生就不动声色。如：教师说：“领导（lǐngdǎo）”，学生不动声色；教师说：“豆腐（dòufu）”，学生拍手，然后教师以眼神或手势示意，学生集体跟读“豆腐（dòufu）”。

课外任务。教师用汉字写出一句话“我上网吧”，请学生课后通过查字典或请教中国朋友等方式了解这句话的读音和意思。教师于下次课检查学生任务完成情况。参考答案：“我上网吧”中“吧”可读第一声，也可读轻声。读轻声时句义为“我要上网”；读第一声时，“网吧”是一个词，句义为“我去网吧（上网）”。

3. 活动与游戏

游戏：轻声变变变

教师说一个双音节词，学生将第二个音节变为轻声，然后大声读出。注意教师应该提前准备好活动所需的词语材料。另外，这些词语最好是读轻声与非轻声意义不同。如：大意（dàyì 与 dàyi）、兄弟（xiōngdì 与 xiōngdi）、东西（dōngxī 与 dōngxi）、老子（lǎozǐ 与

lǎozi）、过去（guòqù 与 guòqu）、地道（dìdào 与 dìdao）、精神（jīngshén 与 jīngshen）……

教师说一个动词 A，学生将动词变为“AA（第二个轻声）”“A 一 A”“A 了 A”“A 不 A”“A 上来”（趋向补语应根据与动词的搭配情况适当变换）的形式，并大声读出来。如：教师说：“跳（tiào）”，学生 1 说“跳跳（tiàotiao）”，学生 2 说“跳一跳（tiàoyitiào）”，学生 3 说“跳了跳（tiàoletiào）”，学生 4 说“跳不跳（tiàobutiào）”，学生 5 说“跳上来（tiàoshanglai）”。教师在选择动词时，应注意动词与趋向补语的搭配。游戏中具体的变读形式可根据学生水平及词汇、语法教学内容与进度进行选择和调整，降低或提升难度，如练习“人称代词（你、我、他）＋们/的/呢”或“动词＋着/了/过/吗/吧”等。此游戏既练习多音节词语轻声的发音，又为词汇、语法学习奠定基础。

活动：轻声音节数一数

教师朗读带有轻声音节的句子，学生听，然后判断句子中有几个轻声音节。句子读完后，学生用手示意句中轻声音节的数量。如学生答案不一致，请学生说出哪些音节是轻声，并讨论；如学生答案一致，教师再读一遍句子，然后公布正确答案。教师准备的句子如：

外面有人叫你。（Wàimian yǒu rén jiào ni.）

这是我妹妹的桌子。（Zhè shì wǒ mèimei de zhuōzi.）

星期天你们去公园吗？（Xīngqītiān nǐmen qù gōngyuán ma?）

您什么时候走？（Nín shénme shíhou zǒu?）

张先生的东西在那边。（Zhāng xiānsheng de dōngxi zài nàbian.）

他的本子掉下去了。（Tā de běnzi diào xiaqu le.）

……

四、示例小结

教学示例从轻声与非轻声词语意义不同入手，利用形象的图片简明扼要地强调了轻声的重要性，然后通过轻声音高示意图展示汉语普通话轻声的读音特点，既一目了然，又易于理解和操作，随后设计多种练习、游戏从听、读两方面进行轻声训练，体现了汉语教学精讲多练的突出特点，对诸如：“一”的变调、“不”的变调、儿化韵、语气词“啊”的音变等汉语普通话语音教学内容都具有较高的参考价值。

在现代汉语语音学研究领域，轻声的研究结果除了其音高受前字声调影响而不固定外，在音色上，轻声也有一些变化，如：韵腹变得含混、央化（麻烦［fan→fən］）；擦音或塞擦音声母后如带有同其发音部位相近的单元音，该元音常常丢失（消息［ɕi→ɕ］）；前响复元音韵母变成单元音（馒头［t‘ou→t‘o］）；某些轻声音节的声母轻微浊化（听着［tʂə→dʐə］）等。就轻声现象本身而言，还包括轻声的定义，普通话中读轻声的固定音节、规律音变，轻声区别词义、词性的重要性等内容。在教学中，教师应结合汉语教学特点及学生的水平考量并选择教学内容，确定教学方法与讲练时长。在处理轻声教学时，轻声的定义、音色特点由于理论性太强，指导性和实用性又不明显，往往很少作为主要教学内容出现。轻声区别词义、词性的重要性可以使学生加强重视，可用举例法简要说明。轻声的音高是轻声教学的重中之重，精髓所在，既要精讲，又要多练。而普通话中读轻声的常用双音节词、规律音变两项内容则可以放到后续教学中：读轻声的固定音节，如“漂亮、舒服”等，规律性不大，难于归并分类，教师可以遇到一个讲一个，学生则学一个记一个。对于有规律的轻声音变，教师则可在学生汉语水平提高到中高级，词汇语法知识积累到一定程度后，让学生自行整理、汇总，发现规律，学习理论。

可以说，理论研究与教学实践既有共通之处，又有相异之时。教师应牢牢以“学生的理解、掌握和运用”为教学的指挥棒，充分利用理论研究服务教学，指导教学，而不是混乱教学，为难教学。教学示例就轻声这一内容分项、分步、分层教学，将枯燥、深奥的理论巧妙、形象地转化为生动的词语实例、清晰简明的示意图，将轻声教学化繁为简，化难为易，是理论研究与教学实践融会贯通、有机结合的优秀范例。

五、任　务

任务一：总结读轻声的词语以及变读轻声的规律，写出 80 个含轻声音节的词语，并将之按音节多少、前一音节的声调进行分类，为今后教学及设计练习积累语料。

任务二：学习汉语普通话儿化韵的相关知识，设计一份儿化韵教学的教案。

思考与练习

1. 本节示例一“声调标注有讲究”中，教学讲练部分没有介绍“j、q、x”与“ü”相拼，“ü”上两点省略变成“u”后，调号标在“u”上的情况。对于这一现象，你认为需要进行讲解吗？如果需要，教师应如何讲练？请举例说明。

2. 汉语声韵拼合有哪些规律？请依次列举出来。在语音教学中，你认为是否应该给学生讲授这些拼合规律，为什么？

3. 查阅《汉语拼音正词法基本规则》（GB/T 16159－2012），熟悉并掌握汉语拼音注音规则。

4. 一般来说，汉语教材都会配印《汉语普通话声母韵母拼合总表》，作为汉语教师，你将如何运用拼合总表辅助教学，请举例说明。

5. 为三声变调、“一”的变调、“不”的变调等汉语普通话语流音变教学内容设计清晰简单、易学易懂的变调公式或板书。

6. 介绍语气词“啊”的音变规则，谈谈你对这项教学内容的看法（如教不教，教什么内容，什么时候教，运用什么方法教等）。

第三节　语气语调

示例一　“我想起来了”有歧义吗?

一、示例缘起

在经历了专门的语音学习阶段后，学生完全掌握了汉语拼音方案，对汉语声、韵、调的把握提高了，普通话的拼写规则、音变规律都运用自如了，是不是语音教学就圆满结束了呢？其实，语音的掌握和熟巧并不是一朝一夕之功，很多学生到了中级甚至高级阶段仍然存在很大的语音问题。因此，语音的教、学、练必须常抓不放，贯穿整个汉语教学始终。那么如何在汉语教学初中级阶段进行语音教学？初中级阶段的语音教学又包含哪些内容？语音教学如何融入语言要素教学或课型教学之中？教学示例通过自编课文及生词，针对汉语普通话的重音和停顿进行教学设计，展示初中级阶段语音教学的方式及方法。

二、示例背景知识

语调包含丰富的内容。音调的高低，声音的轻重，速度的快慢，句末的升降等变化，都是语调的变化。重音、停顿是语调教学的重要内容之一，是提高表达及理解效果，明确句义、防止歧义的重要保证。

重音是指词句中念得比较重、听起来特别清晰的音。汉语普通话的重音分为词重音和句重音。

在汉语普通话词汇中，双音节词的重音模式主要有两种：中重式、重轻式，三音节词的重音模式有：中轻重式、中重轻式、重轻轻式，四音节词的重音模式有：中轻中重式、中轻重中式、重轻中轻式。一般以字下标注“·”表示重音，以“◦”表示中音，轻音不标符号。

表 1－16　普通话词重音模式一览表

词语音节类型	重音模式	例词
双音节	中重式	电话　报名　完全
	重轻式	告诉　你们　老实
三音节	中轻重式	西红柿　电影院　加拿大
	中重轻式	有意思　宿舍里　好消息
	重轻轻式	走过来　忙着呢　朋友们
四音节	中轻中重式	刻苦钻研　教育学院　心直口快
	中轻重中式	漂漂亮亮　恭恭敬敬　噼里啪啦
	重轻中轻式	打扮打扮　研究研究　修理修理

句重音指一个句子中读得相对比较重、比较长的音。句重音分为规律重音和逻辑重音。在一般的中性语境中，句中的信息焦点要重读，而信息焦点往往有一定规律，被称为“规律重音”。这类重音通常与语法结构及成分有关系，因此也叫“语法重音”。逻辑重音是指在具体语境中，为了表达某种特殊含义而强调重读的词语，也叫“强调重音”。逻辑重音没有固定的规律和位置，随上下文语境及说话人的思维、要求或情感而变化。句重音一般在需要重读的词语前加“’”表示。

表 1－17　汉语普通话句重音一览表

类型	（句子结构）重读/强调		例句
规律重音	主＋**谓**	谓语重读	我们’谈谈吧。　明天’阴天。
	主（代）＋谓	主语重读	’谁教我？　’这儿凉快。
	主＋谓＋**宾**	宾语重读	他在看’电视。　大夫把药方给’病人了。
	主＋谓＋宾 1＋**宾 2**	宾 2 重读	他送我一本’书。　我没还他’钱。
	主＋**谓**＋宾（人称代词）	谓语重读	张老师’教我们。　爸爸’叫你。
	主＋**状**＋谓	状语重读	大家’高兴地笑了。　咱们得’努力学习汉语。
	主＋谓＋**定**＋宾	定语重读	我喜欢’热情’开朗的人。　这是一本’好书。
	主＋谓＋**补**	补语重读	我写’完了。　他游泳游得特别’快。 我学了’两年汉语了。　我听得’懂。
	主＋**谓**＋补（趋向）	谓语重读	天’热起来了。　你别’跑过去。

类型	（句子结构）重读/强调	例句
逻辑重音	’**谁**去年在中国认识了一个漂亮的姑娘？	’大卫去年在中国认识了一个漂亮的姑娘。
	大卫’**什么时候**在中国认识了一个漂亮的姑娘？	大卫’去年在中国认识了一个漂亮的姑娘。
	大卫去年在’**哪儿**认识了一个漂亮的姑娘？	大卫去年在’中国认识了一个漂亮的姑娘。
	大卫去年在中国认识了’**几**个漂亮的姑娘？	大卫去年在中国认识了’一个漂亮的姑娘。
	大卫去年在中国认识了一个’**什么样**的姑娘？	大卫去年在中国认识了一个’漂亮的姑娘。

停顿是指说话或朗读时，语句之间、段落之间出现的长短不同的间歇。停顿可分为句法停顿和逻辑停顿。句法停顿指根据句法结构特点做出的停顿。有时，同一句话，由于停顿的位置不同，表达的意义就不同，这样的停顿就是“逻辑停顿”，也称“强调停顿”。

句法停顿还可细分为句际停顿和句内停顿。句际停顿指句子与句子之间，小句与小句之间的停顿。在书面上，句际停顿主要靠标点符号来体现。一般来说：句号（。）/问号（?）/感叹号（!）>冒号（:）>分号（;）>逗号（,）>顿号（、）。句内停顿是指人们说较长的句子时，出于自身生理换气或便于对方理解的需要而做出的间歇。句内停顿通常与句子的语法结构、语速等因素有关。简单来说，在较长的句子中，停顿常常出现在具有相对完整意思的主语、谓语、宾语、定语、状语、补语等处。另外，语速慢时，停顿多；语速快时，停顿少。句内停顿常用“/”来表示。

表 1－18 汉语普通话停顿一览表

类型		例句
句法停顿	句际停顿	他吃惊地看着我，大声说：“这件事你真的不知道？”大卫、玛丽、杰森他们都知道。
		矿藏、水流、森林、山岭、草原、荒地、滩涂等自然资源，都属于国家所有，即全民所有；由法律规定属于集体所有的森林和山岭、草原、荒地、滩涂除外。
	句内停顿	没吃过北京烤鸭的人/不多。（主语较长）
		今天/温度不高也不低。（谓语较长）
		我希望/你们多到外面去走走看看。（宾语较长）
		这是我收到的/最珍贵最有纪念意义的礼物。（定语较长）
		在老师和同学们的帮助下/他进步了。（状语较长）
		他吓得/一个晚上没睡着觉。（补语较长）

类型	例句
逻辑停顿	我看见/她哭了。（她哭了） 我看见她/哭了。（我哭了）
	老师/和我想的一样。（老师的样貌、性格和我的想象一样） 老师和我/想的一样。（老师的想法和我的想法一样）

三、示例实施

（一） 教学目标

1. 准确听辨并熟练掌握生词的发音，读准声、韵、调；
2. 通过模仿跟读，体会并掌握生词的词重音；
3. 巩固强化轻声、儿化、连读变调等汉语普通话常见的语流音变内容并能熟练运用；
4. 在朗读对话时，能够根据标点及语义，正确、恰当地处理句子的重音及停顿。

（二） 教学重点、 难点

1. 教学重点

词重音，三声连调的读音，句重音，句际停顿、句内停顿、逻辑停顿。

2. 教学难点

三声连调的读音，句内停顿，逻辑停顿。

（三） 教学前准备

1. 知识准备

已完成汉语普通话语音初级阶段的学习。

2. 教学材料准备

教学示例中涉及的相关词语卡片、黑板或多媒体设备及相应教学课件。

课文：

张龙：你好啊！

大卫：你好！你是……

张龙：你忘了，你再想一想，昨天下午在体育馆……

大卫：啊！我想起来了。你是张龙，北京体育大学的篮球教练。你干什么去？

张龙：我去超市，我想买点儿东西。

大卫：太好了！我也想去。我刚来体育大学，特别想熟悉一下附近的环境。我能跟你一起去吗？

张龙：当然可以啊！咱们走吧。

生词：

1. 体育馆	tǐyùguǎn	gymnasium，gym
2. 教练	jiàoliàn	coach
3. （一）点儿	（yī）diǎnr	a little
4. 刚	gāng	just
5. 熟悉	shúxi	familar
6. 环境	huánjìng	environment

课文及生词（自编）

（四）教学过程

1. 导　入

故事法导入新课。教师将前课内容以故事的形式复述给学生听，学生听后回答问题。随后教师一两句话过渡，转移话题，引入新课，如："加拿大学生大卫学习太极拳，认识了中国人张龙，他们后来怎么样了呢？今天我们学习第十课，看看大卫和张龙的故事。"

2. 讲　练

（1）朗读生词

学生听生词录音，初步感知生词的读音。

教师领读生词，学生跟读两到三遍。

学生轮流朗读生词，教师纠正声母、韵母、声调错误。重点注意：

① 半三声。即"体育馆"中的"体"。教师可用手向右下方比画"↘"，示意半三声，也可在黑板上标注符号"╲┆"，提醒学生注意。学生往往会读成全音"214"或"21"读得短，"14"读得长，听起来像二声。此时，教师只需用手势法或翻译法告诉学生发这个音要很低即可。

②"一"的变调。即"一点儿"中的"一"。"一"的变调是已学内容，教师不必占用过多课堂时间解释，请学生模仿发音即可。如学生提出质疑，教师提示学生"点 diǎn"

为三声，并板书“一”字变调公式：

“一” + { — / / / V } → “一”（yì） + { — / / / V }

一（yì）天、一（yì）边
一（yì）年、一（yì）元
一（yì）起、一（yì）点

“一” + \ → “一”（yí） + \

一（yí）下、一（yí）共

V（动词） + “一”（yi） + V（动词）

想一（yi）想、看一（yi）看

③儿化。即“一点儿”中的“点儿”。儿化韵发音是已学内容，教师不必过多解释，请学生模仿发音即可。如学生无法正确发音，教师可引导学生从“点 diǎn + 儿 er”的拼读过渡到“点儿 diǎnr”的儿化发音或利用板书标写国际音标［tiɛr］，运用手势示意学生卷舌等方法指导发音。

④轻声。即“熟悉”。轻声是已学内容，不必过多解释，教师请学生模仿跟读。如学生无法正确发音，教师可在黑板上画出轻声音高示意图（见本章第二节示例二：轻声音高门道多）或用手势示意轻声音高。

⑤词重音。即“体育馆　教练　一点儿　熟悉　环境”。教师朗读，学生模仿跟读。如个别学生重音位置不对，教师可夸张重读并延长重读字音长，轻读轻音字并缩短音长，也可板书生词并加重音符号，提醒学生“这个字读得轻一点儿，这个字读得重一点儿”。另外，三音节词“体育馆”中的“育”是轻读，不是轻声，要注意轻读的字仍保留原有声调，只是读得又轻又短。

学生轮读完生词以后，教师再领读一到两遍生词，巩固发音。

（2）扩展过渡

节拍训练。教师利用多媒体课件对生词进行扩展，有节奏地领读，学生齐读、轮读，强化学生对生词的理解和运用，培养学生汉语的音感、节奏感，为朗读、理解对话打下基础。

体育馆	教练	环境
在体育馆	篮球教练	附近的环境
昨天在体育馆	大学的篮球教练	熟悉附近的环境
昨天下午在体育馆	北京体育大学的篮球教练	熟悉一下附近的环境

三声连调模式训练。教师在黑板上板书“你好”，并标出三声连读时的变调形式，“你好”，然后领读，学生跟读。教师再扩展到“买”→“我买”→“想买”→“我/想买”，随后引入生词“点儿”→“买点儿”→“我想/买点儿”→“我想/买点儿东西”（在口语中，语速较快时，也可读成“我想买点儿东西”）。同时在黑板上或利用多媒体课件进行声调标注①，让学生齐读、轮读，训练三声连调的发音。

（3）朗读对话

学生听课文录音，初步感知对话。

教师一句一句领读课文对话，学生模仿跟读两到三遍。

教师利用板书或多媒体课件展示经标记的课文，学生一句一句轮读对话，教师纠正发音，重点注意以下方面：

①“啊”的音变。即“你好啊”和“当然可以啊”。“啊”的音变是已学内容，教师不必过多解释，请学生模仿发音即可。如学生有疑问，教师可板书“（ní）hǎo wɑ”“（dāngrán）kéyǐ yɑ”，并用彩色粉笔在“啊”的前一音节“hǎo”和“yǐ”上做重点标注，并将“啊”改写为“哇（wɑ）”“呀（yɑ）”。

②句重音。教师不做特别讲解，朗读对话时注意句重音即可，主要让学生模仿。

③句际、句内停顿。教师不做特别讲解，朗读对话时注意不同标点符号停顿时长不同；朗读句子时，注意在具有相对完整意思的语法成分处停顿，主要让学生模仿。

④ 逻辑停顿——“我想起来了”。学生轮读时，如在此处停顿错误，教师需加以纠正并适时提示学生“我想起来了”停顿、重音不同，意思不同，如：“经过你的提醒，我/’想起来了（想起已经忘了的人或事）。”“我已经睡了三个小时了，我想/’起来了（我想起床了）。”如果学生没有疑问，教师领读后，可在不打断教学节奏和进度的情况下，就此句提问、强调或者进行补充说明。

教师再领读一遍课文，强化感知，增强语感。

学生分组朗读或表演对话，完成后教师对其声调、重音、停顿等方面进行反馈，如有明显错误之处应指出并给予纠正，纠正时可结合板书或课件上的标记符号进行提示、引导。

① 《汉语拼音正词法基本规则》（GB/T 16159－2012）中规定凡有变调的字，一律只标原调，不标变调。在本教学示例中，为便于教学，三声连读变调、“一”的变调等都按变调标写。

课文：

张龙：你好哇（wa）！

大卫：你好！你是……

张龙：你’忘了，你再想一想，昨天’下午/在’体育馆……

大卫：啊！我/’想起来了。你是’张龙，北京体育大学的/’篮球教练。你’干什么去？

张龙：我去’超市，我想/买点儿’东西。

大卫：’太好了！’我也想去。我’刚来体育大学，’特别想熟悉一下/附近的’环境。我能’跟你一起去吗？

张龙：’当然可以呀（ya）！咱们’走吧。

3. 活动与游戏

活动一：听故事，加标点

教师用符合学生水平的语言讲述古代趣味故事①，并将故事中产生歧义的句子书写在黑板上，请学生听完故事，给句子加上标点，朗读并说明句义。

故事一：有位比较穷的读书人到朋友家玩儿。忽然外面下起了大雨，这时天已经很晚了，但是朋友不想让他住在自己家里，又不好意思直接说，就在纸上写了一些字：下雨天留客天留我不留。写完放在桌子上，说自己还有点儿事儿，就出去了。朋友以为读书人一看字条就明白他的意思，就会离开。因为他心里想的意思是：下雨天留客；天留，我不留。过了一会儿，朋友回来了，他看到读书人并没有走，桌上的纸条也被他加上了标点符号，变成了这样的意思：下雨天，留客天，留我不？留。

故事二：从前，有个人虽然很富有，但是却很小气。有一次，他要找一个教书先生教自己的孩子。他先拿出了一张字据，上面写的是：无鱼肉也可无鸡鸭也可青菜萝卜万不可少不得工钱。他说自己的报酬很少，如果同意就在字据上签字。他想表达的意思是：无鱼肉也可，无鸡鸭也可，青菜萝卜万不可少，不得工钱。没想到这个教书先生看了，马上就答应了。结果吃第一顿饭时，这个教书先生看到桌子上摆的青菜，就大喊大叫起来：“怎么都是素菜没有荤菜？字据上不是写好了吗：无鱼，肉也可；无鸡，鸭也可；青菜萝卜万不可，少不得工钱。”

活动二：关键信息要重读

教师带领学生制作关键信息卡片，如：一些学生负责写主语（人物），一些学生负责写时间，一些学生负责写地点，一些学生负责写事件（做什么）。制作完成后，将四类卡片放在讲台处，请四个学生分别抽取一类卡片，学生展示所抽取关键信息卡上的内容，并

① 宋海燕．国际汉语语音与语音教学［M］．北京：高等教育出版社，2013：99。

在讲台前依次举卡站好，组成一个汉语句子，如："大卫昨天下午在体育馆打篮球。"其他学生齐读句子。然后教师请一个学生用疑问代词就句子的主语、时间、地点等关键信息进行提问，注意重读疑问词，如："'谁昨天下午在体育馆打篮球?"，提问的学生指定另一个学生回答，被指定的学生回答时要重读句中的关键信息，如"'大卫昨天下午在体育馆打篮球。"回答完毕后，他再指定另一个学生就其他关键信息进行提问，依此类推，直至所有关键信息均被提问并回答后，游戏开始新一轮。教师应注意引导学生把握好逻辑重音。

四、示例小结

学生在完成了专门的、独立的语音集中学习后，汉语基本的发音问题解决了，开始进入词汇、语法学习阶段，水平也从入门级提升到初中级，此时汉语语音不再是讲练的重点，但绝不能就此停止，而应从"明线"教学转变为"暗线教学"。因为，学生在开始学习的过程中特别容易产生回生现象，如果不进行长期要求，反复练习和提高，很可能会使初期的教授和学习流于形式，难以达到应有的成效。从目前汉语教学的具体实践来看，教材中对语音长期性的要求体现不够，初、中、高级阶段语音的"暗线"教学十分薄弱，甚至完全没有。因此，教师在课堂教学时应有意识地长期坚持语音教学，积极安排相关教学环节，巧妙设计训练内容，让学生常学常练，最终达到准确发音、流利朗读的教学目标。

就语音学习本身而言，林焘（2005）指出它与词汇、语法学习不同，主要不是靠分析和记忆，而是靠听辨和模仿。首先耳朵要能听辨，然后发音器官要会模仿，最后，在不断模仿的过程中养成新的发音习惯。对于学生经过多次模仿仍然不会发的难音以及某些习惯性的语音错误，可以给予必要的理论指导。因此，教师在引导学生掌握汉语语音的过程中，要从听音辨音入手，在听辨基础上进行模仿，只在必要时讲解点拨、归纳总结发音方法、读音规则，以理论知识指导学生掌握汉语语音。

教学示例就是在语音"暗线教学"的背景下，以听辨为主，理论指导为辅的初中级阶段语音教学的典型范例。示例以汉语普通话语流音变、重音、停顿等汉语语调教学内容为切入点，通过自编课文及生词，针对学生处于汉语初中级阶段的实际水平和学习特点，纠正巩固声、韵母的发音，强化深化轻声、儿化、连读变调等内容，讲授操练汉语重音、停顿等技能，教学内容侧重有度、配合有序，教学环节步步为营、层层推进，广泛适用于诸如：口语、听力、综合等汉语初中级阶段各课型的语音教学环节。

值得一提的还有，在讲练方面，示例除运用跟读模仿的方法外，还采用了节拍训练（刘广徽，2002）的方法进行语调教学。所谓节拍，即由音节的长短和轻重配合而成的音段，它不仅关系到说话的快慢，还关系到说话的流利程度。按节拍单位说出的话即使说得稍慢，也不视为不流利，因为它仍然是"有板有眼"、抑扬顿挫，使人能听得明白、听得舒服。反之，如果不按节拍单位说话，随意选择轻重音和停顿，即使是速度很快，给人的感觉也是"说破句子"了，让人听起来费解，达不到交际的目的。因此，教师在指导训练学生朗读时，目的不是让其说得熟、说得快，而是引导学生在朗读、说话时正确轻读、重读词语和恰当停顿。教学示例的“扩展过渡”部分即是节拍教学的有益尝试。示例以生词为中心进行扩展，由字数少到字数多，由词、词组过渡到小句。教师有节奏地领读，学生随着教师的节奏跟读，感受汉语的重音和停顿。在以生词为中心的节拍训练之后，课文中存在重音和停顿的长句、难句被“各个击破”，朗读课文便顺利进行起来了。长此以往，必能使学生提高汉语语速，增强朗读、说话的流利程度，自然而然形成汉语的节奏感和音感。

五、任　务

任务一：选择一本初级汉语口语教材，就教材中某一段课文进行重音及停顿标注，并设计一份教案，针对学生的重音与停顿进行教学和训练。

任务二：收集 10－30 个逻辑重音不同、句义不同的句子，整理后汇编，为今后的教学储备素材。

示例二　让普通话地道起来

一、示例缘起

汉语学习者常常有此疑问：“汉语普通话的声母、韵母、声调以及语流音变我都掌握了，都能读准了，但为什么‘字正’却‘腔不圆’呢?”这是因为他们忽视了汉语表达中非常重要的一个方面——语气语调。因此，要摆脱洋腔洋调，说出一口流利地道的普通话，非在语气语调上下功夫不可。

二、示例背景知识

句调[①]是指整句话音高升降的变化，一般分为四种：高升调、低降调、平直调和曲折调。

---

① 宋海燕．语音与语音教学［M］．北京：高等教育出版社，2013：101－103。

表 1－19　汉语普通话句调一览表

句调	特点	情态功能	例句
高升调	句子由平往高升，句末有明显的上扬，整句话呈现出逐渐上升的趋势，用“↗”表示。	疑问	你是中国人吗？↗
		反问	难道你没去考试？↗
		惊异	这么难的题你都会做？↗
		号召	大家一定要努力！↗
低降调	句子由平到降，句末有明显的下降，整句话呈现出逐渐下降的趋势，用“↘”表示。	感叹	这件衣服真是太贵了！↘
		请求	你就让我试试吧。↘
		肯定	下次我一定帮忙。↘
平直调	全句始终保持同样的音高，没有明显的高低升降变化，用“→”表示。	叙述	今天是星期一。→
		严肃	这件事必须通知到每一个人。→
		冷淡	这是你的事，我不感兴趣。→
		呼唤	李——晓——光——→
曲折调	句子高低起伏，变化较多。	含蓄	他住了一个多月的院↗，现在已经走了↘。
		讽刺	你多聪明呀↗，就没有你不知道的。↘
		意在言外	经理马上就来了↘，你们还打牌？↗

语气①是交际中为表达特定的思想感情而运用的特定的语音形式。语气体现了说话人的态度、情感、观点、个性等具体倾向，是超越话语字面意义的深层内涵。在日常交往中，只有运用恰当的语气才能准确、生动地传递说话人的思想意图，听话人才能正确理解，从而达到有效交际的目的。

普通话中常见的语气类别有四种：陈述、疑问、感叹和祈使。这四种句子的基本句调如下：

① 宋海燕．语音与语音教学［M］．北京：高等教育出版社，2013：104－106。

表 1－20　汉语普通话句类基本句调一览表

句类		句调特点	例句
陈述句		全句声音较低，句末下降，读低降调（↘）。	我们是北京大学的学生。↘ 今天没下雨。↘
疑问句	是非问句	句末上升，读高升调（↗）。	他是你们的老师吗？↗ 你真的不知道这件事？↗
疑问句	特指问句	句末平或下降，疑问代词重读，读低降调（↘）或平直调（⟶）。	谁给我打电话了？⟶（↘） 苹果多少钱一斤？⟶（↘）
疑问句	正反问句	句末平或稍降，句中肯定部分重读，否定部分轻读。肯定否定重叠部分语速较快。句子读平直调（⟶）或半降调（↘）。	你会不会说汉语？⟶（↘） 他篮球打得好不好？⟶（↘）
疑问句	选择问句	句中供选择的部分重读，前一分句句末上升，语速慢，后一分句句末下降。全句前面为高升调（↗），后面为低降调（↘）。	你喝咖啡↗还是茶？↘ 你们坐飞机去↗还是坐火车去？↘
祈使句		语气委婉时，全句声音较低，句末缓慢下降，读低降调（↘）。	你再便宜点儿吧！↘ 打开书 128 页。↘
祈使句		语气强硬时，全句声音较高，句末急促下降，读低降调（↘）。	抓住他！↘别让他跑了！↘ 谁都不许说话！↘
感叹句		表示喜悦、赞扬时，声音高，句重音拖长，句末缓缓下降，读低降调（↘）。	今天的天气多舒服哇！↘ 你的衣服太漂亮了！↘
感叹句		表示气愤、恼怒时，声音高，语速快，句末急促下降，读低降调（↘）。	那个人太可恨了！↘ 这简直不像话！↘
感叹句		表示悲伤、惋惜时，声音低，语速慢，句末拖长下降，读低降调（↘）。	她没得第一，真可惜！↘ 你看，她哭得多伤心哪！↘
感叹句		表示激昂时，声音高，句末拖长上升，读高升调（↗）。	欢迎欢迎！↗热烈欢迎！↗ 要和平！↗不要战争！↗

三、示例实施

（一）教学目标

1. 巩固重音、停顿等语调表现形式；
2. 通过学习课文了解并体会汉语句调的分类、特点及四种句子的基本句调；

3. 能够运用恰当的语调信息表达相应的语气，达到交际目的。

（二） 教学重点、 难点

1. 教学重点

四种句调的特点，四种句子的基本句调，恰当运用句调表达“不满、责备”等语气。

2. 教学难点

四种句调的音高变化，疑问句、祈使句的句调，结合句调表达相关语气。

（三） 教学前准备

1. 知识准备

学生已完成汉语普通话语音初级阶段的学习，现处于中高级阶段。

2. 教学材料准备

教学示例中涉及的相关词语卡片、黑板或多媒体设备及相应教学课件。

对话：

丈夫：你怎么才回来呀，去哪儿了？我都快饿死了！

妻子：你不知道！我去商店了，今天大减价，东西都特便宜！

丈夫：什么?! 又去商店了？这个星期你都去多少次了？还去！

妻子：你看你，去商店怎么了？我又没乱花钱，我买的都是咱家需要的。

丈夫：算了吧！什么咱家需要的？是你需要的吧……

妻子：你这是什么话!?

丈夫：什么话？大实话！

课文（自编）

（四） 教学过程

1. 导　入

教师播放对话录音，要求学生听后回答问题。

教师提问：

女的去哪儿了？（答案：她去商店了。）

她去商店做什么？（答案：她去商店买东西。）

她为什么买东西？（答案：因为商店大减价，东西非常便宜。）

男的希望女的做什么？为什么？（答案：他希望女的早点回家做饭，因为他特别饿。）

他们可能是什么关系？（答案：丈夫和妻子。）

对于妻子买东西，丈夫是什么态度？（答案：不高兴、不满意、生气、责备、反对……）

哪些话让你知道了丈夫的态度？（答案："你怎么才回来呀？""什么?!""这个星期你都去多少次了？""算了吧！"）

教师通过引导、提示，使学生找出正确答案，然后将下列四句话分行写在黑板上。注意次序：

① 你怎么才……？

② 什么?!

③ 这个星期你都……多少次了？

④ 算了吧？

2. 讲　练

教师展示对话原文，为学生还原情景，分析对话，揭示人物心理：丈夫下班回家，他又累又饿。可是家里没有做好的饭，妻子也不在家。丈夫等了很长时间，妻子才回到家。丈夫有点儿不高兴，问妻子去哪儿了？为什么回来得这么晚？一听说妻子去商店了，丈夫就生起气来。这个星期妻子已经去了很多次商店了，丈夫觉得家里根本不需要再买东西了，他觉得妻子不应该去商店，应该在家做饭或者做点儿有意义的事……教师通过讲解，清晰地描绘出人物的心理线索，为语气教学进行语义理解上的铺垫。

教师指示黑板上的四个句子依次朗读，并通过上下文语境解释句义，注意结合句调读出不满、生气、指责等语气。学生模仿，集体跟读，个别学生朗读。

教师设置情景，引导对话，请学生用黑板上的词句与教师对答。教师可通过指示黑板上的词句，展示夸张的表情及行动等方式进行引导，学生说出目标句后，教师注意通过再次朗读示范，纠正并强化学生语气语调的表达。

情景一：我们八点上课，罗马九点来到教室，老师看见罗马非常生气。（学生饰老师，教师饰罗马）

老师：……（教师引导学生说：你怎么才来呀？）

罗马："老师，对不起，我的表坏了，所以起晚了……"

老师：……（教师引导学生说：什么？表又坏了？这个星期你的表都坏了多少次了？）

罗马："老师，我的表真的坏了，我下午就去修表，明天一定不迟到！"

老师：……（教师引导学生说：算了吧！这句话你都说多少遍了？）

情景二：小明下课回家，爸爸询问他的考试成绩。（学生饰爸爸，教师饰小明）

爸爸："小明，今天的考试考得怎么样？"

小明："20 分"。

爸爸：……（教师引导学生说：什么?! 你怎么才考了 20 分哪?!）

小明："我……我……我考试的时候头特别疼……"

爸爸：……（教师引导学生说：头疼？算了吧！一考试你就头疼，你都头疼多少次了？还头疼！）

情景三：丈夫请朋友去饭馆喝酒、吃饭，很晚才回家。（学生饰妻子，教师饰丈夫）

妻子：……（教师引导学生说：你看看现在都几点了？你怎么才回家啊？）

丈夫："不晚不晚，才十二点。"

妻子：……（教师引导学生说：什么？才十二点？你五点下班，你们都吃了多长时间了？还不晚?）

妻子问丈夫谁请客，花了多少钱。

丈夫："我请客，花了两千多块钱吧。"

妻子：……（教师引导学生说：什么？两千多！怎么又是你请客啊?!）

丈夫："没事儿，都是朋友，这次我请客，下次他们请客，谁有钱谁就请客呗。"

妻子：……（教师引导学生说：算了吧！你那些朋友没有一个人愿意请客的，这几个月你都请他们吃了多少次饭了，还请!）

重点操练以上四句话的语义及用法后，教师领读课文，学生先集体跟读，再两两一组进行朗读。教师不需要对汉语的句调类型、特点，四种句类的基本句调等语音本体知识进行讲解，只需结合陈述句、疑问句、祈使句、感叹句四类句子的句调特征及音高变化读出惊讶、气愤、指责等语气，要求学生模仿跟读即可。必要时可在重点句、难句后用箭头（↗、↘、→）标示句子音高升降变化，以便学生理解、体会及模仿。

3. 活动与游戏

游戏：语气变变变

教师准备一些人物情绪提示牌，如：表示"平静""高兴""兴奋""伤心""失望""绝望""生气""愤怒""无奈"等情绪的图片。教师在黑板上写出几个叙述性短句，如："外边下雪了""这件事你真的不知道""她病了""他得了第一名""我汉语学了十年了"等。请学生依次抽取情绪牌，根据情绪牌提示的人物情绪，变换语气语调，朗读短句。

活动：最佳配音

教师选择一部场景变化少，语言简单，但人物表情、语气丰富的中外电影或电视剧片段，如：《喜剧之王》《简爱》《大话西游》《雷雨》《武林外传》《我爱我家》《大丈夫》等。先无声播放，让学生熟悉情景人物，然后根据出场人数将学生分成几个小组，要求学生根据片段场景，人物表情、动作，大胆设计情节，编写对白，并进行小组表演。评出最佳配音奖、创意奖、搞笑奖、编剧奖等。最后教师简述该部电影或电视剧的故事梗概及片段情节，学生集体赏析。教师选择几句对白简单，但语气语调变化多，语义内涵丰富的台词进行讲解、释义并领读，学生跟读，体会语气与语义的变化。如学生水平较高，赏析后，还可请学生模仿剧中人物的语气语调进行影视配音。

四、示例小结

"洋腔洋调"是汉语学习者语音学习的"魔咒"，少有人能突破。究其原因，有学生母语语调负迁移的影响，有语用知识、文化背景的欠缺，但更重要而深刻的原因则是语气语调问题。汉语普通话中能体现语气的因素很多，如重音、停顿、句调，还有实词、虚词、句法格式、习惯表达等。不仅涉及语音层面，还涵盖词汇、语法、语用三个层面。因此，语气教学不是孤立存在的，它需要融汇在词汇、语法教学之中，要结合听与说，理解与表达来进行，更要重视教学内容的交际性，突出交际的心理性和文化性。

教学示例通过听后提问进行导入，在语义上先声夺人。教师分析对话，展示人物的内心世界，从而使学生在理解情景，了解人物心理状态的基础上体会各类词句在表达语气方面的作用，既立体鲜活地展示了语言，又统摄了语气教学涉及的词汇、语法、语义、语用等层面，达到了交际目的。然后以义带形，这里的“形”既有语音形式的示范，即通过教师领读，熟悉并掌握词句的重音、语气、句调；又有表达形式的训练，即结合情景，运用恰当词句及句调表达语气。示例有意识地编排了三个情景，学生通过理解、体验、模仿、运用，感受语气所蕴含的人物心理状态，结合汉语普通话句类的基本句调展示并强化表达不满、气愤、责备等语气相关手段（副词“都”，疑问代词“什么”“多少”，惯用语“算了吧”，固定格式“…怎么才…”）的运用，让学生在一个情景丰满、半开放的语言环境中感受语气，操练语气，表达语气。

任何语言知识都必须通过学生的模仿和实践落实到语言能力。语气教学无论怎样导入，如何教学，最终都要落实到学生亲自去理解、体验、模仿和实践。理解和体验保证了学生语气运用及表达的得体性和恰当性，模仿和实践保证了学生能运用语气准确展示人物内心情感。这正印证了汉语作为第二语言教学的基本原则——实践性、交际性、趣味性和情境性。教师应充分认识到语气教学对培养学生语感和交际能力的重要性，应有目的、有计划地在课文、对话中寻找语气教学的“踪迹”，不断积累丰富语气教学的方式方法，有意识、分层次地进行语气教学设计，逐步使学生远离语音语调的“别扭感”与发音“走样儿”，说出一口流利地道的普通话。

五、任　务

任务一：从影视作品中，选取一个片段，记录对白，并为其标注重音、停顿和句调。

任务二：查阅关于句调的研究论文，撰写汉语句调研究综述，并提出相应的教学建议。

思考与练习

1. “请你再说一遍”“我想写完作业再吃饭”“你还说？没看见他都生气了吗？别说了！”“他不仅会说法语，还会说汉语呢”，请问这四个句子中的加点字重读还是轻读？试分析其读音的轻重与什么因素有关？

2. 搜集整理表达“高兴”“生气”“伤心”“失望”“着急”“担忧”等主观情感的词、惯用语及固定格式等，为语气语调教学积累素材。

3. 你认为什么样的教学方法最适宜汉语语调教学？请举例说明。

4. 除重音、停顿、句调等语调信息外，语气的表现方式还有哪些？请举例说明。

5. “语音教学应贯穿汉语教学始终”“语调教学是中高级语音教学的重中之重”，就这两个观点，说说你的看法和做法。

资料拓展

资料一：语音教学的原则和方法

语音教学中需要注意的原则和方法有以下几点：①抓住重点。重点主要指学生的难点。总体上，对外国学生来说，在声母、韵母、轻重音、语调四者之中，形成“洋腔洋调”的主要原因在轻重音和语调，因此，应把轻重音、语调的训练作为教学的重点，这是教师应该把握的全局情况。②先易后难，以易带难。汉语的大部分声母、韵母对多数外国学生而言并不难，因此从安排上应该利用非难音来训练声调，然后再突破难点。再如轻声练习，可以从重读音节后面带一个轻声音节开始，进而带两个、三个，这样才能使学生逐步获得轻声的熟巧。如：你们、你们的、你们的呢？看过、看过了、看过了吧？③前面要为后面作铺垫。练习发音节时就要考虑到声调、语调。汉语声调的调值，从低到高相差较大，外国学生不容易适应，如韩国语语音的音高范围较小，韩国学生学汉语的声调以至语调都有困难。解决的办法是从练习读音节时就要用各种音高，使学生能够习惯于调节声带的紧张程度，这样到了学习声调和语调时，声带就可以调节自如。这种训练方法对其他国家的学生也是必要的。④语音教学与词汇和语法教学相结合。如有些虚词（如就、才）的轻读与重读意义不同，各种句子成分的轻读和重读也与语义以及语篇的连贯相关（如问答），语调与句子类型更是直接相关（陈述句用降调，疑问句用升调等）。⑤练习应尽量避免用无意义的音节，最好使用学生学过的词语、词组、短句等。⑥教学中要尽量排除学生可能发生的误解。如在教声调的变化时，就不能只用词来教，而要有短语和短句，以避免学生误解为只有在词里才有声调变化。⑦语音学习是一个较长时期的事，因此至少在一个学期中每一课都应安排语音练习的内容，而不能只有一两个星期的所谓语音阶段。⑧教学要有针对性。要针对语音的重点、难点，要研究各种学生受其母语语音的影响可能发生的偏误（就语音来说，母语干扰是主要的偏误来源），找出纠正的方法与对策，防患于未然。⑨语音教学中要启发学生的学习积极性，引导他们自己去发现规律，自觉地学习。因此，要有些任务性的练习，例如学习声调时，可以利用中国人的姓作为练习：您贵姓？我姓张。给学生留的作业是去问中国人姓什么，并按一、二、三、四声的顺序，用拼音记下来，下一次上课时口头（这是语音的要求）向全班报告。

——鲁健骥．对外汉语语音教学几个基本问题的再认识［J］．大理学院学报，2010，(5)，第九卷（总第 77 期）：3－4.

资料二：简化的汉语音系

针对外国人学习汉语语音，我们在《汉语拼音方案》的基础上设计了一套汉语教学简化的汉语音系：

声母系统（辅音）

方阵 1

b	d	g
p	t	k
m	n	ng

（f　h　l 一带而过）

方阵 2

z	c	s
zh	ch	sh
j	q	x

（r 单独处理）

方阵 1：先出清塞音 b、d、g，注意：学生容易发成浊音；再出送气清塞音 p、t、k，注意：学生容易发成不送气音；最后出鼻音 m、n、ng，要指出 ng 不作声母。此方阵一则显示音系的整齐，二则为以后分辨前鼻音韵母和后鼻音韵母打下基础。至于 f、h、l 较容易学，可一带而过。方阵 2：此方阵为外国人学习汉语语音的难点所在。普遍的偏误是将 zh 组与 j 组相混淆，“老师” 成了 “老细”“吃饭” 发成 “乞饭”。或者是用汉语中没有的中介音舌叶音［tʃ］来代替 zh 组或 j 组。r 单独处理。r 与儿化韵（元音的翘舌作用）是一个音位。作声母时是［ʐ］，作儿化韵尾时是［r］。

韵母系统（元音）

［a］系	［ə］系
ɑi［ai］	ei［əi］
ɑo［au］	ou［əu］
ɑn［an］	en［ən］
ɑng［aŋ］	eng［əŋ］

简化了的韵母系统将 8 个有韵尾的韵母归纳成 ɑ［a］系和 e［ə］系两大系统，这是王力先生（1963）的意见。这里把 ei 描写成音近的［əi］，把 ou 描写成音近的［əu］，从音位学上看是有道理的。（王力，1983）这样，两系 8 个韵母就形成两两配对的整齐局面，学生学起来相当便利。

——赵金铭．汉语拼音方案：国际汉语教学的基石［J］．语言文字应用，2013，(12)：85－86.

资料三：声调教学策略——以交际为原则，分层次教学

交际是学习语言的最终目标，学习者语言能力的高低必须由各种场合的交际来检验。因此，在教学过程中应始终以交际为目标，将交际原则贯穿于声调教学的全过程，根据学习者的实际汉语交际能力讲授相应的声调知识，进行必要的声调训练，实现循序渐进的分层次教学。

初级阶段。这一阶段的主要目标是掌握汉语的单字调、变调规则、轻声等。编写发声练习材料时，应尽量采用交际中的常用词或词组，比如单音节材料可使用数字、姓氏、单音节名词、动词、形容词等；双音节材料可使用简单会话用语，特别是回答用语等，如“你好”“再见”“谢谢”“喜欢（回答时可单用）”“不去（回答时可单用）”等。在练习过程中，教师适当讲授这些音节的意义，让学生体会汉语声调的别义性在交际中的重要作用，比如“烟”和“盐”“汤”和“烫”“年级”和“年纪”等，而不仅仅是“妈麻马骂”这类在交际中不太可能引起混淆的例子。对于简单会话用语，教师适当挑选部分内容，讲授使用的场合，让学习者尽早开口、多说汉语。

中级阶段。这一阶段的主要目标是掌握句子中声调的变化模式，学会如何把声调和语气结合起来。这一阶段，学习者的词汇量不断丰富，语法知识逐渐积累，这时的声调教学应与词汇、语法的学习有机结合起来。在学习生词时，巩固单字调、变调规则，在学习语法结构时，了解简单句及复句的分句中声调和语调的结合关系，以及不同句类的声调变化特点。针对学习者容易集中出现偏误的地方，安排一定次数的集中教学，如重音、疑问调等。

高级阶段。这一阶段的主要目标是学习语篇中声调的流畅表达，将声调内化融入语感中。这时，学习者已经能够运用汉语熟练地表达思想，如何运用声调流畅自然地表达是这一阶段的学习重点。一方面，帮助学习者找到自己的声调缺陷，进行个别辅导；另一方面，教师引导学习者留意优秀的影视、小品、朗诵、演讲中的声调表现，通过大量的正面输入培养语感。通过这两点措施进一步改善学习者的语音面貌，提高对汉语声调韵律美的鉴赏能力。

——宋益丹．对外汉语声调教学策略探索［J］．语言教学与研究，2009，（3）：50－51.

资料四：单一声调常用词的集中训练方法

在声调的训练过程中，为了让学习者对某一声调有更深的印象、掌握得更牢固，对单一声调的常用词进行集中式训练是有必要的，这里讲的常用词以《汉语水平词汇等级大纲》的甲级词和乙级词为主，以下方法均以训练第一声为例。

1. 扩展法

主要是指同一声调的常用词之间可以相互组合成词或者更高层次的结构，如短语或句子。这种有意义的组合已经超越了独立的单音节词的界限，层层组成上一级结构单位更有利于在语流中对声调的体会和掌握。如：

A、组合成词：包＋装＝包装　宽＋松＝宽松……

B、组合成短语：搭＋车＝搭车　喝＋鸡＋汤＝喝鸡汤……

C、组合成句：他＋喝＋鸡＋汤＝他喝鸡汤……

2. 接龙法

即前一双音节词词尾语素的声调是后一双音节词词首语素的声调。此训练方法，既加深了重复语素的读音，同时也加深了对前后词语之间意义联系的理解和记忆。在接龙过程中，当由备选语素为首的词很多时，应考虑语素意义是否一致、词语是否常用等因素。

千秋——秋天——天边——边关

中秋——秋风——风灯——灯光

3. 语素聚合法

指在同一声调常用双音节词中把含有同一意义语素的词集中起来加以练习。这种训练方法可以通过对某一语素声调的强化练习达到对这一语素所属的声调的强化练习，以部分代整体，触类旁通。如含有“心”这一语素的第一声双音节词：

“心”在词首：心甘　心慌　心机　心惊　心胸　心音　心中　……

“心”在词尾：关心　开心　分心　操心　欢心　多心　贴心　……

4. 语义场聚合法

即在同一声调的常用词中，根据不同的语义场对同一声调的常用词进行归类。这种练习方法充分利用语义场把相关意义和声调的词联系起来，使学习者建立了联想——记忆模式，充分体现了有意义的声调练习。

A、与数字有关的：一　三　七　八　千　……

B、与动植物有关的：花　鸡　猪　鸭　猫　……

C、与季节有关的：春（天）　秋（天）　冬（天）……

——龙小玲．初级阶段声调教学方法新探［J］．时代文学，2013，（2 上半月）：198－199.（略有删改）

本章参考文献

[1]朱勇．国际汉语教学案例与分析[M].北京:高等教育出版社,2013.

[2]宋海燕．语音与语音教学[M].北京:高等教育出版社,2013.

[3]刘广徽．汉语普通话语音教程(新疆版)[M].北京:北京语言文化大学出版社,2002.

[4]崔永华,杨寄洲．汉语课堂教学技巧[M].北京:北京语言文化大学出版社,2002.

[5]周小兵．对外汉语教学入门[M].广州:中山大学出版社,2009.

[6]王巍,孙淇(韩国)．国际汉语教师课堂技巧教学手册[M].北京:高等教育出版社,2011.

[7]孔子学院总部/国家汉办:http://www.hanban.org/;教学资源:http://www.hanban.org/resources/.

[8]网络孔子学院:http://www.chinesecio.com/;教师资源中心:http://teacher.chinese.cn/.

[9]中国华文教育网:http://www.hwjyw.com/zyzx.shtml.

第二章

汉 字

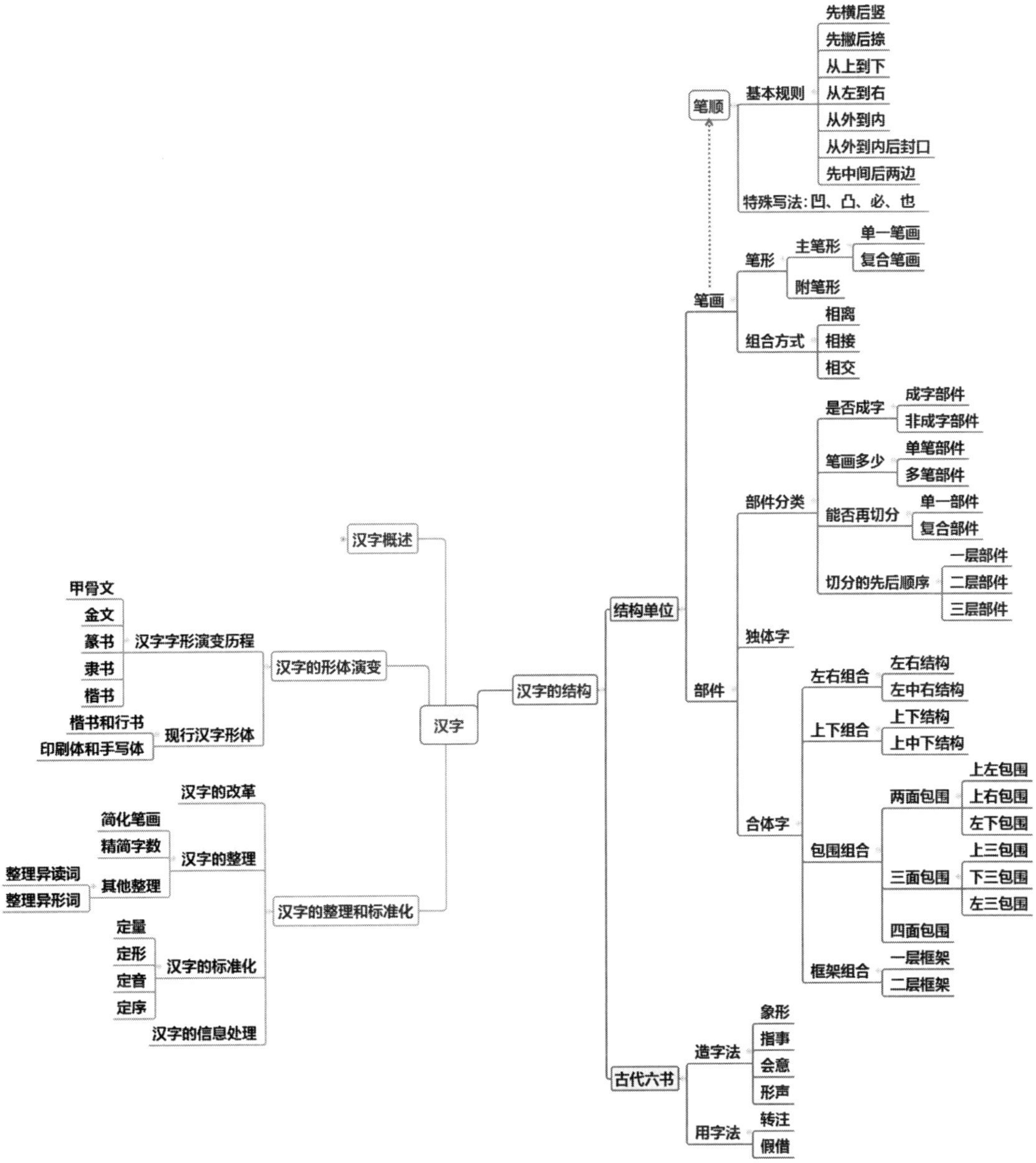

图2－1　汉字部分知识结构图

中国5000年文化源远流长，其中所蕴含的丰富内容也成为古今中外各家学者研究的对象。谈起中国文化，不得不提起汉字文化。不同的语言有不同的输出路径，一些语言选择了拼音的道路，用一组或几组特殊的符号来表达该种语言，如英语、法语、俄语等都是拼音文字。汉字则截然不同，经过几千年的文化积淀，历经数千年的演变与发展，形成了一整套极具特色且相当完善的符号系统。不同于拼音文字，汉字有其自身的性质与特点。汉字是字形、字音、字义的统一体。从造字之初发展至现代汉字，虽然汉字的形体、读音和意义都发生了较大的变化，但是基本性质变化不大，只是在不同时期汉字在自身特点的呈现上有不同的侧重点。

汉字是表意文字。表意文字是指“用一定体系的象征性符号表示词或词素的文字，不直接或不单纯表示语音。通常把古埃及文字、楔形文字和汉字看做表意文字。”[①] 在造字之初，或者说在图画文字阶段，汉字数量较少，其形与意的关系也较为简单、直观，这时汉字的字形主要表达了汉字的本义。发展至古汉字阶段，汉字形体仍然具有相当直观的表意性，如象形字、指事字、会意字和形声字的形旁都具有表示意义的功能，这种紧密结合的形义关系，可以帮助人们理解语义。随着汉字的不断演变发展，到了隶书、楷书阶段，汉字逐步摆脱了象形表意的形态，成为记录汉语的符号，从字形上很难看出字意的相关信息，即便一个原本是象形的汉字，可能也早已失去了本来面目。因此，到了现代汉字阶段，仅凭传统六书来分析现代汉字的形义关系已缺乏科学依据，应根据现代字形分析其与现代常用字义的关系。

汉字是意音文字。汉字发展至今仍属于表意文字体系，但是形声字发展得越来越快，所占比重也越来越大。殷商时代，形声字只占当时汉字的20%左右，东汉的《说文解字》形声字占所收9353个字的80%以上，清代的《康熙字典》形声字占90%。[②] 根据形声字既表意又表音的特点，学者们提出汉字是“意音文字”。也有学者把意音文字分为早期和晚期两部分：早期大体上是指西周以前，汉字基本上是使用义符和音符的一种文字体系；后来字形和语音、字义等方面的变化，汉字逐渐演变成为使用义符、音符和记号的一种文字体系（隶书的形成可以看作这种演变完成的标志）。[③] 其中所说的“记号”主要是指不再具有表音和表意功能的音符和义符，汉字不断发展，尤其是现代汉字体系的逐渐形成，汉字的象形意味越来越弱，一些音符和义符失去了表音和表意的作用，成为了一种记号，只起到识别的作用。但追根溯源依然可以考察出其表意和表音功能的痕迹，所以总的来说，无论是早期汉字还是晚期汉字，都可以称之为意音文字。

汉字是语素文字。上述汉字的两点性质，皆从汉字内部结构出发，而从汉字及其所记录的语言单位角度进行分析，学者们提出汉字是语素文字这一观点。语素是语言中最小的音义结合体。[④] 每个语素都具有音和义，一个汉字基本上代表一个语素。

综上，汉字不同于拼音文字，它是形、音、义三者的结合体。从不同时期汉字的形态

---

① 辞海·语言文字分册［M］. 上海：上海辞书出版社，1980：26.

② 黄伯荣，廖序东. 现代汉语（上册）［M］. 北京：高等教育出版社，2007：154。

③ 黄伟嘉，现代汉语文字答问［M］. 北京：北京大学出版社，2011：26。

④ 黄伯荣，廖序东. 现代汉语（下册）［M］. 北京：高等教育出版社，2007：3。

中可以了解汉民族从古至今的生活方式、自然地理环境，甚至是不同时期人们的思想观念，这一体系高度是拼音文字很难达到的。即使大部分现代汉字已然失去了象形表意这一特点，但归根结底仍然是形音义的统一体，三者之间仍然或多或少地存在某种关联。

从汉语作为第二语言教学角度来看，汉字是汉语的载体，贯穿于汉语教学始终。汉字是汉语学习者学习汉语时的一大兴趣点，同时也是公认的学习难点。汉字之所以成为一大难题，主要有三点原因：首先，基于汉字特点认定汉字难学，苏培成（1994）从汉字是语素文字这一性质角度出发，提出汉字具有“汉字字数繁多，结构复杂，缺少完备的表音系统”这一特点。[①] 面对如此复杂的汉字系统，中国人识记和书写汉字也是极为不易的事情，更何况习惯于使用拼音文字的汉语学习者呢？其次，基于学习者的特点。非汉字文化圈的外国学习者对汉字的整体结构几乎一无所知，感知能力也较差，对于大部分学习者来说都是初次接触汉字，虽然充满了好奇感，但伴随好奇感的还有畏惧感。最后，汉字难学又和现今汉语教学中汉字教学方法的客观状态有关。从现今汉字教学状态来看，可以分成四种情况：一是“先语后文”；二是“语文并进”；三是“语文穿插”；四是“单独开设汉字课”。但就这四种教学方法而言，都不能达到尽善尽美的教、学效果，或多或少都会给学生造成汉字无规律、汉字难学的印象。以上三方面一定程度上共同加大了汉字学习难度，增加了汉语学习负担。因此，如何降低汉语学习者学习汉字的难度，帮助学生克服对汉字的畏惧感，激发学生学习汉字的兴趣，提高学习效率，都是亟待解决的问题。

鉴于上文，本章主要从汉字的结构角度入手，遵循笔画、部件到整字的教学顺序来安排内容。

第一节 汉字笔画及笔顺

示例一 学习汉字，从笔画抓起

一、示例缘起

现行汉字的结构单位有两级：一是笔画，二是部件。部件也是笔画构成的，所以笔画是构成汉字的最小单位，独体字、合体字都是由笔画构成的。[②] 由此可见，笔画虽小，却是基本，教师不仅不应该忽略笔画，反而应将笔画作为首次汉字教学的重点项目。学生只有学会了正确的笔画，才能在此基础上构建更加复杂的汉字结构体系。反之，轻则被他人

① 苏培成．现代汉字学纲要［M］．北京：商务印书馆，2014：7。

② 黄伯荣，廖序东．现代汉语（上册）［M］．北京：高等教育出版社，2007：145。

嘲笑错误的笔画写法，重则影响汉字学习的整体过程。因此，本示例特意选取了最基本的四种笔形进行介绍，力争从汉字笔画的初步认识讲解开始，对汉字笔画进行辨析，帮助学习者充分地了解汉字。望引起同行尤其新手教师的重视。

二、示例背景知识

（一）笔　画

笔画是构成汉字的最小结构单位，是书写汉字时一次性连续写成的线条。汉字笔画繁多，形态变化丰富，规律性不强。

（二）笔　形

笔形指笔画的形状。笔形可分为两种，一为平笔笔形，一为折笔笔形。本示例所涉及的四种基础笔画属于平笔笔形。根据 1965 年中华人民共和共文化部、中国文字改革委员会发布的《印刷通用汉字字形表》和 2001 年发布的《GB13000. 1 字符集汉字折笔规范》中所给出的数据，笔形大概有 44 种。由于笔形划分过细，不便于使用，学界再次对其做了归并。因为笔形归并的标准不同，笔形种类的数目就不一样，有人分 29 种，有人分 31 种，有人分 33 种，有人分 35 种。①

（三）教学对象特点

生源复杂，学生来自不同国家，有的母语文字靠近汉字圈，有的母语文字则与汉字相去甚远。母语文字与汉字越是不同，学习难度越大，对汉字笔画的感知能力也就越弱。

（四）汉字课堂教学现状

作为第二语言教学的汉字课堂，其教学现状是教师虽然心中对汉字笔画教学给予了一定重视，但是在课堂上却时常忽略，缺乏对笔画教学的正确认知，教学思路不够明确，教学方法也较为单一。这样一来，汉字教学不免沦为其他语言要素教学的附属品。

三、示例实施

（一）教学目标

1. 了解汉字笔画的特点及其与学生母语文字的区别；
2. 掌握汉字基础笔画的读音与基本书写方法，了解汉字基础笔画的形态变化；
3. 形成汉字笔画意识，能对汉字笔画进行正确划分。

---

① 费锦昌．现代汉字笔画规范刍议［J］．世界汉语教学，1997，2：10。

（二）教学重点、难点

1. 教学重点

掌握汉字基础笔画的读音与书写方法，达到无障碍认读、书写汉字基础笔画。

2. 教学难点

建立汉字四个基本笔画的意识，学会拆分笔画。

（三）教学准备

1. 知识准备

无。

2. 教学资料准备

笔画卡片（本节课可以用到的基础笔画卡片）、视频（汉字形态演变视频）。

（四）教学过程

1. 导　入

（1）首先，教师告诉学生今天要认识一下中国的文字，也就是汉字。接着，教师给学生播放趣味汉字形态演化的小视频，并提出问题："说一说你们喜欢汉字吗？觉得汉字难写吗？"学生会给出不同答案，教师要针对不同情况对学生进行引导。尤其是对于"是否认为汉字很难"的问题，应尽量引导、鼓励学生克服对汉字的畏惧心理。

（2）教师请几位学生在黑板上用母语文字写出自己的名字，教师运用多媒体课件写出学生对应的中国名字，并将汉字按序拆分成笔画。组织学生讨论本国文字与汉字的异同点。

（3）得出结论：汉字是方块文字，由形态各异的点和线按照一定顺序组成。

2. 讲　练

（1）横一：→教师缓慢从左至右书写该基础笔画，并标出拼音 héng。目的是让学生知晓笔画读法，掌握笔画写法，真正做到可以认读和书写。

例：一、二、三

（2）竖丨：↓教师缓慢从上至下书写该基础笔画，并标出拼音 shù。

例：

十（按照先横后竖的顺序书写"十"字，并讲解其意思）

工：工人

上：上面（像在地上插了一面旗子）

（3）撇丿：↙教师缓慢从右上至左下书写该基础笔画，并标出拼音 piě。

例子：千（在横、竖笔画的基础上，增加一个撇，变成新字，并讲解其意思。目的是降低汉字学习难度，减轻学生心理负担。）

（4）捺：↘教师缓慢从左上至右下书写该基础笔画，并标出拼音 nà。

例：

八（包含撇和捺，讲解其意思）
人（包含撇和捺，讲解其意思） 教师引导学生区分三个字
入（包含撇和捺，讲解其意思）

3. 活动与游戏

活动：我说你做

教师将横、竖、撇、捺四个基础笔画对应相应的身体动作。如：横是双臂两侧抬平；竖是身体直立；撇是左手斜上举，右手斜下举；捺与撇动作相反。熟悉动作后，教师说笔画名称，学生做相应动作，做完动作后将教师所说笔画按照顺序自己组合好写在黑板上，如是正确汉字教师讲解其意思，如是错误汉字教师纠正后讲解其意思。

例：大

（1）教师按顺序说横、撇、捺；

（2）学生按照顺序做相应动作；

（3）请另一位学生将笔画按照顺序组合成字。

例：木（过程同上）

四、示例小结

在本教学示例中，教师在教学安排上应遵循从易到难、循序渐进的原则，掌握好汉字教学时间在课堂教学全程所占的比例。教师使用趣味汉字视频简单导入后，利用 1 ~ 2 个简单的问题引导学生从情感角度出发对汉字进行思考，激发汉字学习兴趣，帮助学生克服畏难情绪；然后采用教师板书展示，学生参与试写等方法对四个基本笔画进行认读和书写练习；最后设计课堂小游戏，不仅可以活跃课堂氛围、提高课堂趣味性，还可以帮助学生克服汉字学习的紧张感。针对课堂游戏，教师课前应做好充分准备，以防活动材料过少，影响活动效果。最终完成四个基本笔画的认读和书写教学。

汉字教学不仅仅存在于汉语教学初级阶段，而是贯穿了汉语教学全程。其中汉字笔画是教学初始阶段必须训练的内容，也是外国学生汉字学习过程中最基本的训练内容。学生从初级到高级阶段，每天都会接触汉字、认读汉字和书写汉字。任何一个汉字，无论字形简单还是复杂，如果想书写得正确、美观，都取决于学生对于笔画掌握得是否扎实。因此，汉字教学不应忽视汉字笔画，应从基本元素教起，通过简单的教学步骤引导学生写好一笔一画，在此基础之上再进入部件和整字的学习。值得教师注意的是，汉字教学不仅要重视笔画教学，更应加强对基础笔画、常用笔画的教学，这样才能保证学生书写汉字的正确率。

教师还应注意国别化教学。在一个汉语教学班中，汉语学习者往往来自不同国家，有着不同文化背景，在学习汉字过程中，我们通常将其分为汉字文化圈和非汉字文化圈。汉字文化圈如日本和韩国的学生，他们的母语文字和汉字有着千丝万缕的联系，很多学生对汉字的笔画、结构有具体的认识，对认知、书写汉字笔画有一定的优势，应注意其母语负

迁移对学习效果的影响。非汉字文化圈如欧美等国家的学生，他们使用的是拼音文字，对于汉字笔画的感知非常弱，面对汉字会无从下手。教师应给予正确引导，从易到难引导学生攻克汉字关。

五、任 务

任务一：根据本节课所学，自己创造可以表示点、撇点和横撇的动作，并查找包含横、竖、撇、捺、点、撇点和横撇的汉字，对其教学进行思考总结。

任务二：根据本节课所讲授的教学环节，以点、撇点和横撇作为教学内容，设计一堂汉字笔画教学课。

示例二 学正确笔顺，写方块汉字

一、示例缘起

在汉语作为第二语言教学的汉字教学过程中，学生掌握基本笔画和常用笔画后，需按照一定书写规则将笔画组合在一起构成一个完整的汉字，我们称这种书写规则为汉字的笔顺。汉字笔顺的基本规则是先横后竖、先撇后捺、先上后下、先左后右……这一系列规则看似简单、易懂，但对远离汉字文化圈的汉语学习者来说，仍然会感到困惑。确实，汉字笔顺也是初级阶段学习者的一大障碍。即使教师在教学过程中对于正确笔顺再三强调，时刻提醒学生注意，学生依然会在书写过程中出现各种各样的笔顺错误，甚至出现无视汉字笔顺规则，只求最终结果的现象。这些问题让教师感觉很无奈，但也让教师意识到汉字笔顺教学的重要性。汉字笔顺教学看似不起眼，但对于学生书写汉字是极为重要的。首先，按照正确的笔顺书写汉字，可以大大提高书写效率。其次，按照正确的笔顺书写汉字，可以使汉字整齐、美观，增强学生的自信心。最后，学习正确的笔顺为学生学习查字典和自学汉字奠定了基础。

二、示例背景知识

要进行汉字笔顺教学，提出相应教学对策，就要对汉字笔顺的相关知识有一定的了解。首先，何谓汉字笔顺？费锦昌（1997）提出“在汉字中，一指笔画的走向，二指写字时笔画出现的先后顺序，合起来统称笔顺。”① 易洪川（1999）提出“对作为术语使用的笔顺，人们给出了三个定义：一是指书写某个汉字时各笔画的先后顺序；二是指书写某个笔画时它的起止顺序即笔画的走向；三是指给笔画数目相同的汉字排序时，按照当前基

① 费锦昌．现代汉字笔画规范刍议［J］．世界汉语教学，1997（2）：10。

本笔形来规定的顺序。”① 平时的语文教学和对外汉语教学就是运用了其中第一个概念。苏培成（2001）提出“笔顺指书写汉字时下笔先后的顺序，它是人们正确书写汉字的经验总结。”②

汉字笔顺包含基本规则和特殊写法两部分，其中基本规则是重中之重，包括：

先横后竖：十

先撇后捺：人

先上后下：二

先左后右：川

先外后内：同

先外后内再封口：四

先中间后两边：水

汉字笔顺教学虽然重要，但是教学现状并不乐观，部分教师在教学安排上并没有留出更多的时间给笔顺教学，一些教师甚至只重最终成字结构，直接忽略了对笔顺的教学。这一教学现状影响了学生书写汉字的效果，形成了错误的书写习惯，后期难于纠正，最终导致了学生汉字书写畏难情绪的形成。

三、示例实施

（一）教学目标

1. 掌握汉字的基本书写规则；
2. 按照正确笔顺书写汉字；
3. 提高汉字书写速度，能快速、准确书写汉字。

（二）教学重点、难点

1. 教学重点

掌握汉字书写的基本规则及特殊规则，准确、快速地书写汉字。

2. 教学难点

建立汉字笔顺意识，按照正确汉字笔顺书写汉字。

（三）教学准备

1. 知识准备

学生经过前期对汉字笔画的学习，已经掌握汉字的基本笔画，了解了汉字形态的演变过程，并且对汉字的整体构造有了一定的感知。

① 易洪川，杨夷平，朱全红．笔顺综合研究及留学生用笔顺原则［A］；第六届国际汉语教学讨论会论文选［C］．1999：600。

② 苏培成．现代汉字学纲要［M］．北京：北京大学出版社，2001：82。

2. 教学资料准备

汉字卡片（用于课堂游戏的错字卡片）。

（四）教学过程

1. 导　入

（1）汉字呈现与试写：教师将今天课堂所需汉字在黑板上呈现。呈现的汉字应遵循汉字笔顺的基本规则，从易到难，从简单到复杂依次呈现。如：十、丰、人、三、大、木、明、谢、同、国、小（教师可根据本课所教内容调整呈现汉字数量与种类）。

首先，教师引导学生从汉字笔画切分角度观察汉字，利用之前所学知识将汉字笔画进行正确切分，为本节课笔顺学习做好铺垫。其次，教师鼓励学生尝试性地书写汉字。在学生书写过程中，教师注意观察学生的笔顺及笔画错误，为笔顺教学和纠错做好准备。

（2）书写完成后教师提出几个简单问题让学生再次进行思考，并组织学生进行讨论。

教师问："写汉字难吗?""你觉得自己写得怎么样?""你觉得怎样才能写好汉字?"

（3）得出结论：汉字书写除了掌握笔画相关知识，还要掌握笔顺的相关知识。

2. 讲练（汉字笔顺的基本规则）

（1）先横后竖

教师按照"先横后竖"的书写规则书写汉字"十"，并标出拼音 shí。目的是让学生通过观察汉字"十"的写法了解笔顺基本规则，真正做到正确书写汉字。

该讲授环节，可根据教师所举汉字进行汉字字义的补充讲授。如十，教师可联系汉语数字内容讲授。

补充试写：丰

（2）先撇后捺

教师按照"先撇后捺"的书写规则书写汉字"人"，并标出拼音 rén。

补充试写：入、八

注意：

人、入、八 } 三个汉字是最基本、典型的按照"先撇后捺"笔顺规则进行书写的汉字，但是教师在举例的同时一定要注意对三个字的区分，带入笔画之间空间关系的相关知识，以免学生在日后汉字书写中出现相关错误。

（3）先上后下

教师按照"先上后下"的书写规则书写汉字"三"，并标出拼音 sān。本规则的重点除使学生感知规则本身外，教师应将基本规则（1）、（2）、（3）相结合，引导学生循序渐进，进行综合性书写。

先横后竖、先撇后捺、先上后下 } 引导学生试写：木、天等字

（4）先左后右

教师按照“先左后右”的书写规则书写汉字“明”，并标出拼音 míng

补充试写：“休”。

（5）先外后内

教师按照“先外后内”的书写规则书写汉字“同”，并标出相对应的拼音 tóng。

补充试写：国

“先外后内”笔顺规则，在课堂中为避免学生书写汉字时不知从何处下笔，产生畏难情绪，教师应在某种程度上简化呈现。但该规则所包含的内容非常复杂，如半包围结构的书写规则，根据包围结构情况不同，内外组成部分也遵循不一样的书写顺序。因此，虽然在初期进行简化呈现，但教师应做到心中有数，将该规则中的特殊规律融入到之后的汉字教学中去，确保学生掌握正确且完整的笔顺规则。

（6）先中间后两边

教师按照“先中间后两边”的书写规则书写汉字“小”，并标出拼音 xiǎo。

补充试写：木、水

3. 活动与游戏

活动一：猜猜下一笔

教师将班内学生分成3～4个小组，每组3～4人为宜，对小组进行排序，以小组为单位进行该课堂活动。活动开始，教师展示课前已准备好的汉字卡片，然后将笔顺书写的一部分展示给学生。

例：车

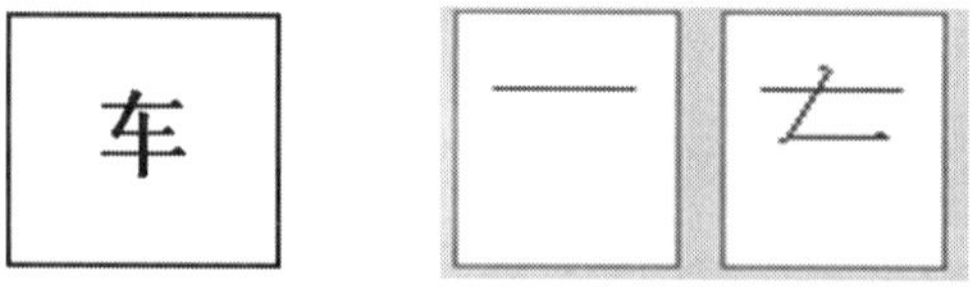

教师请第一小组的学生回答“车”字的下一个笔画是什么，该小组如猜对得1分，可继续猜下一笔；如猜错，不计分，回答权转移至第二小组，直到将“车”字完整写出。最后得分最高的小组获胜。

活动二：笔顺比赛

教师将一批笔顺容易出错的汉字印发给学生，并将学生进行分组。学生按照题目要求写出每一个汉字的笔画顺序，限时完成，看哪组完成得多，完成得准确率高。比赛结束，决出胜负，教师给予胜利组奖励。

四、示例小结

在本节笔顺教学示例中，教师首先利用引导观察、课堂讨论两种形式导入，使学生意识到学习汉字笔顺的重要性；再利用课堂演示、临摹等介绍笔顺的基本规则，学生在掌握汉字笔顺理论的基础上，充分地进行课堂实践，巩固所学知识；最后设计课堂竞赛小游戏，以避免汉字笔顺教学的枯燥性，活跃课堂气氛，巩固教学效果，最终完成笔顺基本规则的教学任务。

在汉字笔顺教学中，教师应注意两点：

第一，不要为了教笔顺而去教笔顺，笔顺之所以按照一定规则进行书写，不仅仅是因为这是中国人书写汉字时约定俗成的习惯，更重要的是正确的笔顺遵循着一些隐性原则。首先，方便快捷原则。大部分人书写汉字时使用右手，因此汉字的书写顺序应顺应右手的运动生理习惯，那么汉字笔顺就是遵从右手的书写习惯和行款要求总结而来的，符合这一隐性原则；其次，短距离原则。一些人提出如何书写更加方便、快捷是因人而异的，可以有不同的写法，每个人感受不同，那短距离原则可以对正确笔顺作出进一步的判断。例如：“义”，第一笔可以是“点”，也可以是“撇”，根据短距离原则，第一笔写“点”时，“点”的落笔到“撇”的起笔之间线路最短，因而这种笔顺也是更加便捷且合理的。

第二，笔顺教学，或可扩大到汉字教学，并不是独立于其他汉语语言要素教学而存在的，教师应适时适度补充相应的词汇、语法等语言要素的教学，这样既可以避免汉字教学的单调，也可以让学生有收获颇丰的感受，激发学生学习兴趣，帮助学生建立自信，克服畏难情绪。

五、任 务

根据本示例所学内容，围绕汉字笔顺教学撰写一份详细教案。

思考与练习

1. 国别化汉字教学是否有其必要性？面对一个“联合国”教学班，你将如何处理汉字教学问题？

2. 部分汉字教学研究人士对学生汉字书写进行了调查，结果显示笔顺教学并不重要，甚至在教学初期可以不用纠正其笔顺错误。你同意这个观点吗？为什么？

3. 教学中，如果学生觉得学习汉字枯燥，作为教师，你将如何处理？

4. 教学中，如果某位学生笔画或笔顺一直出现错误，作为教师，你将如何纠正引导？

第二节　汉字部件

示例一　从小故事“一合酥”看汉字部件拆分

一、示例缘起

一位俄罗斯学生，在汉字听写过程中，放下手中的笔，对教师说：“老师，我不可以，汉字对于我来说就像一幅画，我可以听，可以说，但是写汉字真的太难了。”学生的这一汉字学习反馈应引起教师思考，汉字教学中仅仅对汉字的笔画和笔顺进行教学是远远不够的，如果学生只知道汉字的笔画和笔顺，那么汉字对于他们仍是一座迷宫，即使看清了眼前的道路，知道要按照道路前行，却不知道如何去选择一条正确且快捷的路线。而这条通向汉字迷宫出口的路，只有掌握了汉字部件的相关知识，学会了拆分部件才能让汉字认知和书写逐渐明朗起来。三国时期的杨修就发挥了自己的聪明才智，利用汉字部件拆分的相关知识，将“合”字拆分成了“人”“一”“口”三个部件，这样“一合酥”就变成了“一人一口酥”，从而避免了一场和曹操的冲突。

二、示例背景知识

近些年来汉语汉字教学不断发展，但是由于文字体系较多，其间确实存在着巨大的差异，因此对于非汉字文化圈的汉语学习者来说，汉字至今仍是汉语学习过程中的困难之一。学界从汉字本体认知研究等角度进行探讨，提出了不少汉字教学方法和理论，如：集中识字、分散识字、字族识字、部件识字、系联法等等。其中提出的“部件识字”法在近些年来的汉字教学中越来越受到重视，成为了研究的焦点之一。同时，部件教学法确实也被多数教师所接受和运用。

要想针对汉字部件进行教学设计，首先要引导学生明确何谓部件，其次要帮助学生掌握部件的拆分方法。关于部件的定义，学界各位学者和专家存在着不同的观点，尤其是在“部件”“部首”“偏旁”三者之间的区别与联系上，为了便于汉字部件的教学，我们必须加以明确的区分。

部首：部首这一概念最早由东汉许慎所创。公元 121 年许慎编撰了中国第一本字典《说文解字》，收录 9353 个汉字。许慎对所有的汉字形体进行了分析和归纳，他把具有相同表意偏旁的字合在一起为一部，把这个偏旁作为部首，一共 540 个部首。《现代汉语词典》中将部首定义为“部首是具有字形归类作用的部件。”① 后《辞海》上册中解释为“按照字形结构，取其相同部位，作为查字依据，分部排列，其相同部位，称部首。”② 综上可见，“部首”的目的是归类，它是归纳汉字、检索汉字的重要依据。部首与偏旁有着紧密的联系，字典中将拥有同一偏旁的汉字归纳在一起作为一部，把所有字都含有的那个偏旁作为部首，而部首与部件却有着本质区别。

偏旁：“偏旁”在《辞海》中被定义为“旧称汉字合体字中，左为偏，右为旁，习惯上左右上下统称为偏旁。”③《现代汉语词典》中对“偏旁”的定义是“在汉字形体中常常发现的某些组成部分，如‘位、住、俭、停’中的‘亻’，‘国、固、圈、围’中的‘口’，‘偏、翩、篇、匾’中的‘扁’，‘拎、伶、零’中的‘令’，都是偏旁。”④ 其中出现频率高且对汉字具有归类功能的成为部首，可见偏旁的范围比部首大。

部件：部件的定义相对于部首和偏旁而言更加复杂，各家学者都提出了不尽相同的看法。费锦昌（1996）提出“部件是现代汉字字形中具有独立组字能力的构字单位，它大于或等于笔画，小于或等于整字。”⑤ 国家语委（1997）将部件定义为“由笔画组成的具有组配汉字功能的构字单位。”⑥ 苏培成（2001）指出“部件也叫字根、字元、字素，它是由笔画组成的、用于汉字外部结构分析的构字单位。从构成汉字的三个结构层次说，部件介于笔画和整字之间，它大于或等于笔画，小于或等于整字。”⑦ 可见部件和偏旁确实存在重合之处，但部件的含义要比偏旁广。

综上，部首知识的获得对于汉语学习者自主学习汉字，如查阅字典有较大帮助。偏旁的学习可帮助学生提高理解汉字的效率。而从汉字的识记角度出发，汉字部件知识的获取及部件拆分意识的建立对于学生提高汉字识记效率有很大作用。

三、示例实施

（一）教学目标

1. 了解汉字部件的概念，感知部件的存在；
2. 能够准确地拆分汉字部件；
3. 从部件角度，遵循笔画、笔顺规则书写汉字。

---

① 中国社会科学院语言研究所词典编辑室．现代汉语词典［M］．北京：商务印书馆，2012：112。
② 夏征农，陈至立．辞海（上册）［M］．上海：上海辞书出版社，2010：1037。
③ 夏征农，陈至立．辞海（上册）［M］．上海：上海辞书出版社，2010：586。
④ 中国社会科学院语言研究所词典编辑室．现代汉语词典［M］．北京：商务印书馆，2012：969。
⑤ 费锦昌．现代汉字部件探究［J］．语言文字应用，1996（2）：20。
⑥ 国家语委．信息处理用 GB13000.1 字符集汉字部件规范［M］．北京：语文出版社，1998：1。
⑦ 苏培成．现代汉字学纲要［M］．北京：北京大学出版社，2001：84。

（二）教学重点、难点

1. 教学重点

以部件为单位，按照正确笔画、笔顺规则准确地书写汉字。

2. 教学难点

建立汉字部件意识，学会拆分部件，能快速准确书写汉字。

（三）教学准备

1. 知识准备

学生经过一段时间的汉字学习，已经熟练掌握了汉字的基本笔画、笔顺，对汉字的整体构造有了一定的感知。可以认识简单的基本汉字，并知晓其意思。

2. 教学材料准备

PPT（展示一合酥小故事，帮助学生理解）、汉字卡片、姓氏卡片（用于课堂游戏）。

（四）教学过程

1. 导　入

通过前期对汉字笔画和汉字基本笔顺的教学，学生们已经基本掌握了汉字的正确书写方式和基本书写规则。导入环节教师可通过几个有代表性的汉字带领学生对前期的教学内容进行复习，集体复习后，教师可给出几个汉字让学生独立完成书写，其中可包含本节课的教学重点字“合”，“合”字和本节课的课堂小故事“一合酥”相契合，且简单易完成。学生书写过程中，教师需观察学生的笔顺，是否有错误，学生书写完成后，教师重点观察学生的笔画构成是否有错误，尤其是两个笔画之间是否相接、交叉。对于出现的问题教师应给予及时指导，并要求学生反复书写正确的汉字。

2. 讲　练

（1）引导学生进行部件拆分

学生完成“合”字的书写后，教师应给予鼓励并要求学生进一步分析“合”字中是否有已经学过的汉字，以小组讨论或课堂讨论的形式进行。学生进行讨论后，会给出不同的答案，教师应对正确的答案给予肯定的反馈，对于不正确的答案再进行引导，直到所有学生统一答案为“合”可拆分为“人”“一”“口”三个部件。

（2）讲解“一合酥”小故事，引导学生认识汉字部件

针对“合”字部件拆分的讨论结束后，教师表明今天的教学内容为汉字的部件并简单解释汉字有时候是由多个部件组成的，将汉字准确地分成几个部件，再进行书写会降低汉字的书写难度。本环节教师可用有趣的“一合酥”小故事辅助教学，帮助学生初步建立汉字部件的拆分意识。

原文：又一日，塞北送酥一盒至。操自写“一合酥”三字于盒上，置之案头。修入见之，竟取匙与众分食讫。操问其故，修答曰：“盒上明书一人一口酥，岂敢违丞相之命乎?”

译文：三国时期，曹操军中有一叫杨修的人非常聪明。一天，有人从塞北送了一盒酥给曹操，曹操非常高兴，在盒子上写了“一合酥”三个字，然后便离开了。这时杨修看见了这盒酥，非常想吃，便把酥给大家分了。曹操回来问怎么回事，杨修就耍了个小聪明，把“合”给拆开读了，变成“一人一口酥”。曹操虽然心里生气，但是也不能说什么。

教师在讲解“一合酥”小故事时，可以降低语言难度，“一合酥”和“一人一口酥”可以配合板书，并结合板书提示学生中国古代的汉字排版是竖排版，这样更加直观地展示出拆分效果。讲解这个小故事的目的主要是让学生意识到汉字并不是一个不可分离的整体，从而引导学生建立汉字的部件意识。

(3) 小　结

通过写汉字和讲故事，得出大部分汉字是可以拆分的，拆分出来的每一部分称之为部件。

3. 活动与游戏

游戏一：用部件说名字

教师选取一张课前已准备好的姓氏卡片“贺”，将卡片贴在黑板上，教师引导学生一步一步地进行部件拆分，即“力”“口”和“贝”。教师完成示范后，确认学生已经明白活动过程，将学生分成3~4组，并把课前准备的姓氏卡片呈现在黑板上，如吴、项、孙、李等。给学生10分钟小组讨论时间，看看哪个小组拆分得又快又准确。

游戏二：部件争上游

教师课前需准备两组卡片，一组为汉字卡片，另一组为部件卡片。教师对汉字卡片进行处理，经过处理后的汉字卡片学生可戴在头上。教师准备的部件卡片中所展示的部件，应是汉字卡片中汉字所包含的部件。

游戏开始前，教师将汉字卡片发给对应数量的学生，给学生2~3分钟熟悉各自卡片上的汉字。开始游戏，学生将汉字戴在头上，围成圈。教师展示部件卡片，头上汉字卡片含有该部件的学生立刻退到圆圈以外，反应慢的学生被淘汰并接受小惩罚。几轮游戏后，留下的学生获得胜利。

四、示例小结

教学示例从引导学生试写“合”字导入课堂，既达到了复习笔画、笔顺的目的，又将本节课需要重点理解和学习的“合”字引入课堂。试写结束，教师通过“一合酥”小故事的讲述与解析，引导学生初步了解汉字部件的概念，建立汉字部件拆分意识，并展开汉字部件的课堂教学。最后设计课堂小游戏，练习部件拆分与组合，巩固本节课所学知识，真正做到寓教于乐。本示例中的“一合酥”小故事可以说是教学过程中的亮点，教师可以根据自己的教学安排合理运用，以达到激发兴趣的目的。教师也可寻找部件相关的小故事进行课堂导入或课堂总结。

以部件为中心的汉字教学法，被越来越多的教师所认可并运用，是有其多方面理论依据的。根据安徽大学毛丽的调查，心理学依据和汉字字形依据尤为重要。首先，心理学依据。“高频字由于整字激活的速度较快，因此倾向于将自身作为一个整体来进行识别，而低频字则需要经过部件信息的提取。”①大部分外国学习者在最初接触到汉字时，缺乏最基本的汉字知识，可以说没有任何相关知识储备，是完全的零起点。尤其是对于那些远离汉字文化圈的，使用拼音文字的外国学习者来说，他们急切地希望摆脱零散的、无规律的汉字学习，找到汉字的特点，了解汉字的构成规律，从而降低学习汉语的难度。从心理学角度出发，看人类的记忆是非常微妙的，人类的短时记忆维持时间短暂，记忆容量极为有限，一般为 7 ±2 个单位，如教师以笔画为基本单位进行汉字教学，无疑加重了学习者的记忆负担，而利用部件来引导开展汉字教学，无形中缩减了需要纳入短时记忆的记忆单位，便于学生记忆和理解，提高了汉字教学的效率。其次，字形依据。汉字的结构特征表现为笔画——部件—— 整字三个层次，其中笔画是构成汉字形体的最小单位，部件由笔画组合而成，属于二级单位。最终，部件与部件进一步组合成汉字。可见部件是层级关系中尤为重要的一个环节。部件的数量是有限的，且同一个部件会重复地出现在不同汉字中，因此学习者在掌握了一定数量的部件及其位置关系的基础上，记忆和书写汉字会容易得多。综上可知，教师应重视汉字部件的教学，有意识地引导学习者树立部件拆分意识，帮助学习者达到更快、更准确地书写汉字的理想状态。

五、任　务

任务一：根据本节课所学，搜集与汉字部件相关的小故事，以呈现、分析这则小故事作为课堂的导入环节，设计一个汉字教学过程。

---

① 毛丽. 对外汉字部件教学探究［J］. 魅力中国. 2010（12）：134－135。

任务二：根据任务一的教学过程设计，录一节属于自己的汉字微课，并做好课程总结和自我反思。

示例二 “有意思”的汉字部件

一、示例缘起

本节内容为表意部件的介绍。在汉语的日常教学中，教师面对学生，常常会受到学生给予的其他语言的启发，恰恰是这些看似相关度不大的小窍门给汉语教学注入了新鲜的灵感，这个小窍门就来源于英语单词的词缀。英语属于形合语言，从外部结构上看具有拼接特点，同时词缀起到了揭示意义的作用。汉字从结构角度引入了部件概念，有的部件具有表意作用，有的部件已失去表意作用，只作为单纯的结构单位。因此，从某种角度来看，汉字的部件与英语中的词缀有异曲同工之妙。如英语前缀“per”，其表示穿过或持续的意思。因此 per－meate 有弥漫、渗透的意思，per－sist 有持续坚持的作用。如果掌握了大部分词缀的意思，即使不认识这个词也可以猜出该词的大概意思。汉字的记忆也是如此，虽然英语词缀与汉字部件并不能完全等同，但是举一反三来看，记忆英语单词的方法用于记忆汉字也是极有借鉴意义的。

在汉字教学中，随着难度的不断加深，学生所学的汉字越来越复杂。教师会发现，越来越多的部件被学生拆分出来，但这些汉字部件的形与义在学生心中仍处于一种未联结状态，使学生只知其然，不知其所以然，如放任这样的状态发展下去，导致大量无意义部件的堆砌，不仅没有起到提高学生的学习乐趣和效率的作用，反而增加了学生识记汉字的工作量。因此，本节旨在示例一的基础上，通过几个具体表意部件来进行汉字课堂教学。

二、示例背景知识

对于汉字教学而言，了解汉字部件的划分和意思对于汉字学习非常有意义。汉字的基础表意部件并不多，在记忆汉字过程中，掌握了这些基础部件的形与意，就可以书写、理解更多的汉字，这样可以减轻学生的学习负担，提高汉字学习效率。因此，通过汉字表意部件的教学来引导汉字教学是不可或缺的。

偏旁跟部件一样，都是介于笔画和整字之间的构字单位，两者确有一致的地方，如“休”“江”“件”“村”等字的两个部分既是偏旁，也是部件。但部件和偏旁并不是完全等同的，偏旁是汉字学中的一个较为传统的术语，它主要是针对合体字的各个直接组成部分而提出的。简而言之，偏旁是对会意字、形声字中表意或表音成分的分析。然而部件是汉字研究中的新生术语，是针对现代汉字外在形体结构而提出的一个概念，部件可以表意、表音，也可以不表意，不表音，只充当构字单位。很显然，两个概念都有各自的适用范围，之间既有联系，也有区别。例如“想”字，“想”字中的“相”和“心”，既是偏旁，同时也是构字部件，这一点显示了二者的一致性；但“相”又可分析为“木”和“目”两个部件，显然，“木”和“目”是“想”字的部件，而不能说是偏旁，这也就是二者的区别。因此，作为汉字教学中不可避免的两个概念，“偏旁”和“部件”尽管在概念上存在一定的交叉和重叠，但无论是提出的角度，还是运用的范围领域，二者之间又存在着不容忽视的差异。本示例中所例举的表意部件，如“女”“土”“口”“手”等与表意偏旁有所重合。

三、示例实施

（一） 教学目标

1. 巩固前期所学的部件知识，并初步认识表意部件；
2. 掌握几个基本表意部件，并可独立进行举一反三学习。

（二） 教学重点、 难点

1. 教学重点

学会把部件的形与意进行联结，对汉字进行理解，提高汉字学习效率。

2. 教学难点

建立汉字部件意识。

（三） 教学准备

1. 知识准备

学生已经初步建立了汉字部件意识，熟悉汉字基本部件，可正确划分汉字部件。

2. 教学材料准备

PPT（展示课堂导入环节的小故事，帮助学生理解）、汉字卡片、部件卡片、字形结构图。

（四） 教学过程

1. 导　入

（1）复习导入

教师给出几个汉字，要求学生对汉字部件进行拆分。在这一复习环节中，教师应提前准备好难易适中的汉字对学生进行部件拆分考察。值得注意的是因后面环节有部件小故事的准备，所以考察学生的汉字应包括“她”和“地”。

（2）汉字小故事导入

教师根据复习环节中给出的“她”和“地”两个汉字，引出表意部件“女”和“土”的讲解，可通过一则小故事使学生了解表意部件，要求学生边听边思考两个字哪里不一样。

故事原文：从前，有兄弟两个，哥哥在家种地，弟弟在外做生意。有一年他们的父亲去世了，哥哥给弟弟写了一封信说："父亲病故，要埋葬，手中没有钱"。弟弟接信后，连忙回了信，信中写道："既然手中没有钱，你卖了我的她（地）也行，卖了你的她（地）也行。"哥哥一看，心想："就卖了你的她！"结果哥哥把弟媳妇卖了，料理了父亲的丧事。

一年后，弟弟回到家。一进门，不见自己的老婆，忙问哥哥说："哥，我的老婆去哪儿了？"哥哥说："卖了呀！"弟弟生气地说："你为什么把我老婆卖啦？"哥哥拿出弟弟一年前的信说："你看，你自己说的。"弟弟接过信一看，原来自己把"地"写成了"她"字。只因写错半个字，卖了老婆办丧事。[1]

小故事讲完了，请学生们思考汉字"她"和"地"有什么不一样，给学生一个小提示，可从汉字部件角度来思考。教师给学生一定的思考和讨论时间，引导学生说出表意部件"女"和"土"意思上的区别，使"她"和"地"意思上也有了区别。

2. 讲　练

汉字小故事讲完后，教师提出问题：汉字的部件是否重要？为什么重要？并引导学生进行回答。第一，学习汉字部件可以让汉字学习变得容易；第二，一些汉字部件具有较为固定的意义，通过汉字部件的学习和积累提高识别汉字的效率。接下来，教师可呈现几个有代表性且有意思的表意部件，和学生一起分析学习。

（1）部件"口"

①教师将"口"字部件字卡展示给学生，辅以嘴部图片，引导学生复习口字的发音及意思。引导学生在部件"口"的形与意间建立联结。让学生意识到部件"口"多表与嘴部相关的意义。

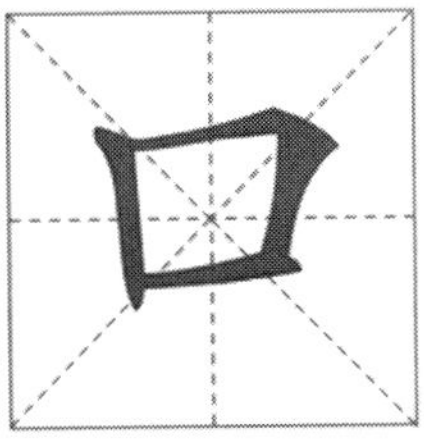

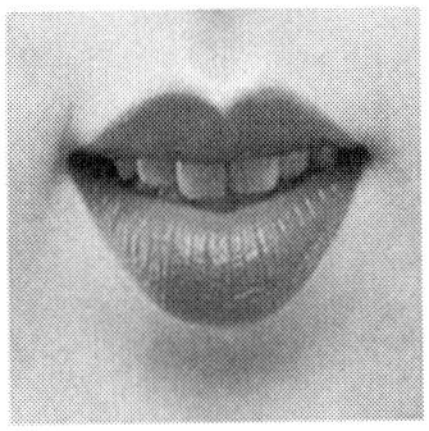

②在学生建立形意联结的基础上，教师引导学生进行发散思维。因学生所知汉字并不丰富且部分现代汉字经过长时间的演变，其中的部件"口"已不再起到表意作用，因此教师课前应做好充足准备，收集部件"口"起表意作用的汉字，并查清汉字意思。如：吃、喝、呼、吸、吹、叫、唱、舌等。汉字的最终讲授顺序可根据教学需要排列。每个汉字的展示可以采取多样的方法，如汉字形态演变、图片展示、实物展示、动作演示等等。

① 王秀荣．国际汉语汉字与汉字教学［M］．北京：高等教育出版社，2013：125－126。

例：吃、喝、呼、吸、吹、叫、唱

教师可准备相应动作卡片展示，也可做相应动作演示，引导学生关注部件“口”与唇部的联系，从而建立形意联系。

例：舌

字形下部是嘴（“口”）；上部是伸出来的舌头。大概由于人类和兽类的舌头特征不太明显，于是用蛇类的舌形作为代表符号。[①]“舌”字可作为部件“口”教学的一个拓展，趣味性较强，容易引起学生兴趣，教师应对于“舌”字上、下两个部分做好知识储备。

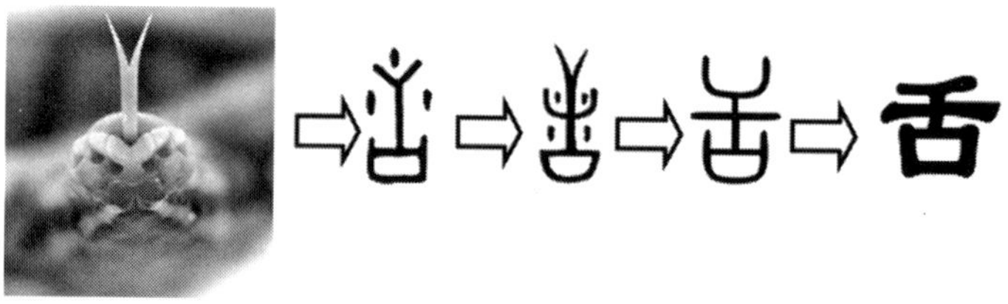

③教师总结含“口”字部件汉字，并再次强调“口”与嘴部的联系。

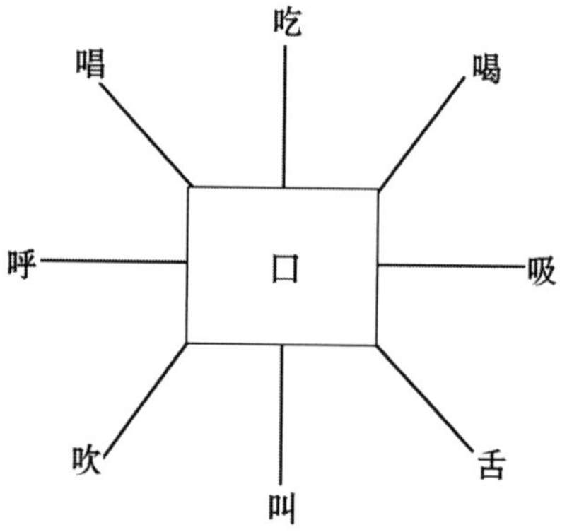

（2）部件“手（扌）”

在部件“口”讲授完成的基础上，学生具备了一定的表意部件意识。教师在接下来的部件教学过程中，尽量做到精讲多练，引导为主，让学生独立进行思考，自觉建立形意联系。

“手（扌）”：部件“手（扌）”作为独体字出现时，本义是人体上肢中手腕以下的部分。作为表意部件出现在汉字中时，该汉字一般都与手部活动有关。因此教师应引导学生建立形意联系。

① 李乐毅．汉字演变五百例［M］．北京：北京语言大学出版社，2014：291。

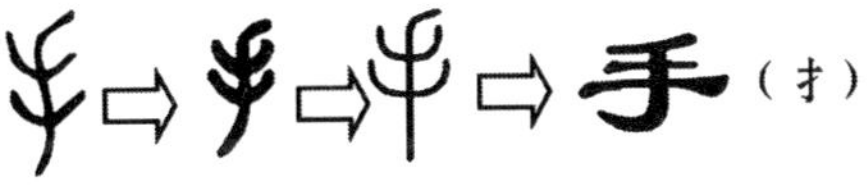

①部件展示讲解：

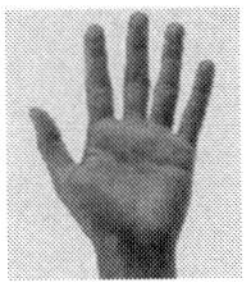

②发散思维：

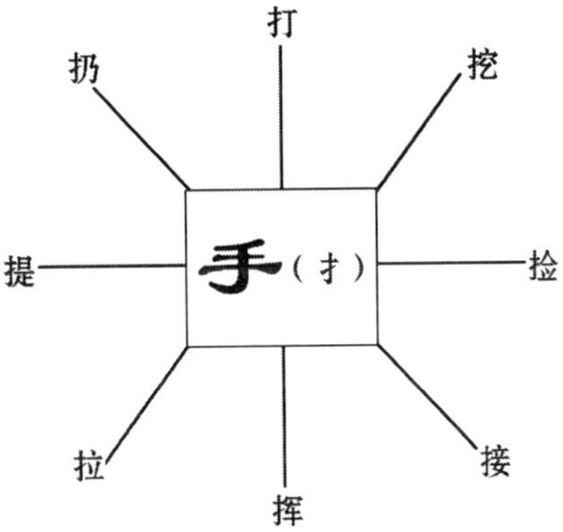

③课堂知识拓展：

“手”是身体上肢部分，“足”先秦时代的本义为小腿，魏晋以后，就专用于指人的脚部。[1] 教师可以做相应的课堂拓展，让学生学会含有部件“足”的汉字。在汉语口语交际中，学生对于“打＋篮球、乒乓球、网球、排球……”和“踢＋足球、毽子……”存在许多困惑，初期经常不知道如何搭配，很容易搭配错误，但是经过本次的课堂知识拓展，学生了解了“打”与“踢”本源上的不同，这个汉语难题也就迎刃而解了。

3. 活动与游戏

游戏：汉字读写与拆分

教师将本班学生分成小组，每轮游戏每组选出两名同学上台。教师读汉字（该汉字最好是所学教材中涉及到的，学生学习过的汉字），学生 A 根据教师的发音写出汉字，然后学生 B 根据学生 A 所写汉字，拆分汉字部件，并从部件卡片中选出正确的卡。最后两名学生协作用该字组一个词，如果所有游戏环节正确，可以得一分。最终得分多的小组获胜，教师给予奖励。

四、示例小结

本示例是在学生已具备相关汉字部件拆分知识基础上，以掌握常用部件表意功能为主，巩固部件拆分知识为辅的教学示例。以对汉字“她”和“地”的部件拆分导入课堂，

① 《图解经典》编辑部．画说汉字——1000 个汉字的故事［M］．北京：北京联合出版公司．2015：505.

起到了承上启下的作用，既复习巩固了部件拆分知识，又引出了本示例教学的关键点，即表意部件的教学。汉字教学比较枯燥，因此增强汉字课堂教学的趣味性变得尤为必要。本示例教师通过一则趣味汉字故事的展示与分析，引领学生感知汉字部件的表意功能。然后，通过讲练与表意部件“土”“女”相似的部件“口”和“手”，帮助学生进一步理解汉字部件的表意功能。最后，教师通过组织汉字课堂游戏来巩固本节课所学知识，从而活跃课堂气氛。值得注意的一点是，在汉字教学过程中加入趣味展示或游戏环节，这样做本无可厚非，但是需要教师把控好活动时间及学生的参与程度，不能过度放纵学生玩乐，影响正常的课程进度。教师要时刻提醒自己，游戏只是一种教学手段，绝不是教学目的。

“汉字构形的最大特点是它要根据所表达的意义来构形，因此，汉字的形体总是携带着可供分析的意义信息。”① 汉字部件的“构意功能”指部件承担的构意类别，包括表形、表意、示音和指示四种。汉语学习者如想全面、准确地掌握汉字须从构形、构意两个角度去理解，具体来讲，汉语学习者除了可以准确地辨别部件的形态，合理地拆分部件外，还需要知晓汉字的部件携带着哪些可供分析的意义信息。在汉字教学过程中，教师不难发现，汉语学习者经常会把“忧愁”错写成“优愁”，“米饭”错写成“米板”，在纠正汉字错误的同时，教师应积极地思考，学生为何会出现该种错误？错误无非是由于学生对于汉字部件的构意功能不甚了解所引起的。“忧”字，由“忄”和“尤”两个部件组合而成，表示担心、发愁，其中部件“尤”是示音部件，“忄（心）”是表意部件，由此可知担心、发愁是人类的心理活动。从形与义两方面理解了“忧”字后，学生可能就不会把“忧愁”写成“优愁”了。“米饭”错写成“米板”也是相同的道理，只要学生掌握了汉字部件的构意功能，学会从意的角度区分“饭”和“板”，就不会再混淆两个字的字形。以上所例举的两个错例虽然简单，但却体现了汉语学习者理解、掌握汉字部件构意功能对于识记汉字的重要性与必要性。

需要说明的是，表意部件的教学，首先，要注重常用表意部件，以常用表意部件为切入点进行教学，学生更容易接受知识，融入课堂。其次，要突出部件的形义关系，注重形义之间的联系，以提高学生学习汉字的兴趣，帮助学生建立汉字部件构形、构意功能的整体意识。

五、任　务

任务一：围绕本节课所展示的示例内容，自行选择几个部件，设计一个课堂活动或游戏。

任务二：寻找与课程导入小故事相似的小故事或典故，为自己的汉字教学积累素材。

---

① 王宁．汉字构形理据与现代汉字部件拆分［J］．语文建设．1997（3）：4.

思考与练习

1. 目前，部件本位汉字教学越来越为大家所接受和认可，你认为以部件为中心进行汉字教学科学吗？

2. 笔画组成部件，部件构成汉字。你认为部件在构成汉字时有相应的结构原则吗？如果有，你认为是否应该对其进行独立教学？应该怎样教学？

第三节　独体字

示例一　美丽图画，快乐象形

一、示例缘起

学生在经历了汉字笔顺、笔画、部件的系统学习后，初步建立了汉字的拆分意识，掌握了一些汉字的识记技巧，学生走到这一步，是不是意味着汉字教学已经结束了？建立了汉字的拆分意识固然重要，某种程度上降低了学生识记、书写汉字的难度，但面对在汉字中仍然占一定比例的独体字，学生无法依照部件拆分法进行学习，识记、书写困难依然存在。因此对于整体性较强的独体字，大多数汉语学习者仍存在畏难情绪，不知如何记忆。独体字以象形字和指事字为主，独体字的教学从最简单、最形象的象形字学起是汉语学习者较为容易接受的一种汉字教学流程。这些像图画一般的表意型文字可以缓解汉语学习者的学习压力，激发汉字学习兴趣。人们常说兴趣是最好的老师，在汉字学习方面也是如此，一旦学生产生了学习兴趣，他们就会希望学习更多有趣、有故事的汉字。因此，本节特意选取了几个有代表性的象形字、指事字作为示例，来展示独体字的教学。

二、示例背景知识

（一）独体字的界定

在现今汉字学的研究中，无论是研究汉字本体还是汉字教学，不可避免的问题就是独体字与合体字的界定和区分问题。独体字、合体字之说，起源于东汉许慎的《说文解字》："仓颉之初作书，盖依类象形，故谓之文，其后形声相益，即谓之字。文者，物象之本；

字者，言孳乱而蝺多也。”① 仓颉初造文字，是按照物类画出形体，所以叫做“文”；随后又相对每个字添加了读音，以增益文字的数量，称之为“字”。“文”指事物原本的形象，即象形、指事的独体字。“字”是后期渐渐地繁衍增生，即形声、会意的合体字。古汉字中独体字与合体字的区别较为明显，也较易将二者区分开来。然而汉字在隶变过程后，其外部形体结构发生了一定的变化，即部分汉字字形从一个整体分离成几部分，部分汉字原本是由几部分组合而成，经过演变发生了合并，成为了一个整体，有的汉字则失去了原本较强的构形理据，演变成了单纯的记号。这些变化情况的发生，使经过隶变后的汉字，在独体字和合体字概念的界定上难以精确地去划分。

不过，现代很多学者依然对独体字作出了界定。苏培成先生在《现代汉字学纲要》中从古今汉字字形演变角度，对独体字与合体字作了如下界定：“六书中的象形字、指事字是独体字；会意字、形声字是合体字。现代汉字的独体字与合体字是从古代发展来的，但又有不同。现代汉字的独体字多数来自古代象形字和指事字。”② 从基础部件的数量角度也作出了界定：“在现代汉字里，根据基础部件的数量来区分独体字与合体字。凡是由一个基础部件构成的字是独体字，由两个或两个以上基础部件构成的字是合体字。”③ 2009年在国家语委发布的《现代常用独体字规范》中将独体字定义为：“由笔画组成、不能或不宜再行拆分、可以构成合体字的汉字。”④

本示例考虑到汉字在隶变后外部形态上发生了较大的变化，如坚持从形和源两方面出发来界定独体字与合体字，往往会有不同的观点和看法。对于大部分汉字来说，从形体结构方面来辨别独体字与合体字仍是较为明晰的。因此本示例遵循《现代常用独体字规范》中独体字的定义来选取独体字，而不再纠其字形从古至今的演变过程。

（二）象形字的界定

汉字，是从图画发展起来的象形文字之一。一般认为，汉字是起源于图画的，“在原始图画和文字图画阶段，先民从感性认识出发，由自然之象获取了对世界的感性认识而摹写出事物形态，后随着大脑的不断发展而逐渐抽象了感性的记录符号致使符号部分脱离了感性的记录轨道，图画文字逐渐从圆润的‘随体诘诎’成为‘横、竖、撇、点、捺、挑、折’的楷书基本笔画，成为加工和表征汉字时所使用的最小单元，按一定规则和顺序组建构成偏旁和部首，遵循先左后右、先上后下、先里后外的模式组合汉字。”⑤

黄伯荣、廖旭东（2007）提出“象形就是用描绘事物形状来表示字义的造字法。用这种方法造的字就是象形字。”⑥ 象形可以说是最简单的造字方法，它为其他三种造字法创造了基础。因此，象形字往往较为简单，一般是最基本、最常用的汉字。后有学者又将

① 许慎．说文解字［M］．北京：中华书局，1963：1。
② 苏培成．现代汉字学纲要［M］．北京：北京大学出版社，2012。
③ 苏培成．现代汉字学纲要［M］．北京：商务印书馆，2012：94。
④ 国家语委．现代常用独体字规范［S］．北京：语文出版社，2009。
⑤ 彭万勇．对外汉字字源教学法构建研究［D］．重庆：西南大学，2009：14。
⑥ 黄伯荣，廖旭东．现代汉语（上册）［M］．北京：高等教育出版社，2007：151。

象形字分为独体象形字和合体象形字。本示例采用黄伯荣、廖旭东所提出的象形字定义，同时参考各家学者之见，将象形字定义为有独体象形字和合体象形字之分。但为了避免与合体字相混淆，本示例以独体象形字为主要讲练对象。

三、示例实施

（一）教学目标

1. 了解独体字的定义，能辨别出汉字中的独体字；
2. 了解象形字的定义，建立象形字形与意的联系；
3. 了解独体字日、山的字形演变过程，掌握两个字的含义与书写规范。

（二）教学重点、难点

1. 教学重点

学会辨别汉字独体字。

2. 教学难点

体会汉字独体字的表意性。

（三）教学准备

1. 知识准备

学生已经掌握了基本汉字，包括汉字的读音和书写方法。对于汉字的特点有所了解，在学习汉字过程中具备汉字的整体感知意识，也具备汉字的拆分意识。

2. 教学材料准备

字卡、空白卡片。

（四）教学过程

1. 导 入

本节课教师可通过播放含有象形文字演化过程的趣味汉字视频进行导入，并提出问题："在视频中你们看到了什么？"学生会给出不同的回答，如太阳、月亮、山、水和鸟等等。教师继续引导性提问："太阳、月亮、小鸟最后变成了什么？"学生讨论后，教师引导学生回答出汉字这一答案。最后教师表明今天的教学内容为象形字。本教学环节，教师通过视频的展示和课堂提问，引导学生注意客观物象到汉字字形的演变，初步建立象形汉字形体意识。

2. 讲 练

教师通过对导入环节中视频的讲解，使学生从图画中看出汉字，引起学生学习象形汉字的兴趣。讲练环节教师可以选取简单且常用的象形汉字作为具体教学内容，使学生更进一步感知象形汉字。

（1）日

“日”字在现代汉语词典中共有 9 个义项，其中第一个义项也是最基本的义项就是名词太阳。“日”字属于象形字，确实是从太阳的形状逐渐演变而来。因此教师可以把太阳这一自然事物作为“日”字讲解的切入点。

①学生在学习“日”字时，教师可以先画出太阳的形状，与学生进行互动，使学生在“日”字与太阳这一自然事物间建立联结。但是，讲解不能到此为止，教师应更加深入地为学生展示“日”字形态的发展历程。

②日：“日”字的甲骨文与金文是最接近太阳外在形象的两种字体。甲骨文是从图画演变而成的象形文字，笔画较细，折笔处多为方形。金文相较于甲骨文，笔画粗肥，弯笔多，多以团块形式存在。教师可以选择甲骨文和金文两种文体进行展示，并简单介绍甲骨文和金文的形态特点，学生更容易接受，也更容易建立形意联结。

③下一步教师可向学生展示“日”字的其他文字形态，可适当介绍其他几种字体的特点，让学生简单了解，最终呈现全部演变过程即可。

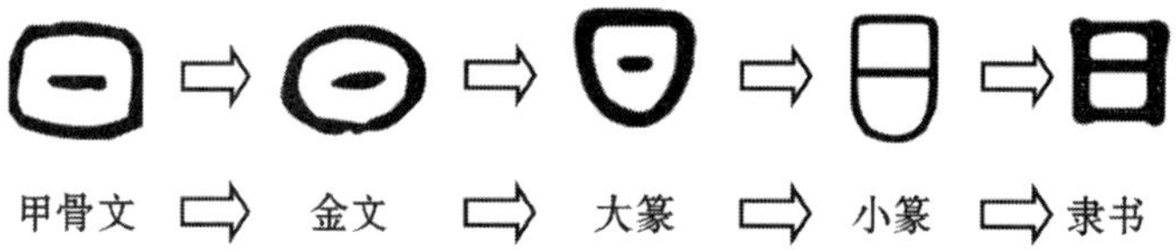

④在学生已经掌握“日”字后，教师可以进行教学拓展。将独体字教学与成字部件教学相结合，融会贯通，使学生既可以区分二者，也可以意识到二者的联系，可以在独体字和成字部件间自由转换。本环节教师依然可以采用汉字部件联想的方式，引导学生联想起含“日”字部件的汉字。

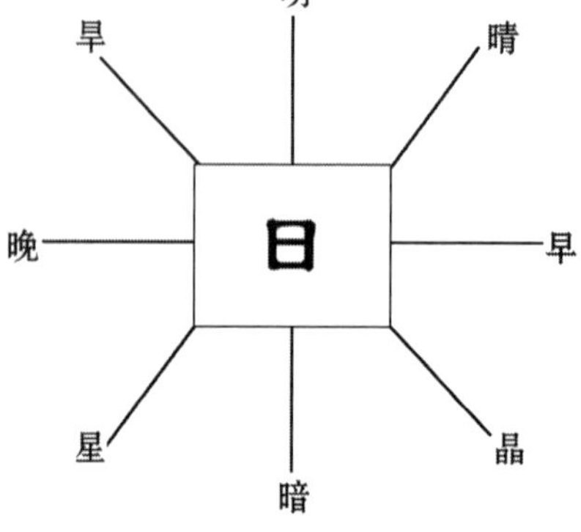

（2）山

“山”字也是一个非常典型且经常被使用的象形字，教师依然可以使用上述教学方法，如果想活跃课堂气氛，让学生更多地参与到课堂中来，可以简单地调整教学环节顺序以达到趣味性效果。

①在对“山”字的教学中，教师可以先展示“山”字的甲骨文字形。让学生猜测这个汉字在现代汉字中表示什么意思。教师针对学生的不同回答给予相应引导。

山的甲骨文字形

②教师引导学生将“山”字的字形与意思相联系，并向学生介绍“山”字的发展历程，指出它的象形特征。该教学环节的设置，可以让学生寓教于乐，边画边猜，在轻松的课堂氛围里学习汉字。

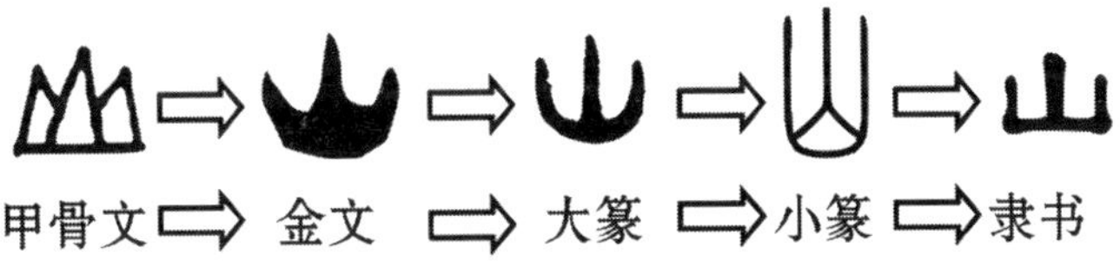

③教学拓展：组织学生分组进行课堂“头脑风暴”。教师在课堂讨论前准备几本字典供学生讨论时查阅。讨论时，学生以小组为单位，可利用字典查找、总结含有“山”字部件的汉字并记录结果。讨论结束后，每个小组派一名代表展示讨论结果，教师针对讨论结果讲解汉字的意思。本环节既锻炼了学生查字典的技能，又帮助学生巩固了本节课所学的部件知识。

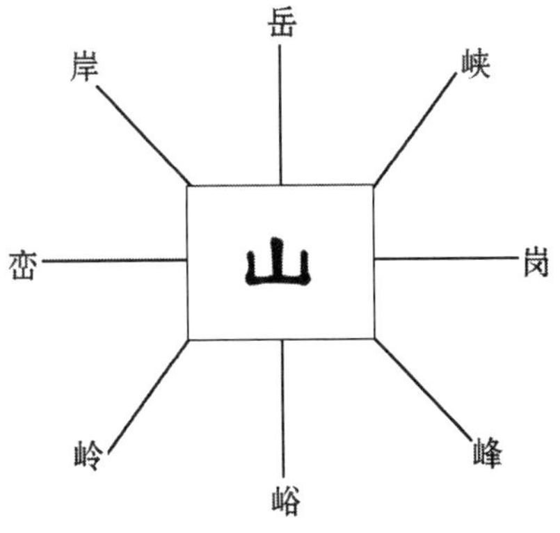

3. 活动与游戏

游戏：你画我猜

教师课前准备若干空白卡片和合适的象形文字，发给学生。让学生在卡片的 A 面写下自己的汉字、笔顺或部件拆分；B 面，学生根据 A 面的汉字画图，尽可能表达出 A 面汉字的含义。卡片做好后，两两分组；互相猜画中所想表达的汉字，如果能正确猜出并能将彼此的汉字按笔顺正确书写标音，那么这一组同学可以得到奖励。

四、示例小结

近些年，汉字教学方法的问题得到了越来越多的关注。如何利用汉字自身独有的特点进行汉字教学，减轻学生学习压力，提高汉字教学效率已经成为汉字教学研究的热点问题。各家学者对于汉字教学方法所持观点各不相同，有的提出了“基本字带字”，有的提出了“汉字联系”方法，还有学者提出“基本部件和基本字”的教学方法，即本章第二节示例所利用的汉字教学理念。从以上各家所总结的汉字教学方法不难看出，独体字在汉字教学中具有重要意义，胡文华（2008）提出“就汉字本身而言，汉字从结构上分为独体和合体，而合体字一般由独体字或其变体参与构成，这就决定了独体字在整个汉字系统中占有重要的地位。另外，汉字中的独体字数量不多，但是构字能力非常强，学习者掌握了汉字独体字，相当于抓住了理解汉字结构和形、音、义的一把钥匙。”①

独体象形字既具备了独体字的形体特点，也具备了象形字的形象性特点，由此独体象形字的字形传递给学习者较多的视觉信息。因此，在汉字教学中，尤其是对母语为拼音文字的汉语学习者，在汉字教学初期，以强化汉字字形记忆的方法来帮助学生建立起形——音——义三者联系的观念是非常有效的。但要提醒教师注意，象形汉字的教学有其特殊性，教师也要遵循一定的教学原则。首先，在讲解象形汉字时，展示其字形演变过程是不少教师会采用的教学环节，讲解汉字渊源无可厚非，但要把握好“度”，切忌将汉字教学课变成汉字溯源课。尽量不要花费过多时间，不要进行过于系统的讲解与分析，过于全面深入的讲解较为枯燥，且难度较大，学生不易理解，学生的任务是识记、书写汉字，而不是研究汉字。其次，象形字教学以诱导汉字学习兴趣为主要目的，适合在学习汉语的初级阶段进行。在中高级阶段，学生已经掌握了大部分汉字的基本规律且识记了一定数量汉字，在此基础上，教师应将本示例的方法进行改变，可将教学环节中的拓展部分变为主要环节，适当将汉字教学与词汇教学相结合，用汉字教学带动新词汇的学习。在汉字教学的课堂中，教师不能就汉字论汉字，应将汉字与其文化背景相结合，增强对汉字背后的中国文化的理解，培养学生对汉字长期、稳定的兴趣。

五、任　务

围绕本节课所展示教学内容，以中高级水平学生为教学对象，设计一组完整的课后练习题，要求练习题内容有针对性且难度符合中高级水平学生。

① 胡文华. 汉字与对外汉字教学［M］. 上海：学林出版社，2008：188。

示例二 指事符号，作用不小

一、示例缘起

学生汉语水平不断提升，汉字相关知识的积累也日趋丰富，特别是在了解了象形字后，学生对于汉字的兴趣更加浓厚，也越来越愿意花费时间去思考汉字的形与源。这一阶段，学生对于汉字的好奇心会增加，经常会就某一汉字提出问题。一个学生曾经在学过“刀”字后，指着“刃”字询问“刃”和“刀”有什么关系？学了“木”字和“本”字后，问“本”相对于“木”来说多了一横，这个横有什么作用？可见，在学生了解象形汉字相关知识后，还需要把指事符号介绍给学生，那么指事字的教学也应引起教师的关注。因为学生掌握了指事字相关知识，可提高识记汉字效率，增加汉字学习兴趣。

二、示例背景知识

（一） 指事字的定义

东汉许慎在《说文解字》中为“六书”作了规定，对整个汉字体系作出了较为细致的分析。其中共列举汉字 9353 个，其中指事字给出的例字是“上”和“下”，并将指事字定义为“视而可识，察而见意。”① 意思是说一眼看上去就可以认识大体，仔细观察才能发现意义所在。

南唐文字训诂学家徐锴提出：“凡指事、象形，义一也，物之实形有可象者则为象形；指事者，谓事物之虚无不可图画。无形可裁，有势可见，则为指事。”②

清代语言学家王筠将指事字定义为：“指事而云，象形者，避之不成词也。事必有意，意中有形，此象人意中之形非象人目中之形也。凡非物而说解云象形者皆然。”③

胡朴安则认为“凡独体文，或两体三体而有一体不成文或全体不成文的文字，没有形可象，没有意可会者，叫做指事。”④

陈梦家又将指事字称为象事字，定义为“象形字经过人意的加重、省略和变位，因此而示意者，就是指事。所谓从象形字中抽象者，往往经过心官抽象的手续。”⑤

黄伯荣、廖旭东（2007）在《现代汉语》一书中指出“指事字就是用象征性符号或

① 许慎．说文解字［M］．北京：中华书局，1963。
② 徐锴．说文解字系统［M］．北京：中华书局，1986：85。
③ 王筠．说文释例（卷一）［M］．北京：中华书局，1992：19。
④ 胡朴安．文字学常识［M］．北京：中华书局，2001：65。
⑤ 陈梦家．中国文字学［M］．北京：中华书局，2011：23。

在象形字上加提示符号来表示字义的造字法。”① 书中还将指事字分为两大类，一是字的本身形态有象征意义的指事字，称之为象征性符号的指事字，如汉字“三”“上”“下”等。另一种则是在象形字的基础上加上一笔作为提示符号的指事字，如“末”“刃”等等。除此分类方法以外，近些年有学者将指事字分为三类，前两类与黄、廖相同，第三类则是在独体指事字基础上添加指示符号所构成的指示字，如“卞”“义”。

（二）指事字与象形字的区别

最易与指事字发生混淆的是象形字。若想区分指事字和象形字，不妨从两个方面着手，一是通过表意的对象来判断，二是看所表意义的实与虚。

首先，从表意的对象上来判断。大部分象形字描绘的对象来源于客观实体，字形往往是根据客观实物的外形描画而成；而指事字除了在象形字基础上加上符号来展示对象之外，还可展示事物的状态或动作。指事字是根据表意的需求来造字，若表实物的性状，文字的意义所指非限定于某一物。指事若为指明实体部位，是在象形之文的基础上加上标记符号，所指的部位用文字形式表现出来的也仅仅是点画的符号而已。②

其次，从所表意义的实与虚上来判断。象形字是依据生活中有形可感的实物所造的字，其本身意义较为明确；指事字所表达的多是抽象的概念，没有具体实物的形体可供参考，仅能借由人心中营构出的“虚形”来造字表意，即使借用实物的形象来寓指某一部位，其义亦是表示某种概念类别，而非特指某一实物。③

三、示例实施

（一）教学目标

1. 了解指事字的定义，能辨别出汉字中的指事字；

2. 可以区分象形字与指事字，了解二者的区别与联系；

3. 了解指事字的构成，掌握“上”“下”“刃”“末”“本”五个汉字的含义与书写规范。

（二）教学重点、难点

1. 教学重点

学会辨别汉字中的指事字。

2. 教学难点

能体会汉字的表意性。

---

① 黄伯荣，廖旭东．现代汉语［M］．北京：高等教育出版社，2007：151。

② 牛远．《说文解字》指事字比较研究［D］．山西：山西师范大学，2013：9。

③ 牛远．《说文解字》指事字比较研究［D］．山西：山西师范大学，2013：9。

（三）教学准备

1. 知识准备

学生已经掌握了基本汉字，包括汉字的读音和书写方法。对于独体字、象形字的概念已经有了明确的认识，可以辨别汉字独体字及独体字中的象形字。

2. 教学材料准备

字卡、空白卡片、小弯刀。

（四）教学过程

1. 导　入

（1）教师黑板上写下“一”字。正确书写后，教师提出课堂讨论问题，请全班一起讨论并引导学生得出所需答案。

问题：“请同学们说说汉字‘一’为什么这么写？想象一下它是什么意思？是怎样被创造出来的?”

（2）得出结论：引导学生说出汉字用特定的笔画结构或通过笔画组合解释一种抽象的意义。《汉字源流字典》中解释：“一，惟初太始，道立于一，造分天地，化成万物。”① 即为万物初始之意。教师利用这个讨论结果，引出指事字的定义，即：“指事字就是用象征性符号或在象形字上加提示符号来表示字义的造字法。”② 导入环节对于学生可能有一定难度，教师一定给予适时、适度的引导，使学生对指事字有初步的感知，并要求学生带着疑问学习下面的汉字课程。

2. 讲　练

（1）指事字分类

教师对指事字两大类别中所包含的汉字进行挑选，并在 PPT 中呈现给学生，要求学生仔细观察，集体讨论，思考两大类别的不同。

得出结论：一种为简单符号性质的指事字，教师可举例：“一”“二”“三”“上”“中”“下”等。第二种为在某一象形字的基础上加指事符号的指事字，教师可举例：“本”“末”“刃”等。

（2）讲　解

①符号性指事字：上、下

“上”“下”两个汉字本身较为基本，此阶段学生都应已经掌握其含义与书写方法。因此教师可以选择较为基本的汉字教学顺序。

“上”字：

首先呈现“上”字的汉字形态演变过程，让学生建立形义联系。

① 谷衍奎．汉字源流字典［M］．北京：语文出版社，2008：1.

② 黄伯荣，廖旭东．现代汉语（上册）［M］．北京：高等教育出版社，2007：151.

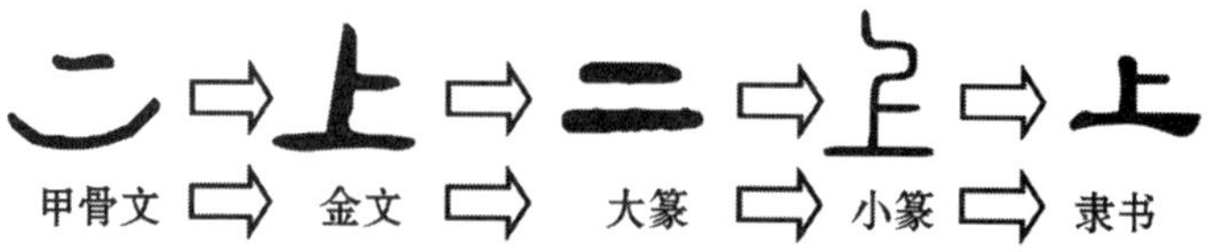

其次，用实物或画图对“上”的抽象意义进行讲解。汉字“上”的意思对于学生并不是难点，真正的重点是教师通过实物、图画的展示使学生明白“上”字创造的由来。

教师拿出一张纸，平放，作为“上”字的笔画“一”，接下来在纸上立一根笔，代表“上”字的“丨”。提出问题：“笔在哪儿?”引导学生回答：“笔在纸的上面。”教师讲解“上”的“丨”起到了指示位置的作用，上的形与意因此而得来。

“下”字：

“下”字在“上”字讲解的基础上进行讲解，教师更加容易操纵课堂进程。此时，教师直接承接“上”字的教学结果，将笔放在纸的下面，通过实物纸和笔在空间位置上的变化，展现“下”字的形态。提出问题“丨指示的是什么位置?”引导学生说出“下”。最后展示“下”字的字形演变历程。

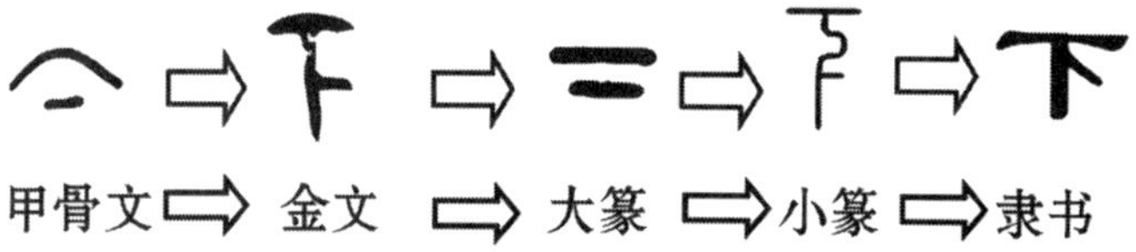

②象形字加指事符号指事字：本、末、刃

在象形字基础上添加指事符号的指事字相较于纯粹符号性的指事字更易让学生接受，学生学习过程中也更能感受到汉字的乐趣。学生对于象形字已经有了一定的基础，象形字由真实的客观事物演化而成，学生可以快速、直接地建立形意联系。在此基础上讲解指事符号的作用，教师操作起来较为容易，学生学起来也会比较轻松。

“本”字：

字本义为草木的茎或根，后引申为事物的根本、根源。

教师可从汉字本义作为教学切入点，优先展示草木的图片，用草木图片对应汉字“木”。使学生了解“本”字的象形部分为“木”字，意为树木、草木。

引导学生建立象形部分的形意联系后，教师可在图中用笔画或实物工具添加指事符号，起到指示树根部分的作用，帮助学生逐步靠近汉字“本”的本义，最终向学生解释“本”字的意思。

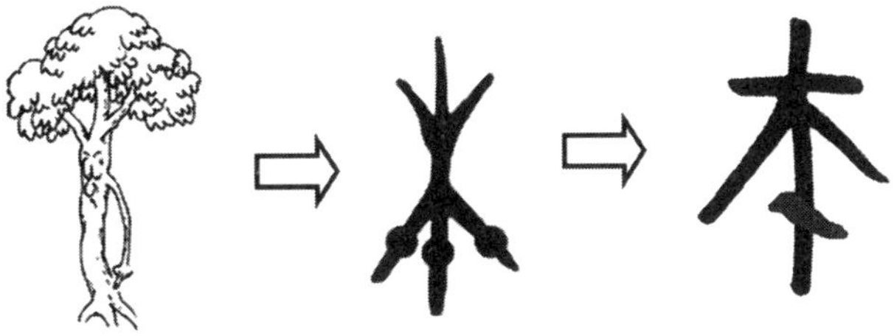

“末”字：

字本义为东西的梢、尽头，引申义为不是根本的、主要的事物。

教师在讲解“本”字的基础上讲解“末”字，依然从象形字“木”出发，指事符号做在树梢处，让学生有所感知，并解释“末”意思。最终，教师应将“本”“末”两个汉字进行对比，可做课堂知识拓展，如成语本末倒置的学习等。

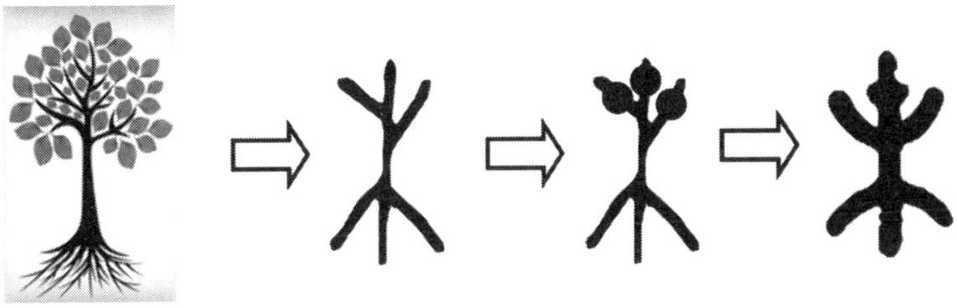

“刃”字：

字本义为刀剑等的锋利部分。

教师课前准备小弯刀一把或刀的图片，展示给学生，提问学生这是什么？如何书写汉字？引导学生建立形意联系，学习“刃”字的象形部分。

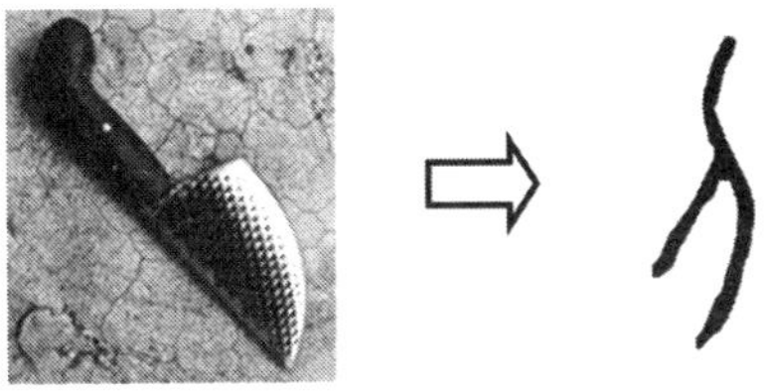

学生学习“刀”字后，教师做出指示，指出刀刃部分。此时教师不要轻易将“刃”字进行展示，请学生根据教师的指示自己写出汉字。最终解释“刃”字的含义，并进行教学拓展。

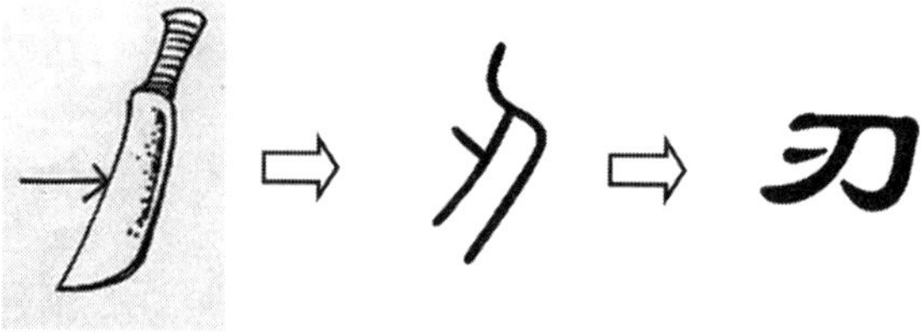

3. 活动与游戏

<u>游戏：你画我猜</u>

教师课前准备汉字卡片，汉字卡片中的汉字主要以已经学过的、较为简单的汉字为主。根据学生数量分组，小组数不宜过多。每一轮游戏一个小组参加，其他组学生负责监督。游戏开始，小组长选取一组汉字，每组五个汉字。第一名同学抽取汉字，根据汉字画图，第二名同学猜字。第二名同学猜出进入下一个汉字环节，如不能猜出可以选择放弃，然后进入下一个汉字环节。下一汉字由第二名同学抽取作图，第三名同学猜字，五个汉字按照此法依次进行。最终用时最短，正确率最高的小组获胜。

四、示例小结

本示例在象形字教学基础上，以指事字为重点内容进行教学。教师以展示最简单的指事字“一”导入课堂，引导学生对指事字进行思考。然后，依照指事字的两大分类，分别选取有代表性的例字进行解释分析，帮助学生了解指事字的相关知识，引导学生注意汉字中的指事符号，丰富学生识记汉字技巧，活跃汉语课堂氛围。但应当注意的是，本示例对指事字的教学方法有其局限性，只适用于部分符号性指事字和象形字加指事符号的指事字。但对于一些特殊指事字，如“朱”“刁”等，并不太适合。这些特殊指事字，经过从古至今的字形演变，大部分已不能看出字中指事意图了。因此，教师应仔细思考此类指事字的教学方法，以达到更好的教学效果。无论是象形字还是指事字，他们在字形上的演变都较为容易被学生感知，此时教师更应注意汉字形音义的结合，避免学生学习汉字一边倒，只记忆汉字的形态，却不知晓意思与发音。在汉字教学课堂中，汉字的形音义都应设置相应的教学环节，让学生全方位掌握汉字。

汉字是音、形、义三者的统一体，汉字教学则是帮助汉语学习者掌握汉字的音、形、义，并引导其在三者之间建立联系。本示例是对指事字教学过程的展示，针对指事字的教学教师应把握以下几点：

首先，指事字的表意，是通过新的指事性符号与已知的信息相结合，推导出新的、未知信息的过程。对于很大一部分指事字来说，象形字的字义与字形是指事字的前提和基础。如示例中列举的“本”字就是在“木”的基础上加上指事性符号横而构成的指事字。因此，教师在进行指事字教学前，应确保学生已经具备一定的汉字知识，尤其是象形字相关知识，这一教学过程也符合人们学习的由易到难、由简单到复杂、由具体到抽象的认知发展规律。

其次，构形理据是指事字表意的根据，只有它才能准确揭示指事字所表词的意义。要强调的是，一定要依据指事字的本形，解释指事字的本义。[①] 不能胡乱地对指事字进行拆分，对于经过隶变的汉字，其外在形态结构上已经发生了较大的变化，对于这样的指事字教师应恢复其原貌后再对其义进行讲解，而非以隶变后的形态为准进行不科学的讲解。

最后，将指事字的讲解与汉字文化相联系。文字是文化的载体，汉字本身就是中国文化的一部分。教师在进行汉字教学时，要注意揭示文字背后所隐藏的文化现象，扩大汉字教学的范围，增强汉字教学的趣味性，让学生在识记汉字的过程中，依然能感受到汉字文化的魅力，真正地做到寓教于乐。

五、任 务

根据本节所学内容，以特殊指事字为教学重点，设计 1 ~ 2 个课堂游戏，要求游戏具有针对性、可操作性和趣味性。

思考与练习

1. 一些学者并不赞成以汉字造字法为出发点进行对外汉语汉字教学，你怎么看?
2. 在象形字和指事字的教学过程中，你如何把控课堂，使其不会变为一堂汉字溯源课?
3. 汉字教学课堂中，学习汉字造字法对于学生来说较为困难，但学生对汉字造字法极为感兴趣，你该怎么办?

第四节 合体字

示例一 止戈为武

一、示例缘起

说起会意字，“止戈为武”可以说是人尽皆知的汉字知识，“武”字则是极具代表性的会意字之一。“止”和“戈”两个独体的“文”（“文”指事物原本的形象。）结合在一起，就是“武”字了。从字形上分析，自古至今，武字都由这两部分组成，结构上没有什么变化，不过甲骨文、金文、小篆较为形象醒目，隶书以后，戈的右边一撇搬到了左上

① 牛远.《说文解字》指事字比较研究［D］. 山西：山西师范大学，2013：36－37。

方，变为一横，不易辨认而已。[1]

从会意字“武”字不难看出，会意字具有其特殊性。首先，会意字具有因形见义，形义相连的特点，这也是利于教师教和学生学的一大特性；其次，会意字不具备明显的表音功能，学生识记起来较为困难；再次，会意字作为汉字合体字的组成部分，在字形结构上同样承接了合体字的特点，即由多个部件组成，结构复杂，犹如一幅抽象的图画，学生常常不知从何下笔，记忆困难；最后，表意方面，经过时代的变迁，会意字形与意都产生了极大变化，部分会意字的本义已与最初的意思大相径庭，而外在形态更是无法有效地表达会意字的意思。因此会意字的教学方法值得教师思考和探讨。

二、示例背景知识

汉字中合体字的概念最早见于东汉许慎的《说文解字》：“仓颉之初作书，盖依类象形，故谓之文，其后形声相益，即谓之字。”[2] 随后在此基础上，清代学者段玉裁又作了更进一步的解释：“析言之，独体曰文，合体曰字，统言之，则文字可互称。”[3] 自此，合体字这一汉字概念在学术界被广泛使用起来。苏培成（2014）对独体字与合体字进行了更加具体的定义，“凡是由一个基础部件构成的字是独体字，由两个或两个以上基础部件构成的字是合体字。”[4]

汉字中合体字占主要部分且结构上较为复杂，合体字因其自身特点也成了汉字教学中一大难点。根据中国传统的“六书”理论，人们通常把大部分会意字和形声字归为合体字。

最早对会意字做出定义的是东汉许慎，他在《说文解字》中写道：“比类合谊，以见指撝，武信是也。”[5] 该定义简单明了，用“合”字来解释“会意”之“会”字，并以“武”“信”二字为例。黄伯荣、廖旭东（2007）提出：“用两个或几个部件合成一个字，把这些部件的意义合成新字的意义，这种造字法叫会意。用会意方法造的字，就是会意字。”书中又将会意字分为异体会意字和同体会意字两类。异体会意字用不同的字组成。如“武”，从戈从止。同体会意字用相同的字组成。如“从”和“森”等。[6]

汉语作为第二语言教学中的汉字教学不同于对国内儿童的汉字教学，学生对汉字的音、形、义都是未知的，教师应一步步深入，帮学生将未知的音、形、义建立联系，使三者融为整体，全面增强学生的汉字意识。会意字本身的字形与字义有着较为密切的联系，但是形、音、义三者缺少较强的关联性。教师应根据会意字的这些特点，重点帮助学生掌握会意字字形与字义之间的联系，同时亦不能忽视对会意字字音的巩固、强化练习。

---

① 陈炜湛．汉字的故事——古文字趣谈［M］．北京：文化艺术出版社，2010：136。
② 许慎．说文解字［M］．北京：中华书局，1963。
③ 段玉裁．说文解字注［M］．上海：上海古籍出版社，1981：2。
④ 苏培成．现代汉字学纲要［M］．北京：商务印书馆，2014：94。
⑤ 许慎．说文解字［M］．北京：中华书局，1963。
⑥ 黄伯荣，廖旭东．现代汉语（上册）［M］．北京：高等教育出版社，2007：152。

三、示例实施

（一） 教学目标

1. 理解合体字的定义，能正确辨别合体字与独体字；
2. 理解会意字的定义，建立其字形与字义的联系；
3. 掌握正确书写顺序，可准确书写本示例所涉及的会意字。

（二） 教学重点、 难点

1. 教学重点

掌握会意字的构成结构。

2. 教学难点

建立会意字的形意联系。

（三） 教学准备

1. 知识准备

学生经过前期的汉字课程学习，已经具备一定的汉字基础，对汉字的结构有一定的感知。

2. 教学材料准备

PPT（展示用于辅助教学的图片，如眼睛、眼泪等）、汉字卡片。

（四） 教学过程

1. 导 入

教师在讲练之前，将课前准备好的汉字卡片分发给学生，教师应选择可拆分的汉字，拆分出的汉字部件尽量是学生曾经学习过的简单成字部件或汉字。复习这些部件和汉字，如“亻”“木”“毛”“目”“氵”“宀”“女”等，将这些拆分出来的部件重新拼合，组成接下来要讲授的会意汉字，如“休”“安”“看”“泪”“林”“森”等。

展示会意字后，教师应简单介绍会意字的概念，即用两个或两个以上的部件，按一定关系组合在一起，从而表示一个新的抽象意义的字，称之为会意字。接下来在讲练环节对所展示的会意字进行一一分析。

2. 讲 练

（1）“安”字

在讲解会意字“安”时，教师可以利用画图法、汉字形态演变展示法和图片展示法辅助课堂教学。

首先，教师在黑板上画一个房子的简易轮廓，询问学生这个图形是什么，引导学生回答出房子或房屋等答案，告知学生“安”字中所包含的“宀”部意思是房屋。

其次，讲解“安”字的下半部分“女”，下半部分的汉字是基本汉字，较为简单，且应是学生在初级阶段就已经学会的汉字。因此，学生很容易回答出“女人”“女孩”等答案。教师可对“女”字的形态演变进行展示，尤其是“女”字的甲骨文形态，像极了一位安静地跪坐着的女子。

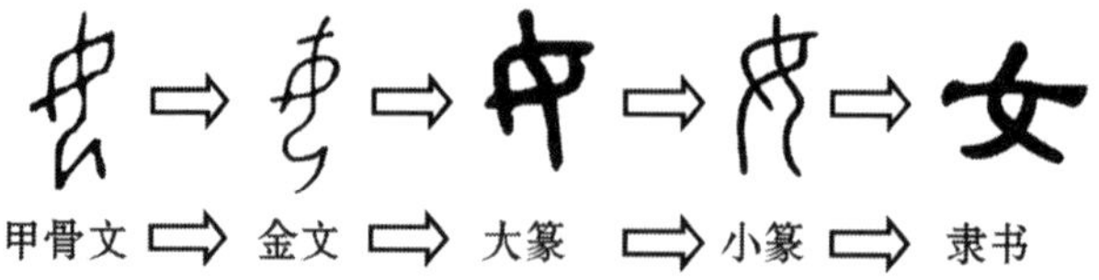

再次，教师引导学生将两个部分拼合，让学生亲自画一画“安”字，即屋子中坐着一位女子。学生完成后，教师展示“安”字的形态演变。

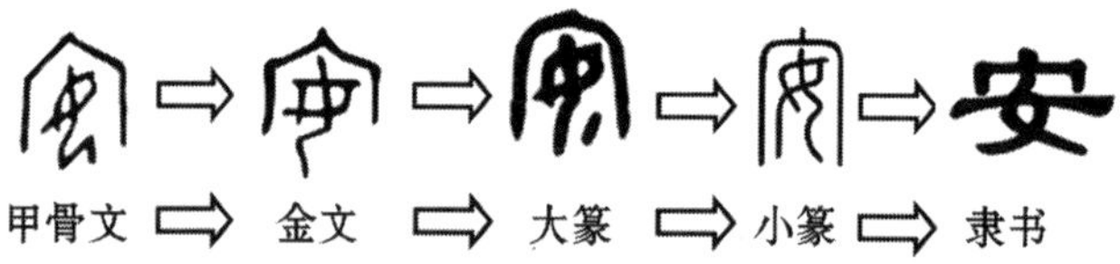

最后，教师解释安字的意思。在一间屋子里，有一个女子，手置胸前，安详地坐着，本义是“安定”“安全”。[①] 教师帮助学生理解“安”字构造后，对汉字标注拼音，请学生跟读。利用 PPT 多媒体设备展示笔画顺序，要求学生按照所展示内容进行书写。最后，进行课堂拓展，要求学生用“安”字组词，扩充学生词汇量。

(2) “泪”字

在会意字教学中，汉字部件这一概念尤为重要，会意字的教学也应建立在部件教学基础之上。部分会意字教师可通过汉字部件拼合的方式进行教学。教师拿出“泪”字汉字卡片呈现给学生，学生可能并不理解其意思，首先引导学生将“泪”字拆分为“氵”和“目”字两个部件。“氵”为“水”字的变形，“目”的意思则为眼睛。教师将眼睛和水的图片进行展示，引导学生联想，与眼睛有关联的水是什么，最终想出“泪”字的意思。

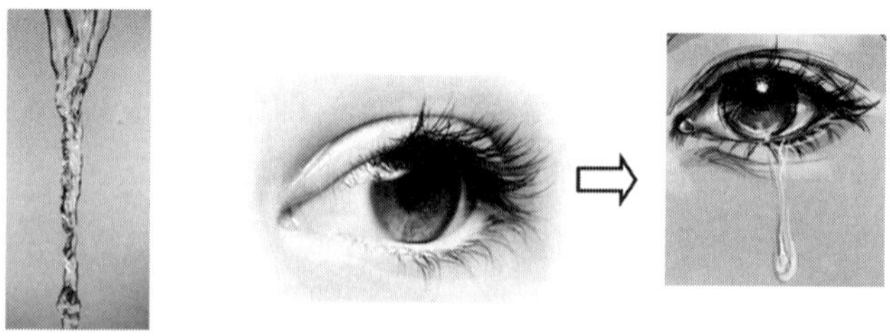

(3) “林”字、“森”字

汉字中有一小部分合体字是通过相同部件的叠加而成，如林、森、磊、晶、鑫等，教

① 李乐毅．汉字演变五百例［M］．北京：北京语言大学出版社，2014：1.

师可以利用这些叠合特点，对此部分汉字进行课堂教学。

教师先展示“木”字，“木”字对于学生来说较为简单，应是已知汉字。再将两个木字并排写出，询问学生：“木是不是很多？木很多的地方你们想到了什么？”引导学生说出树林答案，从而引出“林”字的写法和读音教学。使学生从形音义三方面全面掌握“林”字，达到会写、会读、知其义的目的。

在“林”字教学基础上，教师再写一个“木”字组成“森”字。引导学生由“林”字的图画进行思考和联想，让学生意识到“森”字，表示有更多树在一起，并拓展“森林”一词，让学生在形义上都有所感知。教师可利用音频播放发音，帮助学生掌握“森”字的读音。

教学拓展：通过叠合方式构成的会意字教学有很大趣味性，能增强学生的想象力，教师在“林”“森”的教学基础上，可以进行教学拓展，一步步引导学生学会更多的会意字。如：品、磊、鑫、晶等。

3. 活动与游戏

<u>游戏：你做我猜</u>

教师课前准备好容易表演的汉字卡片，汉字可以是本节课已经学过的汉字，也可以是未学过但容易操作的汉字。教师将学生分成若干小组，每小组 3 – 5 人。每一轮游戏分发给每组一张汉字卡片，给学生 5 分钟讨论和准备时间，每组成员在这五分钟内，拆分本组的会意字，并根据字形字义用身体演示或寻找材料组合展示汉字。其他小组根据展示进行猜测，猜对的小组积一分。经过几轮游戏后，积分多的小组获胜，教师还可设立最佳表演奖，对学生给予奖励。

四、示例小结

大部分会意字的构字形式趣味性较强，教师应抓住会意字这一特点，激发学生的学习兴趣，帮助学生建立会意字的形音义联系，利用丰富的课堂教学展示模式，缓解学生学习汉字的心理压力。本示例在展示会意字的教学过程中，综合多种教学技巧，如实物展示法，使用实体教具进行教学；图示法，图片拼合联想、部件叠合等形式，帮助学生轻松理解字义，也尽量利用识字卡片、板书临写、多媒体课件等教学手段辅助教学。

在讲解会意字的环节，不难发现，在会意字教学中离不开“部件”这一概念，因此教师应注意部件教学和会意字教学的先后顺序，尽量不要出现学生学习会意字时还不知道何为部件的情况。本章之所以将部件独立成节放置于本章的前部，是想遵循汉字教学中从小到大，从部件到整体的教学顺序。教师亦可将部件教学置于合体字教学范围内，先于合体字教学讲解即可。但需提示的是，本示例的教学设计也有局限性，一些课堂环节由于客观环境和学生水平限制可能实施起来会有一定困难，学生容易打乱教师的课堂节奏。因此，教师在甄选汉字时应有多手准备，对课堂状况有全方位的预估，以备不时之需。

五、任　务

任务一：东汉许慎的《说文解字》中，除了利用象形、指事、会意、形声四种造字法和转注、假借两种用字法所创造的文字外，还有一种特殊的汉字，如“字”“姓”“息”“扶”等属于会意兼形声字。你认为这样的特殊情况在现代汉语作为第二语言教学中应当如何处理？请查阅相关论文，思考总结有效的教学方法。

任务二：部分会意字随着时代的变迁，形与义已经发生了很大的改变，面对这一问题你该如何处理？请根据这一问题撰写一份教学设计。

示例二　秀才识字识半边

一、示例缘起

在体育院校的汉语课堂上，最常探讨的话题就是体育。学生也经常就某运动项目演讲，发表个人看法。一次，一位足球专项的塞拉利昂学生发表了关于中国女子足球队的演说，最后环节，他说：“我想给大家介绍一首关于中国女子足球队的歌曲，我非常喜欢，名字是《风雨彩虹，铿锵玫瑰》。”听到这儿，身为教师的编者一时摸不着头脑，直到音乐响起，才明白原来是这位学生将“铿锵”kēngqiāng 读成了 jiānjiāng，真是让人哭笑不得。这样的情况在汉语作为第二语言教学的课堂上并不少见，用中国的一个俗语来描述就是“秀才识字识半边”。

“秀才识字识半边”这一俗语和中国的形声字辨识有很大关联。形声字有其自身特点，即形声字兼顾汉字的形与义。一半字符表形，一半字符表音。当学生掌握了一定的分析技巧，看到形声字的形符变化可猜测出这个汉字所表达的概念范围；看到声符，便可猜测出这个汉字大概的发音范围。形声字不仅符合人类学习文字的思维逻辑，而且充分体现了汉字音形义相结合的特点。但是，有时候“半边”找不对，也会闹笑话。因此，选择本示例进行汉字课堂教学展示，希望引起教师对于形声字教学的重视，也希望学生通过形声字的学习，掌握其基本规律，轻松学习汉字，准确认读形声字，不断拓展自身词汇量。

二、示例背景知识

什么是形声字？东汉许慎在《说文解字·序》中这样写道：“形声者，以事为名，取譬相成，江河是也。"① 所谓以事为名，即依事类而定其名字。是说在给某个事物定名而造字时，先确定它在万事万物中的属类，属类确定后就用表示这属类的文（或字）来作新造字的主义部分；所谓取譬相成，就是根据口语取一个读音相同或相近的文或字来作新造字的标声部分。黄伯荣、廖旭东两位先生认为"由表示字义类属的部件和表示字音的部件组成新字，这种造字法叫形声。用形声法造的字叫形声字。"②

形声字从结构上看，可以被拆分为两个部件，即形符和声符。形符与声符通过相互配合形成汉字的形与义，但二者又有极大区别，起到互相限制的作用。人们把表意的部分称之为形符；把表声的部分称之为声符。王力（1981）还进一步指出："所谓意义范畴是一个比较广阔的范围，意义范畴不等于词义的本身"，"意符（形旁）相同并不就意味着词义相同。"③

从古至今，不断有学者对汉字中形声字所占比例进行统计，随着时间的推移其比例不断在改变。据范景行（2008）的数据统计结果，"甲骨文形声字有 332 个，占总数的 26% 左右，周代金文形声字有 1130 个，占总数的 51. 3% 左右，到小篆阶段，形声字已占到汉字总数的 87. 39% 。《现代汉语通用字表》收录的 7000 个通用汉字中，形声字共有 5631 个，占通用字总数的 80. 5% 。"④ 虽然各家学者因研究范围不同，统计标准不同，即使都是对形声字所占比例的调查，结果也很难相同。但无论如何，这些结果都表明形声字是现代汉字的主体，是重要组成部分。

三、示例实施

（一） 教学目标

1. 了解形声字的特点，掌握其基本构成规律；
2. 巩固已学汉字，识记新汉字，提高对汉字的识记能力；
3. 进一步感受汉字的音义结合特点，感受汉字的趣味性。

（二） 教学重点、 难点

1. 教学重点

了解形声字的特点，把握其规律性，形成对形声字的初步认知。

2. 教学难点

体会形声字特性，利用形声字的特点，提高识字能力与效率，拓展汉字量。

---

① 许慎. 说文解字（第一册）［M］. 北京：中华书局，1963：3。
② 黄伯荣，廖旭东. 现代汉语［M］. 北京：高等教育出版社，2007：152。
③ 王力. 古代汉语［M］. 北京：中华书局，1981。
④ 范景行. 面向中小学生和留学生的形声字教学［D］. 华中师范大学，2008：3。

（三） 教学准备

1. 知识准备

学生经过前期的汉字学习，已经具备了较为充分的汉字知识及一定的汉字量。对于独体字、合体字可以进行准确的分辨。对一定量的汉字在形音义三方面都有所认识。

2. 教学材料准备

汉字卡片。

（四） 教学过程

1. 导　入

引导学生复习独体字与合体字，教师在黑板上展示两组汉字，两组汉字尽量选择学生已学汉字，已经知晓其发音与含义。

第一组：	**包**	**马**	**青**
第二组：	**抱**	**妈**	**晴**

教师给学生 1 ~ 2 分钟进行回忆与思考，两组汉字有什么不同之处。教师一步步引导学生回答出第一组汉字为独体字，第二组汉字为合体字。

教师可根据学生掌握情况，要求学生写出几个独体字与合体字，在学生书写过程中，教师可注意观察学生所写的汉字是否有典型的形声字，所谓典型的形声字即形符、声符相对较为明显的形声字。如果有可在后边教学环节作为巩固知识的材料使用。

2. 讲　练

（1）“抱”字

教师将“抱”字单独写在黑板上展示给学生，并要求学生对“抱”字进行部件拆分。

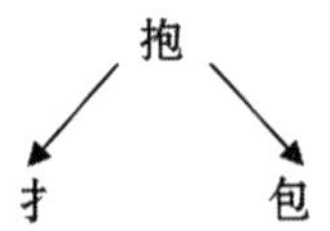

教师依次询问学生两个组成部件的相关知识。形符“扌”指的是哪里？教师可在提问同时做握手或者拥抱的姿势，引导学生说出“扌”代表人身体的手。告知学生这个字和手有关系；声符部件“包”，询问学生这个字如何读，引导学生说出正确答案“bāo”，此时教师可进行词汇拓展，如：书包，钱包等。教师给学生思考时间，思考“抱”字是什么意思，猜测如何读。

如学生已经具备会意字知识，可能会用手抱住自己的书包（扌＋包），此时教师应给予一定肯定和鼓励。接下来，教师引导学生猜测“抱”字的发音。学生对于字音问题的回答可能会出现分歧，一种遵循“手”字的发音，另一种遵循“包”字的发音。教师根据学生的回答，给出“抱”字的正确读音与意思。读音为“bào”，基本义项为“用手臂围住”。教师可做拥抱动作，同时读抱，帮助学生理解。此时学生发现字音与部件“包”非常相似，对该字有了更进一步的认识，教师随后讲解今天所学形声字的概念，并帮助学生区分形声字与会意字。

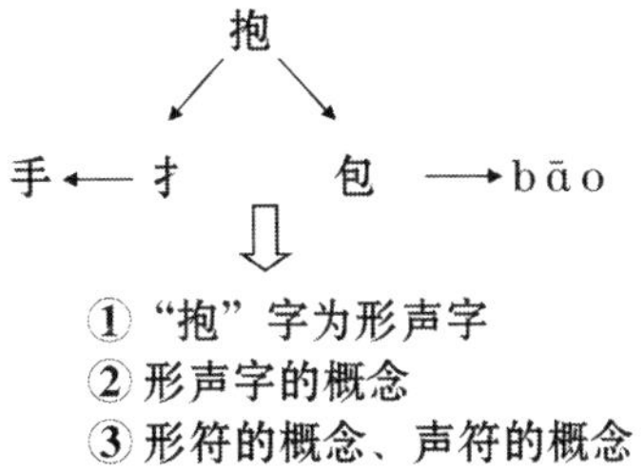

课堂教学拓展：教师可以以“抱”字的声符“包”为根本，变换形符，如：跑、炮、泡、饱等，让学生体会形符与声符在形声字中所起到的关键作用。帮助学生掌握形声字基本规律，提高汉字量。

(2)“妈”字

妈“字”作为一个基础汉字，学生们都已在最初阶段学习了，因此对其形音义都不存在问题。类似于“妈”字这样简单的、已学的汉字是此环节教学材料的最佳选择。

根据上一环节的教学步骤，学生自主学习“妈”字，从汉字拆分，分析形符，分析声符，到读出字音，说出字义，教师在本环节只起引导作用。观察学生是否对形声字存在认知困难，及时解答或纠正。

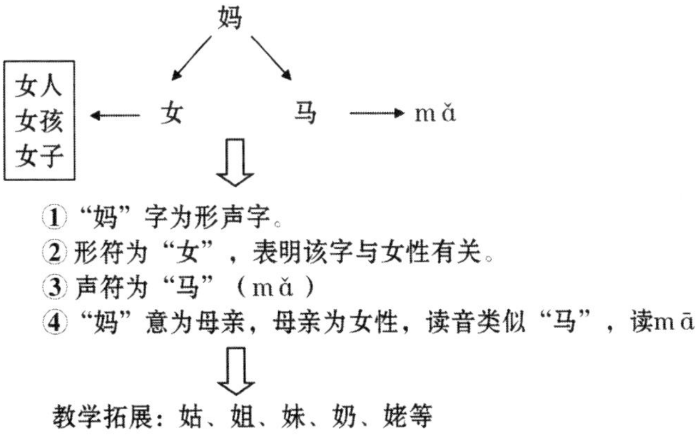

3. 活动与游戏

游戏：快乐传真

教师将学生分成小组，每组5人，每轮游戏一个小组参加。游戏开始，教师对该小组同学展示一个汉字，小组第一名同学对汉字进行部件拆分，第二名同学分析形符与声符，第三名同学读出该字，第四名同学说出该字的意思（可适当使用英语），第五名同学组词。五名同学均正确完成各自环节算此轮游戏结束，该小组进入下一轮游戏，即新的形声字分析。在限定时间内，分析字数最多的小组获胜。

四、示例小结

象形、指事、会意三种造字法对于客观事物形态的描绘都有一定的依赖，因此在造字时，如想体现事物的细微差别就有一定的局限性。形声字则不受这些限制，只要添加不同的声旁，就可以体现出事物不同的类别。黄伟嘉（2011）在《现代汉语文字答问》一书中列举了“柏、椿、枫、橘、梨”等表示不同树木种类的汉字，以及“鸭、鹅、鸠、鸥、鸵”等表示不同禽类种类的汉字。[①] 可见形声造字法比其他三类造字法方便易行得多，因此形声字数量增长也极为迅速，在汉字中所占的比例也越来越大。

东汉许慎在《说文解字》中从造字方法角度入手研究了9353个汉字，把其中7697个字归类为形声字，占总字数的82%。在《康熙字典》中，形声字大概占了97%。康加深统计，在7000个现代通用汉字中，属于形声字结构的有5631个，约占通用字总数的80.5%。[②] 从统计数据可见形声字已成为现代汉字的主体，如果汉语学习者能够了解形声字的规律和特点，在汉字学习上就可达到事半功倍的效果。从教学角度而言，教师也应将形声字教学摆在重要位置上，充分利用形声字的规律与特点，以降低学生学习汉字的难度，提高汉字学习效率。

形声字教学中的一大难题就是教学中汉字材料的选择。挑选的汉字难度要适中，只有这样才能缓解学生的心理压力，学习起来更加轻松。同时，又要考虑到课堂教学的进度与新汉字量的输入，如汉字选择过于简单，对于学生汉字的积累是没有帮助的，如果是学生没有接触过的，具有一定难度的汉字，又恐学生产生抵触心理。因此，教师在汉字选择上需要进行思考，花心思去选择合适的教学材料。教师往往会选择较为典型的形声字来教学。看重的是典型形声字的声符与形符区分较为清晰，特点较为明显，利于学生理解，利于教师把控课堂。但是非典型形声字的教学对于教师来说依然是一大难题，这一教学难点值得教师去探讨相应的教学方法和学习策略。

五、任　务

任务一：根据本示例所展示内容，以非典型形声字为教学重点，设计一个课堂讲练环节。

任务二：请以形符与声符的结构类型为形声字的分类标准，设计一堂形声字教学课。

---

① 黄伟嘉，现代汉语文字答问［M］. 北京：北京大学出版社，2011：8。

② 吴海燕. 试论对外汉语形声字教学方法［J］. 山西师大学报，2011，38：174。

思考与练习

1. 什么是非典型形声字，请思考如何进行非典型形声字的教学。

2. 形声字的形符与声符有哪些结构类型？你认为汉字教学中是否应该设计结构类型的讲解？

资料拓展

资料一：汉字教学安排探索——语文并进

通过试验，我们发觉“先语后文”的办法并不适合我们的教学实际以后，决定改为“语文并进”的办法，即在两个星期的语音阶段先教汉字的基本笔画以及笔画较少、构字能力很强的字素（即构字部件，多数是独体字）；从学习语法、课文开始，一方面进行听、说训练，一方面同时要求学生认、写汉字。这样做的好处是：第一，较早地教汉字，符合学生的心理要求，因为他们深知，在中国学习，必须学会汉字；其次，每天均衡地学十几个汉字比临时大量突击记得牢固；第三，应当把听、说、读、写看作有机联系的整体，从它们的相互联系、相互促进上来认识它，把握它。听、说、读、写技能的形成，是既循序渐进又交错促进的。在学习中，有听有说，有读有写，能起到相互促进的作用。用这种办法，虽然学生在开始学汉字的几个星期困难比较大，但是，只要善于引导，方法对头，困难是可以逐步克服的。就学习的全过程来说，汉字量的分布比较均匀，也可以说是分散了难点。

——孙德金．对外汉字教学研究［M］．北京：商务印书馆，2006：230－231.

资料二：汉字教学步骤

（1）先教基本笔画

外国学生看来，汉字笔画十分繁杂，一个字好像一团乱麻一样。其实，现在使用的汉字，结构方正，笔画平直，每个字都是由基本笔画构成的，而基本笔画的数量是有限的。

教写基本笔画时，要强调汉字的书写规则，不论在哪个字里横都不能由右向左，竖都不能由下向上，撇都不能由左下向右上，捺都不能由右下向左上，提都不能由右上向左下。掌握基本笔画的写法，熟练这些笔画，是辨认字形的开始，也是写好汉字的第一步。

（2）从基本笔画到独体字

独体字是由基本笔画组成的。有的独体字笔画简单，有的独体字笔画繁多。学生掌握了基本笔画以后，就可以进一步教笔画简单的、常用的独体字。常用的独体字基本上都是象形字，汉字形体虽然几经演变，表面看去，有些字虽然已不十分象形，但是稍加分析解释，仍可看出象形的痕迹。对这类独体字的教学，利用象形的痕迹，适当地作些解释，不但可以收到因形见义的效果，而且可以提高学生的学习兴趣，帮助他们记得牢固。

在教写独体字的同时，要把写汉字的笔顺规则教给学生。基本的笔顺规则是：先横后竖，先撇后捺，从上到下，从左到右，从外到内，先里头后封口，先中间后两边。笔顺是汉族人长期以来的书写汉字的经验总结，也可以说是汉字形体结构的一个组成部分。

（3）分析合体字，化繁为简

现在使用的汉字，绝大多数是合体字。合体字看起来笔画繁多，但大都是由两个或两个以上的部件构成的，把合体字分析成几个部件，繁多的笔画就分解成比较简单的了。教学实践证明，笔画多少相同的汉字，能分析成几个部件的合体字，比不能分解的独体字易记易写。

（4）把字和词的教学结合起来

大量的词语是由一定数量的汉字组成的。根据我院语言教学研究所的统计研究，1978－1980 年国内使用的中小学语文课本共 20 册，出现的词语共 18177 个，而其中最高频率的词语共 3817 个，仅仅是由 1900 个汉字组成的。学生如果理解了 1500－2000 个常用汉字的意思，就可以借助这些汉字的字义去理解大量的新词。当然，要防止“望文生义”的毛病。但是，培养和发展学生“望文知义”的能力，作为一种能力的培养，还是很重要的。

——孙德金．对外汉字教学研究［M］．北京：商务印书馆，2006：234－238.（略有删减）

资料三：形近字教学方法

笔者参考了部分前人总结出的形近字教学方法，总结出以下几个对外汉语中的形近字教学比较实用的方法。其中的音义结合法和字形分析法都是根据造字理据辨析形近字的具体体现。

（1）对比联系法

在实际的教学中，形近字并不总是成组出现的，时常会有这节课讲解的一个新字与之前学过的字是形近字的情况，因此，在教授汉字时，我们可以有意识地使用对比联系的方法，由一个汉字发散到其他与它形近的汉字，把它们集中归类进行对比分析，点明相同之处，强调不同之处，这样可以使学习者明确它们在细节上的异同，并且达到了温习的目的，也对学习进行了总结。对比联系法能够帮助学习者更加深刻地去理解知识，有助于减轻相近知识所造成的混淆，根据一定的规律和条理把各种有联系的、相关的知识经验结合起来，纳入到汉字的全面知识体系中，促使学习者将知识构建为成套的系统。同时，对比联系法对调动学习者的自主性也能够起到十分积极的作用，大大增加了学习的趣味性。

（2）联想法

作为表意文字的汉字，可以说是联想的产物，学习汉字可以让人对汉字产生各种联想，在形近字的教学中，我们可以对联想法加以利用，以促进学习者对形近字的学习。在教学中，我们可以把字形或者构成汉字的某个部分联想为相关的事物，然后再根据形近字之间的联系展开想象，进行对比。比如讲解“买”和“卖”，我们可以把“卖”字中的“十字头”联想成买卖交易的物品，“买”没有“十”，表示我缺少这个物品，我需要它，所以“买”表示（买）进物品的一方；“卖”中有“十”，说明我有货，可以往外出售，所以“卖”表示（卖）出物品的一方。

（3）口诀法

在学习语言时，一些朗朗上口的顺口溜或口诀不但可以激发学习者的学习兴趣，还可以提高他们的学习效率，这种方法对汉字形近字的学习也很有帮助。因此，在对外汉语形近字的教学中，可以有意识地教给学生一些有助于他们区别识记形近字的口诀。例如区别“泡”“跑”“炮”“刨”“抱”“饱”时，可以编成顺口溜“泡泡用水吹，跑步得靠脚，用火来点炮，用刀刨一刨，伸出双手来拥抱，吃了食物就能饱。”

——李佼洁．对外汉语形近字教学研究［D］：［硕士学位论文］．成都：四川师范大学．2014：34－36．（略有删减）

资料四：非典型形声字的整字教学法

在非典型形声字教学中既要看到声旁和形旁各自的特点，又要看到形声字的整体。

（1）在采用“词”本位原则的同时增加“字”本位原则的使用。“字”本位强调以“字”作为汉语教学的最基本单位，从字形、字音和字义角度出发，通过语素（字）学习词汇，进而提高汉语的学习效果。非典型形声字内部种类多，结构复杂，在“字”本位的教学中可引导教师和学生对非典型形声字更多的关注，增强学生对非典型形声字的字感。并在学习过程中逐渐建立对非典型形声字特点、种类和局限性的认识，减少在输出和输入过程中的错误。

（2）综合使用多种方法。对于非典型形声字的教学不能只靠某一种方法来加强形旁、声旁或整字的教学和练习。应该根据场合、阶段综合采用多种教学方法。

如很多学生重视声旁表音的特点，所以可多采取声旁系联的办法，成批的识记非典型形声字。但是非典型形声字中，声旁构字能力不强，且声旁与字音相同的形声字数量不多。而形旁数量少，构字能力强，且直接表意的形声字多，对于不适合声旁系联的形声字可采用形旁系联。如：“吼、叫、唇”等字，它们的声旁构字少，声旁提示字音的能力也弱。但它们都含有形旁“口”，通过形旁“口”将其串联在一起，强化其通过形旁获得字义义类的能力，并将这种能力反馈到识记同形旁的汉字之中。

（3）采用先积累后归纳分析的教学顺序。非典型形声字中大部分声旁和形旁都可以单独成字，且很多都是高频汉字，先学好这部分汉字，可以为以后理解和学习非典型形声字打好基础。因此，非典型形声字适合采取先独体再合体，由部件到整字的教学顺序。而石定果、万业馨在调查中发现，多数留学生希望采取从整字后归纳分析的教学步骤。那么，到底应该采取何种教学顺序呢？

以上两种顺序看似相互矛盾，事实上并不相违背。“先独体，先部件”是遵循先易后难的原则，先培养学生常用独体字的字感。因为非典型形声字的很多声旁和形旁是独体字，等到对非典型形声字归纳总结时，有利于学生理解非典型形声字的结构特点。其实，由独体到合体并不是一个完整的过程。在教学中，还应由合体到独体，由整字到部件来分析非典型形声字。学生希望先整字后归纳分析，也是想先在“整字阶段”培养对各类汉字的字感，当然也包括对独体字和合体字的字感。在之后归纳分析非典型形声字时，由于掌握了一定用作形旁或者声旁的独体字，也由于对形声字的整字有了一定的感知，所以能更好的理解形声字的结构。

可见，虽然在表述上不同，但都是强调形声字特别是非典型形声字的教学应通过先积累对其形旁字、声旁字或整体的字感，为之后的归纳分析提供便利。这也表明形声字特别是非典型形声字的概念不宜过早引入，初始阶段的重点是在于笔画，笔顺的练习，在于培养他们对汉字整字形、音、义特点感知。在学习者接触到一定量的独体字和形声字后，遵循先归纳再演绎的顺序教授学生形声字和非典型形声字特点和局限性，逐步建立对形声字全貌的认识。

（4）多认读，少书写。在对外汉语教学中，一般采取“语文同步”的方式，要求学生会写所有学过的汉字。“语文同步”看似最科学，但在短时间内要记忆大量汉字对学生来说难度太大，只能选择死记硬背，疲于应付。学生心理上容易产生抵触情绪，教学效果也可能不尽如意。非典型形声字类型多样，结构复杂，难认难记更不适合采取“语文同步”的方式。

那么应该怎么样处理“语”“文”的进度呢？其实，从学生对汉字认知的角度来看，汉字学习可分为认读和书写阶段，认读较易在先，书写较难在后。要求学生会写所有学过的汉字是混淆了汉字学习的两个阶段。

所以，在教学中，处理“语”“文”之间的进度时应按照汉字教学的层次性，遵循由易到难的顺序将认读和书写相对分开。在认读上尽量保持与“语”同步，但要减少要求书写的字量，同时扩大阅读中的字量和次数。这种方式将学生从无止境的死记硬背中解放出来，花更多的时间阅读。从而能快速地扩大识字量，建立丰富的感性认识，增强对汉字系统规律以及字形结构特点等知识的认知，最终也会提高书写的能力。非典型形声字的教学更应先认读，多认读，在认读阶段尽量强化形、音、义之间的联系，这种联系稳固之后再进入书写的阶段。

——王浩强．对外汉字教学中的非典型形声字研究［D］：［硕士学位论文］．安徽：安徽大学，2013：45－47.（略有删减）

本章参考文献

[1]许慎．说文解字[M].北京:中华书局,1963.
[2]段玉裁．说文解字注[M].上海:上海古籍出版社,1981.
[3]王力．古代汉语[M].北京:中华书局,1981.
[4]徐锴．说文解字系统[M].北京:中华书局,1986.
[5]王筠．说文释例(卷一)[M].北京:中华书局,1992.
[6]胡朴安．文字学常识[M].北京:中华书局,2001.
[7]黄伯荣,廖序东．现代汉语(上册)[M].北京:高等教育出版社,2007.

[8]黄伯荣,廖序东. 现代汉语(下册)[M]. 北京:高等教育出版社,2007.

[9]胡文华. 汉字与对外汉字教学[M]. 上海:学林出版社,2008.

[10]陈炜湛. 汉字的故事——古文字趣谈[M]. 北京:文化艺术出版社,2010.

[11]夏征农,陈至立. 辞海(上册)[M]. 上海:上海辞书出版社,2010.

[12]杨惠元. 课堂教学理论与实践[M]. 北京:北京语言大学出版社,2010.

[13]陈梦家. 中国文字学[M]. 北京:中华书局,2011.

[14]黄伟嘉,现代汉语文字答问[M]. 北京:北京大学出版社,2011.

[15]中国社会科学院语言研究所词典编辑室. 现代汉语词典[M]. 北京:商务印书馆,2012.

[16]孙德金. 对外汉字教学研究[M]. 北京:商务印书馆,2012.

[17]裘锡圭. 文字学概要[M]. 北京:商务印书馆,2013.

[18]王秀荣. 国际汉语汉字与汉字教学[M]. 北京:高等教育出版社,2013.

[19]周健. 汉语课堂教学技巧 325 例[M]. 北京:商务印书馆,2013.

[20]周健. 汉字教学理论与方法[M]. 北京:北京大学出版社,2013.

[21]苏培成. 现代汉字学纲要[M]. 北京:商务印书馆,2014.

[22]图解经典编辑部. 画说汉字——1000 个汉字的故事[M]. 北京:北京联合出版公司,2015.

[23]费锦昌. 现代汉字笔画规范刍议[J]. 世界汉语教学,1997.

[24]王宁. 汉字构形理据与现代汉字部件拆分[J]. 语文建设. 1997.

[25]毛丽. 对外汉字部件教学探究[J]. 魅力中国. 2010.

[26]易洪川,杨夷平,朱全红. 笔顺综合研究及留学生用笔顺原则[A];第六届国际汉语教学讨论会论文选[C]. 1999.

[27]范景行. 面向中小学生和留学生的形声字教学[D]:[硕士学位论文]. 华中师范大学,2008.

[28]彭万勇. 对外汉字字源教学法构建研究[D]:[硕士学位论文]. 重庆:西南大学,2009.

[29]牛远.《说文解字》指事字比较研究[D]:[硕士学位论文]. 临汾:山西师范大学,2013.

[30]国家语委. 信息处理用 GB13000. 1 字符集汉字部件规范[S]. 北京:语文出版社,1998.

[31]国家语委. 现代常用独体字规范[S]. 北京:语文出版社,2009.

[32]外语爱好者 http://www. ryedu. net/

[33]汉语网 http://www. hanyu. com. cn/oldedition/en/

[34]网上北语 http://www. eblcii. com/index. shtm

[35]汉语教育网 http://hanyu. zhyww. cn/

[36]网络孔子学院 http://www. chinesecio. com/

[37]在线新华字典 http://xh. 5156edu. com/

第三章

词汇教学

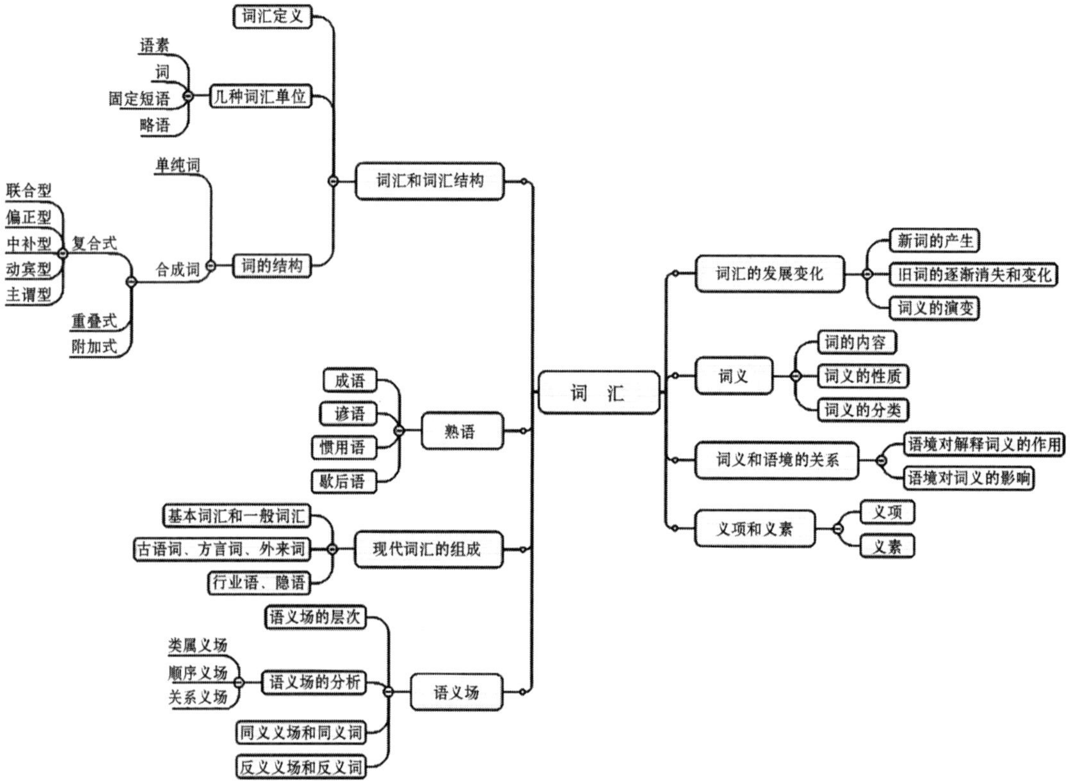

图3－1　词汇部分知识结构图

语言是以语音为物质外壳，词汇为建筑材料，语法为结构规范的一种符号系统。其中，词汇是最为敏感、最为活跃、最为涵义丰富的部分，也是最能体现民族文化特点的部分。英国语言学家威尔金斯（1972）说："如果没有语音和语法，还可以传达一点点信息；但是如果没有词汇，那就不能传达任何信息。"① 胡明扬（1997）则从语言实质的角度，指出"语言说到底是由词语组合而成的……离开了词语也就没有语言可言。"② 由此可见，词汇系统在语言系统中占有重要地位。

① 转引自高燕．对外汉语词汇教学［M］．上海：华东师范大学出版社，2008：12。

② 胡明扬．对外汉语教学中语汇教学的若干问题［J］．北京：语言文字应用，1997.1。

同时，词汇教学在汉语作为第二语言教学中也占有重要地位。Harmer. J.（1998）说过："如果说结构是语言的骨骼，词汇就是最重要的器官血肉。"① 江新（1998）也提到"词汇是很多第二语言学习者的主要障碍之一。对第二语言学习者的研究发现，词汇错误比语法错误多。有的研究者认为，要做到简单、明白、流利地传达信息，词汇准确比语法正确更加重要。"② 刘询（2008）也曾指出："词汇能力的培养绝不只是记忆生词的问题，应该包括掌握词汇的语义、句法功能和搭配关系，还要掌握词汇的文化内涵和词汇在不同情境和功能中附加色彩的变化，从而具有在不同情景和功能中对词汇的限制和选择的能力，区别词汇之间语义差别的能力，猜测新词语义的能力，掌握词语的聚合、组合规则的能力，特别是在语言交际中理解别人和表达自己的词汇能力"。③ 因此可以说，词汇教学应该成为汉语作为第二语言教学的中心和基础。但是长期以来词汇教学是汉语作为第二语言教学的一个薄弱环节。这主要表现在"词语学习松散随意，学什么是什么，学多少算多少，对词汇本身的结构组织、词汇学习策略缺少有力的指导。"④ 近年来，有关如何利用汉语词汇的规律进行词汇教学、如何扩大学生的词汇量，成为研究者关注的热点。

考察汉语词汇系统本身，可以发现：这是一个特别丰富、具有很强的包容性和灵活性的系统。历时比较来看，现代汉语词汇是从古代汉语、近代汉语词汇发展来的，它包含了许多源远流长的词语。共时角度来看，汉语词汇主要以北方方言的词汇为基础，同时也吸收其他方言中有用的词语来丰富自己。另外，随着社会的急剧发展，有大量的新词进入了人们的语言世界，还有一些词增加或改变了原始意义。这些词汇不断的发展变化使词汇在汉语学习的不同阶段、不同语境中显现了不同的特点和风格。这就使得汉语词汇教学工作变得非常复杂，给词汇教学工作带来了难度。

基于上述，在汉语词汇教学中，应把主要视角集中于双音节合成词的结构、语义教学，以及一些词汇的文化内涵，同义词辨析等。本章的知识结构图是在《现代汉语》（黄伯荣、廖序东）的体系下绘制而成的，在汉语词汇教学中，词汇本体的内容和具体教学实践还有些不同，不能完全照搬照用。另外，常敬宇（2000）提出词汇的教授分为普通词汇和文化词汇。⑤ 所以本章内容安排为前三节介绍普通词汇的教学，后两节探讨文化类词汇的教学。

---

① Harmer. J. How to teach English [M]. Langman, 1998: 153。

② 江新．词汇习得研究及其在教学上的意义 [J]. 北京：语言教学与研究，1998.3：65。

③ 刘询．对外汉语教学引论 [M]. 北京：北京语言大学出版社，2008：360。

④ 孙德金．对外汉语词汇及词汇教学研究 [M]. 北京：商务印书馆，2006：217。

⑤ 常敬宇．汉语词汇与文化 [M]. 北京：北京大学出版社，2000.12：63－151。

第一节　语素义教学

示例一　新年晚会是在晚上吗?

一、示例缘起

一个三岁半的孩子第一次准备参加幼儿园主办的新年晚会，第一次听说“晚会”这个词，回家后问了妈妈如题所示的问题。儿童在习得语言的过程中把“晚会”理解为“晚上”进行的一种活动，可见，对于某些单音节词的理解可以直接影响到对于整个词语的理解，这种方法帮助了孩子用已知的语素义去探求新词汇的整体含义。

在汉语教学中却有另一种情况，汉语教材在解释词语时大多以整词出现，教师也往往会忽视词语中每个语素义的解释，忽略语素和词的密切关系，这些都有可能导致学生把词作为一个整体识义。于是，学生“在学习新生词时，往往出现下述两种偏误：一是误用已学过的双音词中的另一个汉字，产生误读；二是识词而不识已学过词中的汉字”。①

可是从汉语词汇本身的特点（相当数量的词是由语素构成的复合词）出发，我们需要在探索词汇教学的思路和方法时，首先想到“语素”这个最小的构词单位。抓住构词的最小单位——语素，并以此作为一个教学层级，就是抓住了汉语词汇教学的根本特点。因此，重视语素教学能帮助学生掌握汉语构词的特点，准确把握和迅速记忆生词，从而更为有效地帮助学生扩大词汇量并正确运用汉语词汇。

二、示例背景知识

（一）语　素

语素是语言中最小的音义结合体，是构成词的基本单位。从文字记录语言的方式和性质的角度来看，汉语是一种意音体系的语素文字。

“语素是词汇系统的核心，是最基本的、稳定可控的因素。汉语词汇大多以单音节语素为构造单位，按照一定的构词法结合而成，语素意义与词义之间有着千丝万缕的内在联系。大多数语素在构词时意义基本保持不变，即使有少数的变化也是有规律可循的。……

① 赵金铭．现代汉语词中字义的析出与教学［J］．北京：世界汉语教学，2012.3：379。

抓住它就抓住了汉语词汇的一个根本点。”①

（二） 汉语语素的特点

汉语的语素同其他语言中的最小单位相比有自己的独特之处：第一，在汉语中一个汉字的读音一般就是一个音节，一个语素一般就是一个汉字；第二，汉字是表意文字，一个汉字记录一个单音节的语素，语素具有表意的作用，而这种作用对学生理解词义是大有益处的；第三，汉语的语素可以独立成词；第四，语素可以构成大量的双音节词。

（三） 语素义教学

语素义教学具体指利用语素在复合词中的积极作用，将词和语素的学习结合起来。在教学中，不但要讲练目标词语的意义和用法，还要将语素构成词的规律教给学习者。通过语素义解释词义，并利用语素引导学生扩展词汇、猜测词义，帮助学生记忆并理解生词，迅速扩大词汇量。

总之，语素教学法是“循着汉语本来面目”，又能适应各个阶段、各类学习者需求的，灵活高效的词汇教学法。在以往的汉语教学实践中，语素教学法也收到了较好的效果，而且这种教学法会潜移默化地影响学习者掌握词汇的方法。

三、示例实施

（一） 教学目标

1. 掌握生词“聚餐”的含义并能正确使用；
2. 掌握单音节语素义帮助识词的基本方法。

（二） 教学重点、 难点

1. 教学重点

掌握“聚餐”的词义，并能正确使用这个词。

2. 教学难点

语素法教学观念的渗透，并培养用这种方法猜词的能力。

（三） 教学准备

1. 知识准备

学生具备初级汉语水平，至少掌握300个常用词。

2. 教学材料准备

“聚”“餐”的生词卡片、磁铁图钉、“聚”字篆书写法的PPT（或图片）等。

① 彭增安 陈光磊. 对外汉语课堂教学概论［M］. 北京：世界图书出版公司北京公司，2006：122。

（四）教学过程

1. 导　入

将分别写着“聚”和“餐”两个汉字的卡片一起粘贴在黑板上，领读、齐读。

2. 讲　练

环节一：先讲解“餐”。

取下“聚”的生词卡。请学生组词练习，可以是“～餐”和“餐～”两种形式。将学生的组词情况写在黑板上。写板书时，可有目的地将学生组好的词语分类列出。

板书设计：

A：早餐、午餐、晚餐、中餐、西餐、快餐

B：餐厅、餐具、餐费、餐票

C：一日三餐

教师总结：

A 组词语表示吃的饭食，所以“餐”这个单音节语素在这一组多理解为“饭食”，名词性的。

B 组词语的意思多为“吃饭的”＋地方、用具、费用等，所以“餐”在这一组中多理解为“吃”，动词性的。

C 组中“餐”为量词。

请学生思考，“聚餐”一词中的“餐”对应上述哪一组的含义。

环节二：重新把“聚”的生词卡贴在黑板上，并用 PPT 演示“聚”字的篆书写法。

①

先请学生谈谈从这个图片中可以看到什么？比如：张开的手的形状，并排站立的人形等。可视教学时间和学生接受情况来具体展开和引申（展开内容如汉字构造等）。教师总结，“聚”字的含义多为会合、储备（动词词义）等，后来引申为集体地、共同地（副词词义）。

结合上述两个环节，再一次请学生们猜测“聚餐”一词的词义。

教师总结：“聚餐”的含义是大家共同吃饭。

① 本章中的古文字字形均出自“象形字典”http：//www.vividict.com/，下文不再加注。

3. 活动与游戏

活动：组词练习

给出“～店”和“店～”，请学生做组词练习。

参考答案：

商店、书店、旅店、酒店、饭店、鞋店、眼镜店、面包店……

店长、店规、店面、店庆……

游戏：词语接龙游戏

如给出“学校”（或“女儿”）一词，请学生用“校”（或“儿”）作为下一个词的首字组词，依此类推。在全班学生中做词语接龙练习。

参考答案：

学校——校友——友好——好听——听力——力气——气体——体育……

女儿——儿童——童话——话剧——剧团——团结——结果——果实……

四、示例小结

（一）教学中使用语素义教学法的优势

了解汉语语素的构词规律是第二语言学习者理解和掌握词语的重要途径；汉语复合词中语素义与词义的关系类型对学习者深入认识汉语词义提供了有益的帮助；学习者已经具有语素意识，通过语素义获得词义是他们认知词义的一个重要学习策略；通过语素教学实践，实施语素教学法的学生掌握词汇的能力高于整词教学法。

（二）语素义教学法还有助于帮助学习者编织起“词汇网”

找同类同素词，以“花”为词素组成的同类同素词：鲜花、红花、荷花、玫瑰花。

找关系同素词，以“花”作为偏正词素构成的关系同素词有：花朵、花粉、花环、花草、花园、花盆、花房等。

找引借同素词（由词素生发出的引申义、借代义或比喻义构成的词），以“花”为词素构成的引借同素词有：花布、花鞋、花猫、花灯、花蝴蝶、花卷等。

找同音同素词（由共同词素构成的音同而义不同的词），如由词素“花”构成的同音同素词有：花费、花钱、花力气、花时间等。

（三）从词语偏误现象看语素习得中存在的问题

1. 学生缺乏识别语素的意识导致偏误。特别是非汉字文化圈的学生，他们对于汉字（或语素）的认识度更加低于汉字文化圈的学生。

2. 由于语素本身的显义度不够造成由语素义推知词义的困难。如：领袖、木耳、酒窝等，这些合成词中语素义和词义之间不是简单的“1+1”的关系，而且还可能映射的是历史、文化、民俗等方面的特点，上述原因都会给学生通过语素来掌握汉语词语的意义造成困难。

五、任　务

运用语素义教学法，以“行家”为例组织一个完整的课堂教学环节。

示例二　我要买鸡蛋的妈妈

一、示例缘起

胡炳忠先生（1987）① 曾写过这样一则笑话：一个外国学生去市场买鸡，由于不会表达，只好把学过的“鸡蛋”一词借搬过来，从而闹出“买鸡蛋的妈妈”的笑话。很显然，造成这种情况的原因是，在教学中，教师只教给学生“鸡蛋”的整体意义，却没有分析“鸡”和“蛋”各自的意思。“鸡蛋≠鸡＋蛋”，“鸡蛋”一词中的“鸡”和“蛋”都作语素用，两个语素按偏正关系构成双音节合成词。而词组“小鸡”“大鸡”“公鸡”“母鸡”中的“鸡”字是词汇字，亦即构成单音节词的字。从教学实践上看，在语素和构词法的理论指导下进行词汇教学是必要的。实际上，吕必松先生（1996）早就指出，“长期以来，我们基本上把词作为最小的教学单位，一直不太重视语素教学。其实汉语教学中语素教学是一个不该忽视的方面，应考虑把语素作为最小的教学单位”。②

二、示例背景知识

（一）语素与字、词、音节的关系

《汉语水平词汇与汉字等级大纲》的序言中指出：“汉语不是音位文字而是语素文字。汉语掌握了3000个常用字就同时掌握了3000个左右的基本语素”。从这句话可以简单地理解为“一个汉字即为一个语素”。但其实汉字与语素并不是单纯的一对一的对应关系。

语素是最小的音义结合体，其内容的载体是意义。在我国古代，一般都是用单音节词来表达词义的，随着时间的推移和对语言简化的要求，以单音节为主的词汇现象也转变为以双音节词为主。语素的形式就是通过语音表现出来的，语素大部分以单音节为主，而汉字也是单音节为主，汉语的语素和汉字，不再是绝对的单一的对应关系，大多数情况下都是一个汉字对应几个语素。例如：“目”，在“有目共睹、历历在目”中，“目”的语素意义是“眼睛”；在“书目、剧目”中，“目”的语素义是“目录”；在“项目、细目”中，

① 胡炳忠．基础汉语的词汇教学［J］．北京：语言教学与研究，1987.4。
② 吕必松．对外汉语教学概论［M］．北京：北京语言学院出版社，1996：91。

“目”的语素义是“大项中再分的小项”；在“题目、名目”中，“目”的语素义又是“名称”。

	例词	语素义
mù 目	有目共睹、历历在目	眼睛
	书目、剧目	目录
	项目、细目	大项中再分的小项
	题目、名目	名称

语素、音节、汉字和词之间的复杂关系正是汉语学习者深入词汇学习的重点和难点，也是成为“字词直通，字词同步”教学的最大困难。在掌握这几种要素关系的过程中，我们既要遵循科学性原则，又要注重实用性原则。所谓的科学性原则，主要体现在对字、词、语素的探索和区分上。实用性原则，就是不光让学生们理解理论和方法，更要融入实践，提高学生们认字、识词的效率，从而扩大学生词汇量。

（二）语素义与词义的关系

符淮青（2007）在《现代汉语词汇》“词义和构成词的语素义的关系”一章中，明确地把合成词的词义与构成合成词的各语素之间语素义的关系归纳为五种类型。第一，语素义直接完全地表示词义，如：真诚、吹捧。第二，语素义直接地但部分地表示词义，如：水牛、绿茶。第三，语素义间接地表示词义，即词义是语素义的引申比喻义，如：风雨（引申义）、帽舌（比喻义）。第四，部分语素在构词中失落原义，如：国家、消息。第五，构成词的所有语素的原义都不显示词义，如：东西（dōngxi）、二百五。①

注：此处只概括了合成词的词义与构成合成词的各语素之间语素义的关系，而忽略了单纯词，主要是因为：一般认为，单纯词的语音形式和意义的联系是自由的，除了拟声词和取声命名词（蛐蛐、蝈蝈、布谷鸟等）的声音和意义有某种联系以外，多数单纯词的声音和意义是没有关系的。单纯词如果发展出后起义，则后起义和原义是有联系的（一般是关联性联系和相似性联系）。②

（三）语素教学法实施的步骤

1. 讲练目标词的形、音、义，使学习者树立目标词的整体概念和印象；

2. 离析目标词，一方面分析语素义与词义的关系；另一方面适当地引导认识目标词的构词方式，以帮助学习者形成语素观，并使其了解汉语词汇系统的构词规律；

3. 与已学语素进行语素重组练习，以加深理解，巩固所学并达到扩大词汇量的目的。

---

① 符淮青．现代汉语词汇［M］．北京：北京大学出版社，2007：214－218。
② 符淮青．现代汉语词汇［M］．北京：北京大学出版社，2007：213。

由此可见，这种方法虽然以语素为基本教学单位，但是不忽略词与字的学习，是一种兼具词本位和字本位优点，同时又照顾汉语系统特征而建立起来的方法。因此，在实施语素法的过程中只有牢牢抓住语素的特点并紧密结合汉语系统的特征进行教学才能体现语素法的优势，也才能更全面、更好地达到词汇教学的目的。

三、示例实施

（一） 教学目标

1. 复习“好 hǎo”字的义项，重点复习以下词语：好吃、好处、好久、好看、好人、好听、好玩儿、好像、美好、正好；
2. 掌握上述词语，做到准确地理解和使用；
3. 以旧代新，重点学习新词“嗜好”。

（二） 教学重点、 难点

1. 教学重点

生词“嗜好”的含义及用法。

2. 教学难点

分别掌握“好 hǎo”和“好 hào”的语素义。

（三） 教学准备

1. 知识准备

学生具备中级以上汉语水平。

2. 教学材料准备

“好”字语素义展示的 PPT、“好”字的词语卡片、磁铁图钉等。

（四） 教学过程

1. 导　入

教师将“好”字的生词卡固定在黑板上。请学生一起来重新认识一下“好 hǎo”这个字。有的学生可能会说：“老师，我已经很熟悉这个汉字了，我们都会用。”请学生组词。

边听学生给出的词语，边板书，有目的地丰富板书中带有“好～”的词语。

2. 讲　练

（1）复习“好 hǎo”字音及已学词汇，教师板书

板书设计：

好 hǎo	好汉 hǎohàn 好人 hǎorén 好货 hǎohuò 好处 hǎochù 好吃 hǎochī 好看 hǎokàn 好听 hǎotīng 好玩儿 hǎowánr

通过板书展示以前学过的词语，学生进行认读，教师纠音。此环节重复一次，根据课堂实际情况，可以适当增加重复的次数。

（2）师生一起总结"好 hǎo"的语素义

"好 hǎo"的语素义非常丰富，所以组词能力也很强。根据先教词汇中核心语素最常用义项的原则，教师先复习已经学过的语素义。在对上面的词语进行复习时，首先提取"好 hǎo"这个共同语素，这个字的最常见的本义便是"女子美"，引申为"使人满意的"，边说边总结。前四个词"好汉、好人、好货、好处"中"好"表示使人满意的，作为形容词性语素，作定语，后面可以加名词性成分作为"好 hǎo"的修饰对象。

"好汉"的语义是由"好"和"汉"组合的结果，意思就是"很厉害的人"；

"好人"的语义是由"好"和"人"组合的结果，意思就是"使别人满意的人"；

"好货"的语义是由"好"和"货"组合的结果，意思就是"使人满意的货"；

"好处"的语义是由"好"和"处"组合的结果，意思就是"使人满意的地方"。

同时"好 hǎo"也可以修饰动词性语素，表示使人满意的性质在哪个方面，比如后四个词"好玩""好吃""好看""好听"。

"好玩"的语义是由"好"和"玩"组合的结果，意思就是"玩的东西使人满意"；

"好吃"的语义是由"好"和"吃"组合的结果，意思就是"吃的东西使人满意"；

"好看"的语义是由"好"和"看"组合的结果，意思就是"看的东西使人满意"；

"好听"的语义是由"好"和"听"组合的结果，意思就是"听的东西使人满意"

（3）展示新词"嗜好"的生词卡，由"好 hǎo"带"好 hào"的语素义。

"好 hǎo"的语素义是"使人满意的"，经常作为形容词性语素，"嗜好"中的"好 hào"也表示使自己满意的事情，作为名词性语素，一般作为动词性语素的宾语，如"爱好"和"喜好"等中的"好 hào"，组合成新词后，整个词呈现动词词性，有"喜爱"之义。"嗜好"的语义是由"嗜"和"好"组合的结果，意思就是"特别喜爱使自己满意的事情"，多用于贬义。例如：他的嗜好是喝酒，经常很晚才回家。

课堂最后环节用 PPT 展示"好 hǎo"和"好 hào"的语素义，并总结。

注：根据需要，教师可自制"好"的语义结构图，帮助学生理清"好"的词义。

3. 活动与游戏

游戏：我说意思你来猜

游戏实施：请1名学生背对屏幕站立，准备猜词。屏幕上展示所要猜的词语（所猜词语为前面讲练过的词语）。其他学生按顺序解释屏幕上词语的含义。教师计时，在规定的时间里（如1分钟）该生猜出多少词即得多少分。其他几位同学解释词语时若有不恰当之处，则相应扣分。

四、示例小结

吕必松（2003）说过，“词本位”教学把词作为基本语法单位，把汉字作为单纯的书写符号，使其附属于词汇教学。把词作为基本语法单位，学生难以对双字词和多字词中的汉字形成独立的概念。汉字不能形成独立的概念，不便于在大脑中单独储存和提取。基于传统“词本位”理念的对外汉语词汇教学功不可没，但在具体实践的层面还存在很多缺点，特别当学习者到了中高级学习阶段以后，往往会出现词汇量扩充缓慢、词汇习得不成系统等问题。①

李彤（2005）认为，词汇教学领域存在三大流派“词本位”教学流派、“字本位”教学流派和语素教学法流派。同时又进一步指出，后两者实际上是一致的，可以统称为语素教学法，建议取消“字本位”，以免造成混乱；建议语素法重视语素的多义性，与语素的义项分析研究相结合。②

结合上述两点，编者认为在汉语词汇教学实践中明晰语法单位的“本位观”十分必要，从汉语本身的语言事实出发，以语素作为最小的构词单位，牢固树立这种观念，并应用到教学实践中。因此，在教学中，“语素的构词方式”“语素义和词义的关系”“学习者对汉语语素及词汇的认知规律”等都应该受到教师的重视。教师应更合理、有针对性地选择教学内容和教学方法，从而促进词汇教学的开展。

五、任　务

运用语素教学法为“爱戴”一词设计一个课堂教学环节，试总结语素教学法适用的教学客体（具体词语）。

思考与练习

1. 以某个词语为例，谈谈从语素义角度解释生词的优势。
2. 请谈一谈以语素义为核心的教学法在使用过程中的具体尺度和利弊。
3. 词的隐含内容是否是词语教学的重点内容？

---

① 吕必松．汉语教学路子研究刍议［J］．广州：暨南大学华文学院学报，2003.1。

② 李彤．近十年对外汉语词汇教学研究中的三大流派［J］．北京：语言文字应用，2005.9。

4. 语素教学法比较适于在哪个教学阶段实施?

第二节　词义教学

示例一　“Happy Mother’s Day”用汉语怎么说?

一、示例缘起

母亲节来临之际，一个学生想用汉语表达“Happy Mother’s Day”，但是他产生了很大的困惑，因为他了解到汉语可以翻译成“happy”之义的词语有“快乐、开心、高兴、幸福”等，他不知该如何选择。

“外国汉语学习者一旦学完了汉语的基本语法并掌握了1500个左右的常用词语以后，就会遇到同义词、近义词用法方面的问题。”① 所以，同义词、近义词的辨析在汉语词汇教学中很重要。对于学习者来说，在众多的同义词、近义词的辨析中，双音节合成词同义词、近义词的辨析尤其多，他们常常在学习过程中和具体使用上感到迷惑不解。比如一个学习者经过一年的汉语学习，已经初步掌握了汉语的语法知识结构，并且也有了一定的词汇积累，按道理，进入中级阶段后，词汇量的增加应该是突飞猛进的，但实际情况有可能相反，词汇扩展速度可能呈现明显减缓的态势。双音节合成词同义词、近义词的辨析成为了他们前进道路上的绊脚石。

二、示例背景知识

（一）汉语本体关于同义词的界定

关于同义词的确定标准，我国语言学界主要有四种说法：

“意义同、近”说，这种观点认为，只要是意义相同或相近的词就是同义词。《现代汉语》（黄廖本）给出的同义词定义就属于这种观点。“概念同一”说，这种观点认为同义词是在同一概念内具有细微差别的词。“对象同一”说，这种观点认为判别同义词唯一的依据就是它们是不是概括了同一对象。“义位同一”说，这种观点是80年代后随着语义“成分分析法”的应用而提出的，主张义位相同或相近的一组词叫同义词。

随着对同义词的深入研究，我们可以发现同义词的概念的确越来越趋于狭义和细化。

（二）汉语作为第二语言教学中对同义词的界定标准比现代汉语本体的界定宽泛些，

① 杨寄洲．课堂教学中怎么进行近义词词语用法对比［J］．北京：世界汉语教学，2004.3。

学术界基本的主张是从广义上来确定同义词的范围。

万艺玲（2003）[①] 将同义词定义为“意义相同或相近的词”，并据此将同义词分为等义词（意义完全相同，在任何语境中都能替换，也叫绝对同义词）和近义词（意义基本相同，但有细微差别，也叫相对同义词）两类。这里对同义词、近义词的界定和分类与本体理论研究相比，有两点明显不同：①对同义词、近义词的理论分析是从汉语学习者的角度出发的，一般不区分同义词和近义词。②其判断标准是词义的相同、相近和学生是否易混，词性是否相同不再是构成同义词、近义词的考虑因素。这样的界定方式是从学生的角度出发的，符合汉语教学的特点，并且有利于学生言语交际能力的提高。如，在教学实践中，有些以英语为母语的学习者经常会写出“我比他低”这样的句子，这是因为另一种语言中的一个词在汉语中常常有多个词对应，“低”和“矮”在英语中都用“low”，这样造成了学生在使用中的混淆。

（三）本体教学中同义词辨析的角度，详见下表。

表 3－1　同义词辨析的角度

对比项目	词汇意义	语法意义	色彩意义
识别因素	词义的轻重	语法功能	感情色彩
	词义的侧重点	语法功能要求	语体色彩
	适用对象	搭配对象	形象色彩
	适用范围	常出现的句型、句式	时代色彩
	个体和集体	构词能力	地方色彩
	义项多寡的对应	能否重叠	民族色彩
			文化色彩

（四）汉语教学中的同义词辨析和词汇学本体中的同义词辨析不同，呈现出以下特点：（1）教学对象多元化。（2）辨析范围扩大化。（3）辨析目的交际化。（4）辨析过程即兴化。汉语教学中需要进行同义词辨析的有三种情况，一是教学的重点，考试的难点；二是学生根据自己的情况突然提问；三是学生举例时出现的偏误。这三种情况中第一种是教师有所准备的，后两种都可能是教师没有准备的。这就需要教师临时在课堂上辨析。（5）辨析意义双重化。一方面，汉语学习者可以有效避免偏误，应对汉语水平考试。另一方面，教师准确有效地回答学生关于词义辨析的问题能够令学生认可，从而顺利展开教学。

由此可以总结出汉语教学中同义词辨析的几条基本原则：（1）简单化原则。（2）生动性原则。（3）实用性原则。（4）现场操作原则。[②]

① 万艺玲．汉语词汇教程［M］．北京：北京语言大学出版社，2003：88。

② 节选自王倩．语境与对外汉语同义词辨析［J］．北京：语文建设，2014.4。

三、示例实施

（一）教学目标

1. 初步了解同义词辨析的角度和具体实施过程；
2. 明白“理解”和“了解”的异同，并能在交际实践中准确使用。

（二）教学重点、难点

1. 教学重点

弄清楚“理解”和“了解”的异同。

2. 教学难点

了解同义词辨析的角度。

（三）教学准备

1. 知识准备

学生具有初级汉语水平，至少掌握500个常用词。

2. 教学材料准备

PPT展示同义词练习，“理解”和“了解”与不同词语搭配等内容。

（四）教学过程

1. 导　入

板书展示一组同义词练习（关于“合适”和“适合”），通过练习，复习之前学过的词语“合适”，指出同义词辨析的一种角度和具体实施过程。教师总结并板书。

2. 讲　练

（1）上一组同义词是从区别词性的角度加以辨析的，若词性相同的一组同义词应该如何辨析，有哪些辨析角度。

（2）使用PPT展示一组课堂练习，引导学生思考上面的问题，并试着完成下面的练习。

PPT展示内容：

辨析括号内的同义词，选择合适的词填空。

①__________你们来参加我的生日晚会。（感谢　感激）

②在我最困难的时候，他帮了我，真让我__________不尽。（感谢　感激）

③我们应该珍惜父母的劳动__________。（后果　成果　结果）

④他今天的好成绩是他努力学习的__________。（后果　成果　结果）

⑤明天学校要考试，如果考试不及格，__________很严重。（后果　成果　结果）

⑥要__________时间，因为时间就是生命。（爱惜　爱护）

⑦要__________年轻一代，关心他们的成长。（爱惜　爱护）

（3）暂时不讲解练习中的答案，引出今天教学重点——辨析“理解”和“了解”。

课文中出现了“了解”这个词，学生们很容易和学过的“理解”一词混淆。

辨析角度和具体实施过程：

①两个词的相同点——都是动词，都有“知道”的意思。

②不同点——词义侧重、适用范围、搭配特点等角度（讲解并板书）。

a. 用于事物

“了解”主要指知道得很清楚，强调知道事物的情况和过程，“了解是一种感性的认识”。例：马克非常了解中国的历史和文化。

“理解”强调懂得事物的意义和内容，明白为什么会是这样，是一种理性的认识，比“了解”更深入。例：这篇课文内容太深，学生们很难理解。

b. 用于人

“了解”表示对此人知道得很清楚，知道此人的情况、性格、爱好等。例：我和马克是好朋友，所以我很了解他。

“理解”表示懂得此人的心，明白此人为什么要这样做，能谅解、宽容此人。例：这件事我帮不了你，希望你能理解我。

③“了解”还有“打听”“调查”的含义；但“理解”没有这个用法。例：他的情况我已经了解过了。

“了解”可以重叠，“理解”不可以。例：你去了解了解他的情况。

④不同搭配[①]（此环节可省略，也可视学生汉语水平和掌握的词汇量进行总结和归纳，用 PPT 展示。）

理解

- 准确～｜ 正确～｜ 深刻～｜ 真诚～｜ 真心～
- ～不了｜ ～错了
- 重在～
- ～透彻｜ ～深刻｜ ～万岁
- ～能力｜ ～水平｜ ～程度｜ ～速度
- ～同情

了解

- ～性格｜ ～秉性｜ ～特点｜ ～需求｜ ～爱好｜ ～脾气｜ ～情况｜ ～属性 ～过程｜ ～原因｜ ～病情｜ ～国情｜ ～历史｜ ～现状｜ ～真相｜ ～内幕 ～市场｜ ～行情｜ ～走势｜ ～趋势｜ ～中国｜ ～世界
- 清楚～｜ 真实～｜ 认真～｜ 深入～｜ 及时～｜ 普遍～｜ 亲自～｜ 多次～ 反复～｜ 经常～｜ 多～　｜ 没完没了地～
- 向人～｜ 到现场～｜ 去基层～

① 参阅刘乃叔 敖桂华. 近义词使用区别［M］. 北京：北京语言大学出版社，2003. 11：236－237。

- ~太少｜ ~清楚｜ ~多次｜ ~到｜ ~一下
- 勤于~｜ 苦于~

板书设计：

适合　合适 这件衣服你穿很合适。 他很适合做这个工作。 北京秋天的天气很好，很适合去旅游。 这个工作一直没有合适的人来做。 适合（v.） + n. 合适（a.） + n.	理解　了解 V./“知道” 马克非常了解中国的历史和文化。 这篇课文内容太深，学生们很难理解。 我和马克是好朋友，所以我很了解他。 这件事我帮不了你，希望你能理解我。 他的情况我已经了解过了。 你去了解了解他的情况。

⑤课堂练习（PPT 展示）

我很__________他的脾气，他说不行就是不行。

对不起，我真的不__________这件事发生的原因。

孩子很难__________父母的良苦用心。

你__________这家公司的基本情况吗？

教师结合学生的答案总结。

⑥将 PPT 重新翻到讲练步骤（2）的练习，结合今天的学习，带着学生一起辨析练习中的三组同义词，并总结。同时，指出辨析同义词除了从词义和语法搭配的角度辨析外，有时还需要考察词语的色彩义。

注：同义词辨析考察角度中的语义方面和语法方面的考察属于语言范畴，色彩义方面的考察属于言语范畴，在偏“说”为主的课型上（如听说课、口语课等），可以适当增加色彩义差别的练习，使学生在具体的语言使用实践中掌握词语之间的区别。

3. 活动与游戏

活动：根据“词”说“词”

活动要求：根据教师或某一位学生说到的词说出这个词的同义词。如：成绩（成就、贡献、功劳、业绩等）；爱好（喜好、喜欢、喜爱等）

四、示例小结

在同义词教学中，教师应着重把握学科的应用性特点，培养学习者的语言交际能力，不能将语言知识填鸭式地塞给学生。教师可在语境中融会运用多种辨析的方法技巧，讲解时尽量做到简明清晰，辅以实物展示、图片介绍、举例造句等多种方法加强教学的生动性。总之，在汉语作为第二语言教学中，选择同义词时要遵循冷热分频的原则，讲解同义词时同样要做到主次分明，抓住重点，最终达到近而能远的效果。

作为新手教师，在同义词辨析教学中，最关心的问题是辨析理论和辨析步骤，赵新、李英（2009）① 制定的辨析框架新颖细密，层次清楚，操作性强，对同义词的教学具有指导意义。见下表“近义词辨析框架”。

表 3－2 近义词辨析框架

对比项目	识别因素	识别子因素
语义对比	语义重点	
	语义强度	A. 程度高低；B. 语气强弱
	语义适用	A. 人/事/物；B. 自己/别人；C. 个人/集体； D. 具体/抽象；E. 社会/自然；F. 过去/将来
	不同义项	
句法对比	语法特征	A. 词性；B. 重叠；C. 插入成分；D. 句法功能
	组合分布	A. 句中位置；B. 前接成分；C. 后接成分；D. 音节数量
	句类、句型、句式	A. 陈述句/祈使句/疑问句/感叹句/反问句；B. 单句/复句； C. “把”字句/“被”字句/肯定句/否定句/比较句……
语用对比	风格特点	A. 语体；B. 场合
	感情色彩	A. 褒义/贬义/中性；B. 对上/对下
	地方色彩	A. 南方；B. 北方

五、任　务

任务一：收集学生同义词偏误，看看语义偏误多还是句法偏误多，并梳理出学生在习得同义词语义差异和句法差异时有哪些不同的特点。

任务二：课上学生突然说出了一个句子“我昨天参观了张老师”，接下来应如何组织一个小的教学环节？

① 赵新、李英．商务馆学汉语近义词词典［J］．北京：商务印书馆，2009：10。

示例二　很长的短信是“长信”吗?

一、示例缘起

某位学生为了请假，给老师发了一条长长的短信，后来见面时问了老师标题中的这个问题。由这个实例不难发现，该生由于对反义词义项分布、构词能力、句法功能等的不对称性没有很好的把握，并习惯性地利用对称性类推策略来猜词或创造出一些汉语中本不存在的词语，故而产生了语言使用中的疑惑。

反义词作为汉语词汇系统中一类词，在汉语表达中是不可或缺的。然而，它不全是理想中的一对一的反义组合，更多情况下是一个错综复杂的反义网络。沈家煊（1999）指出“语言表达者追求语言结构、语言各层面的对称，力求由不对称到对称的心理行为是语言演变的一个原因”。① 虽然对称与不对称现象在语言中普遍存在，但不对称的语言事实却要引起汉语学习者的注意，因为汉语学习者在习得反义词时极容易受到对称心理的影响而使用类推策略，最后造成偏误。

二、示例背景知识

（一）反义词

刘叔新（1988）对反义词赖以成立的条件做了如下概括：①词语之间在语义上相反，而且这一相反必须建立在逻辑概念的矛盾关系或反对关系的基础之上。②彼此互为前提。③理性意义方面彼此相反。④能同现于同一语体和同一类言语风格。表明在使用中，和人们的意识中建立起相反对立的联系。⑤有同样的词性和语法功能。⑥能彼此在习惯上，在言辞话语中相遭遇。②

（二）不对称与标记论

对称不对称概念在语言学中有自己特定的内容：对称是指语言单位在组合关系或聚合关系上以对立性、平行性、相似性为基础而构成并置关系的分布；不对称是指上文中对称分布模式中出现了缺少并置项的现象。

标记理论③是有关一个范畴内部存在的某种不对称现象的理论。如在“老板——老板娘”这对反义词中，“老板”是无标记的，一般指男老板，有时也可以指女老板；“老板娘”是有标记的（“娘”表示女性），只能指女老板。

---

① 沈家煊. 不对称和标记论［M］. 南昌：江西教育出版社，1999：32－34。

② 刘叔新. 汉语反义词语的类型和特点［J］. 北京：世界汉语教学，1988. 2：135。

③ 沈家煊. 不对称和标记论［M］. 南昌：江西教育出版社，1999：22。

（三）反义词的不对称现象

成对的两个反义词之间的语义范围、使用频率往往不相等，这就是反义词的不平衡现象。

例如“重——轻”，一般提问题时问“重不重?”如“这杠铃重不重?”回答可以是“重，180kg”，也可以是“轻，才120kg”。一般情况下不问“轻不轻?”只是在已知为轻时或希望它为轻时，才问“这杠铃轻不轻?”回答只能是“轻，120kg”，不能说“重，180kg。”但可回答说“不轻，180kg”。一般只能问“有多重?”只在已知为轻时说“有多轻?”但陈述句只说“有180kg重。”“有120kg重。”不能说“有120kg轻”。

再如“世界杯—女足世界杯”的对立也是不平衡的。“世界杯”可以特指男性的世界杯足球比赛，所以一般只说“2014巴西世界杯”，而“2015加拿大女足世界杯”则需要特殊强调“女足”。

三、示例实施

（一）教学目标

1. 掌握“爱、恨、好、坏”等词的用法；
2. 能正确理解和运用多义项的反义词。

（二）教学重点、难点

1. 教学重点

正确理解和运用具有多个义项的反义词。

2. 教学难点

在具体的语言环境中，正确使用具有多个义项的反义词。

（三）教学准备

1. 知识准备

学生已进入中、高级学习阶段，已经掌握汉语中的基本词汇。

2. 教学材料准备

写有例句的卡片、PPT展示课堂练习。

（四）教学过程

1. 导　入

一次去食堂的路上，一名学生说了句“我恨死雾霾了。我的过敏症更严重了。”于是教师安排这位学生最近几天找一找中国人都是在什么情况下用“爱”和“恨”这样的词表达情感。学生回来交差说，日常交流中他几乎没有听到中国人用“恨”这个字！是的，

“爱”这个字有时可以理解为“喜欢”，但和“爱”相对的“恨”却不能简单地理解为“不喜欢”。也就是说，汉语中有些词的词义和它的反义词的词义并不一定是一一对应的关系。

2. 讲　练

请学生读卡片上的句子，“今天是一个好日子。”请学生变换其中的词语，来做出一个表示否定含义的句子。

学生回答：今天不是一个好日子。

今天是一个坏日子。

学生们很清楚地知道“好”的反义词是“坏”。再拿出两张卡片，请学生朗读卡片上的句子。请学生们思考，看是不是都能换“坏”来表示“不好”之义。

例1：今天我的心情好到了极点。

例2：这种做法受到一致的好评。

教师总结：例句1可以把“好”变成“坏”来表示反义，但例句2换成“坏”就不对了，这个义项上和“好”相对的“不好”之义构成词以后要用“差评”来表示。

其实当“好”为形容词时，由于义项的不同反义词可以有如下几个：坏、差、糟、恶。

另外，“好”还有副词的用法，如：

好大的眼睛　来了好多人　等了好长时间

板书设计：

今天是一个好日子。
↓
今天不是一个好日子。
今天是一个坏日子。

好⟷坏

今天我的心情好到了极点。
好⟷坏
这种做法受到了一致的好评。
好⟷差

❖ 好→坏、差、糟、恶

PPT 展示课堂练习：

选择合适的词语填入下列各句（深/浅；大/小；轻/重；厚/薄）

（1）这些课文的内容很________。

（2）天已经________亮了。

（3）这里的河水只有半米________。

（4）无病一身________。

（5）他的家底儿很________。

- 完成选词填空后，留课后作业

作业一：分别用上面的四组反义词造句。
作业二：自制上面四组反义词的反义词词卡。

3. 活动与游戏

游戏：唱反调

制作生词卡片，教师展示卡片，请学生说出对应的反义词。

活动：请学生判断下列各句中加点词语的使用是否正确，判断后说明正误的理由

（1）你是大人，我是小人，所以老师先吃。

（2）你太小气了，不能大方点儿吗？

（3）我看到公园里中国人喜欢做早操，我一般是做晚操。

四、示例小结

反义词的对称性是相对的，而不对称性是绝对的，这也就进一步说明了反义词的不对称现象是普遍存在的，面对这种现象，在具体教学中就要充分重视不对称反义词的习得方法，如加强反义词语素不对称性教学理念的渗透；强化多义项反义词在语境中的教学。另外，始终坚持词汇教学不要“单打独斗”的原则，反义词教学也不例外，在讲解反义词时可根据具体情况进行语法修辞的渗透，还要注重课堂练习，通过练习，可以加强语感，增进学习者对汉语语言环境的熟悉度，有助于反义词的习得。

五、任　务

任务一：收录某一本汉语教材中的反义词，自制反义词词卡，作为教学的“储备库”。
任务二：找出一组多义项反义词，设计一份课堂练习。

示例三　“We aim to please. You aim too，please.”

①

---

① 右图来自网络。

一、示例缘起[①]

左图是首都机场T3航站楼某洗手间内的一张文明标语，可这张图中的英文单词、语法、含义都让人费解。查过在线英语字典后，我们发现这两句话属于习语，“We aim to please you”相当于“We try hard to please you（我们尽全力让您满意）”的意思，通常作为商业场景中的口号，也可以被某人以诙谐的方式说出，常用来回应别人的“Thank you”。该标语巧妙地利用了“aim”的一词多义，有一语双关之效：第一句的“aim to”是“目标在于……，宗旨是……”的意思；第二句的“aim”是“瞄准，即小便入池”的意思。同时也利用了“please”的一词多义，第一句话里的“please”是动词“使满意”的意思，而第二句的“please”是礼貌用语，“请”的意思。

比较国外的原版图片（见右图），首都机场洗手间的标语中标点符号用错，导致了句子语法的错误，给旅客理解带来了干扰，但如果不能很好地理解“aim”和“please”的一词多义现象，估计也很难参透这句习语的含义。

随着人类社会的进步，语言的发展，词语被人们赋予更多的含义。每一种语言中都存在着词语的多义现象，无论是母语学习者的词汇学习，还是把汉语作为第二语言的词汇教学，多义词都是重中之重。对于汉语学习者来说，学习一个汉语词就是要掌握它的读音、词形、意义和用法。多义词作为词汇系统中的常见现象，承载了更多的意义，使用范围更广，使用方法更灵活，系统更加繁复。因此，如何使学生掌握多义词的多个义项，进而做到恰当使用多义词进行得体的语言交际，是汉语教师必须认真研究的问题。

二、示例背景知识

（一）多义词

葛本仪（2001）认为，多义词是指一个词表示着两个以上既有联系又不相同的词汇意义的词。[②]

葛本仪同时详细地说明了多义词的界定以及几种意义之间的关系，认为“多义词的常用义和基本义关系密切，在一般情况下，多义词的其他义项都是在这一意义上直接或间接产生出来的。同时，多义词在某一发展阶段上，有且只有一个基本义。”而关于多义词义项引申的研究，葛本仪认为“多义词义项的引申是因人们的认识方法和手段的不同而产生的，常见的多义词义项引申的方法有引申法、比喻法、借代法、特指法四种。”他还强调了多义词在词义演变过程中发挥的重要作用，认为“在词义演变的过程中，义项增多是一种非常重要的不可缺少的类型，而多义词正是义项增多这一演变类型存在的载体，多义词

---

① 素材来源于微信公众号“翻译教学与研究”。

② 葛本仪．现代汉语词汇学［M］．济南：山东人民出版社，2001.4：139。

的出现就是词的义项增多的结果”①

（二） 多义词的单义性

“一个多义词孤立存在的时候是多义的，但是当它被具体运用的时候，却又表现为是单义的，这就是多义词的单义性。”②

多义词的这种单义性是一条重要的特征，是由使用时的具体语境所决定的，而且多义词每个义项所出现的语境必须是互补的关系，否则就会出现歧义。

例：这些南瓜还是生的，不能吃。

上句中的“生”字既可以表示还没有长熟，也可以表示还没有煮熟，需要限定语境来具体分析句义。

三、示例实施

（一） 教学目标

1. 掌握生词“老练”的含义及用法；
2. 了解“老”作为形容词词义时的本义、引申义及引申义和本义之间的关联；
3. 能正确理解和运用“老”作为形容词词义时的各个义项。

（二） 教学重点、 难点

1. 教学重点

对多义词“老”作为形容词词义时各个义项的把握；掌握生词“老练”的含义。

2. 教学难点

“老”作为形容词词义时每个义项在具体交际中的正确使用和理解。

（三） 教学准备

1. 知识准备

学生已进入中、高级学习阶段，已经掌握汉语中的基本词汇。

2. 教学材料准备

PPT（内容：老奶奶图片，“老”的思维导图，课堂活动安排等）。

（四） 教学过程

1. 导　入

PPT 中展示图片（一位老奶奶的照片）

① 葛本仪．现代汉语词汇学［M］．济南：山东人民出版社．2001．4：140－150。
② 葛本仪．现代汉语词汇学［M］．济南：山东人民出版社．2001．4：150－153。

请学生描述照片，学生可能会说出类似于“老奶奶”这样的词语，教师板书。

2. 讲　练

“老奶奶”中的“老”是“年纪大”的含义。

写出些含有“老”的复合词、词组或句子，请同学们说出“老”在其中的含义。

教师总结并板书。

板书设计：

老（a.）	
$老_1$奶奶　（年纪大）	$老_6$练（富有经验）
$老_2$朋友　（存在时间长）	
$老_3$地方　（原来的）	
$老_4$机器　（陈旧的）	
黄瓜太$老_5$了。（食物、果蔬过时）	

重点操练本课生词“老练”。教师造句（如，修车师傅的技术很老练。）并请学生造句练习。教师纠错和总结。

总结和梳理本节课讲授的“老”的各个义项，指导学生一起画出“老”义项分析图，并板书。

3. 活动与游戏

游戏：“我”有很多好朋友

游戏题目中的“我”代表一个多义词（如下文给出的参考答案“深”），用 PPT 展示出包含这个多义词不同义项的句子，请学生说出每个句子中的“我”具体是什么含义。全部题目做完后，引导学生自制“我”的思维导图。

参考答案：

如，深

请在括号中选择合适的义项。

（深刻　颜色深　很　离开的时间久　关系密切）

（1）对这个人我有很深的了解。

（2）他们俩是好朋友，感情很深。

（3）现在已经是深秋了。

（4）我不喜欢深蓝色。

（5）给您带来很多麻烦，我深感抱歉。

（6）我深知这件事的重要性，一定会认真去做。

四、示例小结

汉语作为第二语言的词汇教学中，多义词的教学策略如下：

（一） 牢固掌握多义词的基本义

如前所述，多义词的义项大致分为四类：

本义指一个词最初的本来的意义；

基本义指一个词在特定时期内最明确、最常用、较容易理解和掌握的意义；

引申义就是由本义或者基本义发展变化而来的派生意义；

比喻义则是本义、基本义、引申义通过比喻而产生的义项。

在以上的四类意义划分当中，词的本义和基本义有一致和不一致的两种情况，出于教学实践目的，编者认为熟练掌握多义词的基本义是第二语言学习者在后续学习中理解多义词其他转义的重要基础。词的基本义是产生、转换、组合其他意义的根源。只有基本义明确了，才可以推知其他引申义，减少使用和理解上的错误。

（二） 在具体语境中学习多义词

汉语多义词是一种很常见的现象，一个多义词能够表达多种意义，但是如果将多义词放在某一个特定的语句或语境当中，那么它所表达的一般都只会是它自身多个义项中的某一个而已。我们在使用多义词进行交际过程中，便是利用语境和语句来限制多义词的意义，从而表达出我们想要表达的内容。同样，在汉语学习和汉语教学的过程中，我们也可以利用语境和语句来限制多义词。常用的汉语教材便是把多义词的不同义项放在不同的课文中逐一学习。汉语教师在教授多义词时也不能脱离语境，需要在具体语境中学习多义词。

（三） 利用义项之间的联系学习多义词

多义词是指具有多个义项且义项之间有联系的词语。在汉语教学过程中，可以利用多义词的这一特点，利用义项之间的联系来学习多义词。尤其是在汉语学习的初级阶段，学生会接触到很多非常基础的词语，然而这些词语通常在日常生活中被广泛使用，从而产生多种义项。

（四） 引入文化因素学习多义词

一词多义现象在世界上现有的各种语言中都普遍存在，多义词不同义项形成的规律在各语言中有一定的共性，但是在不同的语言中，又几乎找不到两个义项完全相同的多义词，究其原因，就不得不联系到不同的文化背景对多义词义项的影响了。在汉语教学中，教师可以适当引入文化因素来辅助多义词的教学，在指导学生掌握汉语多义词的同时，注意比较中华文化和学生祖国文化对多义词义项产生的不同影响，同时介绍中国文化对多义词的特有影响，帮助学生在了解中国文化的同时掌握正确使用多义词进行交际的办法。

五、任　务

任务一：收集并整理学生出现的多义词偏误现象。

任务二：如何更好地理解“get√”这一新兴网络词语在汉语中的使用，“get”一词在汉语中使用频率最高的义项是什么？

思考与练习

1. 在汉语课堂教学中，同义词辨析可以从哪些角度入手？

2. 汉语课堂生词讲授过程中，学生突然问到一些词语和新的词语之间的区别，这时应该怎么处理？

3. 关于“多义词”的概念，汉语本体和汉语作为第二语言教学两方面有无差别？

第三节　成语教学

示例一　中国的父母为什么都望子成“龙”？

一、示例缘起

由标题中的问题可见，在教授成语时，如果成语的语义受到文化因素的影响，除了整体释义外，还需要把中外文化差异解释给学生。如为什么说望子成“龙”，而不是成“虎”、成“狮”，显然“龙”在成语中隐含着丰富多彩的中国文化知识。这类成语的教学，教师首先需要做的就是辨析同一种事物在两种不同文化中分别表达着什么样的感情，这样做的目的是让学生在学习成语之前能够对中国的风俗习惯、风土人情有一定的了解，不至于被词的表面含义所迷惑，无从下手。在西方，龙的形象通常定义为蜥蜴的身体，蝙蝠的翅膀，蛇一样的鳞片和舌头，口吐火焰灼烧万物，是邪恶的象征。而在中国，龙是一种只存在于神话中、由九种动物合而为一的神圣具象，呼风唤雨，无所不能，而且龙是中国的十二种生肖之一，也是中国古代帝王的象征，中华文化的图腾。总之，龙腾虎跃乃祥瑞之兆，这是中国人对于龙的认知。

二、示例背景知识

（一）成语的定义

《辞源》给成语下的定义是“习用的古语，以及表示完整意思的定型词组或短语”。[1]

① 陆尔奎等．辞源［M］北京：商务出版社，1988。

《现代汉语》（黄廖本）一书中，认为成语就是“一种相沿习用具有书面语色彩的固定短语。”①《现代汉语词典》中成语定义为“指人们长期以来习用的、简洁精辟的定型的词组或短句，大多为四个音节”。②

（二）成语的来源

成语多数来源于以下这六个方面：古代神话和寓言故事、历史故事、群众的口头语言、古代典籍和诗文缩写、外来传入、现代创新。

1. 古代神话和寓言故事

主要指上古先秦的一些神话故事，这些寓言大都是在神话的基础上再予以发挥，这类成语，往往有教训或讽喻的意味。由寓言故事来的成语，大多用借喻的手法，让深刻的道理和富有教育意义的主题在简单的故事中体现，例如揠苗助长等。

2. 历史故事

是由前人的故事加以概括形成的。这类成语有的饶有风趣，有的修辞效果较好，因而也被人们广泛地使用，例如成语“完璧归赵”出自西汉时期司马迁的《史记·廉颇蔺相如列传》，故事大意是蔺相如完好地将和氏璧从秦王手中带回赵国，后来人们用“完璧归赵”这一成语来比喻将原物完好的归还本人。

3. 民间群众口头俗语

这些成语一开始可能产生于口头，浅显、通俗，其中有些具有浓厚的口语色彩和生活气息。在群众口头上普遍运用，后来也被广泛运用于书面语。

4. 古代丰富的文献典籍和诗文语句缩写

有的是直接使用古人的语句，有的则是截用或者把古人的语句略加改变使其符合成语的结构形式，如成语“一毛不拔”出自《孟子·尽心上》：“杨子取为我，拔一毛而利天下，不为也。”意思是即使只是从杨朱身上拔一根能利于天下的汗毛，他也是不会同意这样做的。后来人们出于符合成语结构的考虑，把这句话里的“拔一毛不为”改成“一毛不拔”四个字，用以形容非常吝啬和极端自私的人。

5. 外来传入的成语

丰富的外来文化对我国的成语产生了积极的影响。如佛教成语“生老病死”“回头是岸”等。

6. 现代创新

成语具有很强的历史性，这一类成语并不多。但为了紧跟现代社会的发展，根据社会生活的实际需要，加之现代人为表达出新的思想意识的需要，就自然会不断地创造新成语，如“一穷二白”等。

从以上的分析中，可以看到成语的来源很广泛。

---

① 黄伯荣、廖旭东．现代汉语［M］．北京：高等教育出版社，2002：137。

② 王立非等．现代汉语词典［M］．北京：中华书局，2009：191。

（三）成语与中华文化

汉语是中华民族智慧的结晶，是中华文化的重要载体，成语又是汉语中的精华，具有极强的表现力。成语蕴含着宝贵的文化财富，从中人们可以体会到中国古代物质文明的辉煌，了解中国古代教育思想，传统中华美德等众多方面。

三、示例实施

（一）教学目标

1. 培养学生学习成语的兴趣，感受中华文化的魅力；
2. 培养学生运用成语进行表达的能力，学以致用，进而提高汉语水平；
3. 学会成语“半途而废”的形、音、义；
4. 复述或表演成语故事，巩固对成语的理解。

（二）教学重点、难点

1. 教学重点

掌握成语的书写形式以及正确发音；深入理解成语的含义。

2. 教学难点

领悟成语所蕴含的道理（在跨文化背景下，帮助学生理解成语的深层含义）。

（三）教学前准备

1. 知识准备

学生已初步了解“成语”在汉语词汇系统中的特点及作用；具有准中级汉语水平。

2. 教学材料准备

本节课内容的完整 PPT 课件、成语“半途而废”的卡片和教学视频等。

（四）教学过程

1. 导 入

本课所讲的内容是成语“半途而废”，它是一个有典故的成语，本课将以这个典故作为导入内容，以教学视频作为导入形式。

首先请学生观看教学视频“半途而废”（1 分 55 秒）。①

提问式导入：

教师问：为什么乐羊子的妻子要把织到一半的布剪断呢？引导学生回答。

教师问：这个故事告诉我们什么？引导学生回答。

① 在观看视频时，及时对学生出现的疑惑进行讲解，视频播放次数可依据学生水平而定。

教师问：你们在学习汉语的过程中有没有“半途而废”的经历呢？引导学生讨论，并控制学生的讨论时间，适时将学生注意力拉回课堂。

2. 讲　练

（1）进行语义讲解，将故事的寓意总结讲述给学生

半途而废：路走到一半停了下来。比喻事情没做完就停止，不能善始善终。

半途：半路上。

废：停止；荒废。

（2）用说文解字法进行成语讲解

①分语素讲解

半：形容词，在中间。

途：名词，道路。

而：连词，表转折。

废：动词，停止。

②分词讲解：（半途）（而）（废）

③句法功能讲解作谓语、状语、定语、补语

（3）找出成语“半途而废”的近义词和反义词进行简单讲解

近义词：有始无终

反义词：有始有终

请学生结合自身学习或工作经历，讲讲发生在自己身上的“半途而废”的故事。

（4）课堂操练

①请两位同学上黑板写“半途而废”这个成语，其他同学在下面自己写。教师根据学生书写情况进行纠错。

②根据板书的成语，由教师领读，所有学生跟读，最后再请学生进行单独朗读，并根据学生朗读情况进行纠错。

③PPT 上给出视频中的截图，提示学生按照截图的顺序进行成语故事复述。

④请三位同学在黑板上写出用“半途而废”造的句子。其余同学在下面进行造句练习，并对来前面的三位同学回答中出现的偏误进行纠正并讲解。

（5）布置课后任务

①认真思考：通过学习“半途而废”你明白了什么道理？

②预习课文。

3. 活动与游戏

活动一：“画蛇添足”

结合教师发给学生们的视频资料，请学生课下自学成语“画蛇添足”，下次课表演这个成语。

活动二：找找有“八”的成语

“八”在中国是一个吉利的数字，意为顺利，畅通之意，试着找找带有“八”的成语，并将这个成语翻译成母语。

活动三：把我译成你

举出一个母语中与本国文化相关的成语，并用汉语翻译及解释。

游戏：找朋友①

找出学过的含有“三”的成语，并试着造句。

（参考答案：朝三暮四、三三两两、三心二意、接二连三……）

四、示例小结

成语教学中建立一种“词”“语”分开的教学理念，在理解成语与一般词汇区别的同时，抓住每一课中出现的成语的特点，有目的、有规划地指导学生建立收纳成语卡的习惯。

在本次教学过程中，还应注意语言与文化的关系在成语教学中的体现。邢福义先生（1991）曾说过：“语言是文化的符号，文化是语言的管轨。好比镜子或影集，不同民族的语言反映和记录了不同民族的特定文化，对不同民族的语言发展，在某种程度、某个侧面、某一层次上起着制约的作用。”② 语言与文化密不可分，语言教学与文化教学也是不可分割的。成语蕴含了中国古代优秀的文化，在讲解成语的同时也是对中国古代文化的一种解读。

五、任　务

结合示例一的讲授过程，制作一张“半途而废”的成语卡。（后附成语卡参考式样）

表 3－3　“半途而废”成语卡③

成语	半途而废	拼音	bàntú’érfèi
词汇义	路走到一半停了下来。比喻事情没做完就停止，不能善始善终。		
色彩义	贬义词	成语结构	偏正式
句法功能	谓词性成语，多作谓语，也可作谓语、定语、补语		
近义词	虎头蛇尾　有始无终　半途而返　前功尽弃		
反义词	有始有终　坚持到底　锲而不舍　善始善终		
例句	我们在学习的过程中，不能半途而废，贵在坚持。（作谓语） 做事半途而废的人，永远尝不到成功的果实。（作定语） 你要坚持学习，不要三心二意地闹个半途而废才好。（作补语）		

① 给出一个字，请学生想一想包含这个字的成语，具体给出的字可根据学生学习情况而定。

② 邢福义．文化语言学［M］．武汉：湖北教育出版社，1991.

③ 成语卡中的项目可根据学生汉语水平灵活改动。

示例二　没有丢“三”落“四”

一、示例缘起

有一天，艾伦的钱包丢了，他很着急地寻找，终于在上一节课的教室里找到了。老师很关切地说道：“艾伦，下次可别再丢三落四了。”艾伦红着脸回答说：“老师，我的钱包丢了，没有丢‘三’落‘四’。”

这个小故事表明：学生往往从字面含义上去理解成语，并不知道现代汉语普通话的词汇系统中“成语”的特点及用法。

二、示例背景知识

（一）成语的特点

1. 结构凝练

由于千百年来的沿袭，成语的结构已经趋于固定，与普通词语的不同之处在于，成语中的语素是不可随意替换、不可任意拆分的。如果改变其中任何一个字，就改变了成语的原意。如“上蹿下跳”不可以说成“上跳下蹿”。

2. 意义丰富

成语形成过程很漫长，有许多成语都来自于古代的神话、寓言、历史故事，也有许多来自于典籍、民间俗语。一个成语的背后往往涵盖着一个复杂的、深刻的故事，这一类成语在使用时多表达引申义或比喻义。表面义用来阐述和概括故事的内容，引申义和比喻义用来表达说话者想要诠释的深层含义和隐藏情感。人们在使用成语时，常使用的不是成语背后的典故，而是典故背后的引申义和比喻义。

3. 内涵深刻

每一种语言背后都有对应的文化，汉语的背后也同样蕴藏着深厚的中华文明，成语作为汉语中一种具有独特表现力的词汇自然也凝聚着不可忽视的文化内涵，学习成语的同时也必然要学习它背后所承载的文化，文化是在碰撞融合过程中形成的，成语的形成也或多或少受到了文化背景的影响。

4. 应用广泛

在中国，上到古稀之年的老人，下到天真烂漫的少年，大家在日常生活中都会适当地使用成语来表达自己的情感。成语的成因多种多样，有的来自典籍表意深奥，晦涩难懂；也有些来自日常俗语、俚语，浅显易懂。有些成语只偶尔出现在书面语中，日常生活中很少有人使用，也并不常见；而有些成语贴近生活表意生动，人们很喜欢在口头表述时加入这样的成语增加谈话的乐趣。

（二） 成语的结构

将成语的结构进行分类能够帮助学生在学习成语时掌握成语的语法，也可以帮助学生很好地将成语分类并提高成语的正确使用率。成语的语法结构较简单，大体上可以分为以下几类：

主谓式：百花争艳 飞蛾扑火

动宾式：画蛇添足 积少成多

动补式：心乱如麻 狼狈不堪

偏正式：扬长而去 倾盆大雨

并列式：笔墨纸砚 亭台楼阁

兼语式：点石成金 放虎归山

联合式：柳暗花明 丢三落四

（三） 成语教学中语义偏误

由于成语的意义往往具有表层和深层两个方面，所以在理解成语意义时，不能望文生义。作为母语学习者往往都不容易准确地理解和掌握成语的深层意义，因此在把握成语意义时，汉语作为第二语言的学习者特别容易产生偏误，其偏误类型主要有：

1. 不明语义、望文生义。不清楚成语的准确意义，或对成语意义一知半解、以偏概全。

如：• 老师在前面手舞足蹈地讲课。

2. 不明引申义、比喻义。有些成语并不只从字面上来理解，或是整体能概括出意义，而是具有引申义和比喻义。学生往往不能理解成语的这些引喻义和引申义。

如：• 他爸爸不想离开老家，是一只井底之蛙。

3. 语义的偏离、误解。成语在使用时需要理解其在句子中的用意，但是当表达的方式或对象不符合要求时，往往会造成偏差。

如：• 今天老师讲了一个喜闻乐见的故事。

4. 语义褒贬运用不当。成语和其他词语一样也分褒义和贬义。学生在运用过程中很容易混淆成语的褒贬义。

如：• 老师用甜言蜜语劝解我们。

5. 语义重复或矛盾。成语的意义和句中某个词语的意思重叠或矛盾造成的偏误。

如：• 北京的天气不冷不热，我受不了。

三、示例实施

（一） 教学目标

1. 理解“门当户对”的含义，能准确地使用；

2. 学会从语义、用法等角度理解成语。

（二） 教学重点、 难点

1. 教学重点

理解“门当户对”的含义，在具体交际中能准确使用。

2. 教学难点

对“门当户对”含义的理解。

（三） 教学前准备

1. 知识准备

具有中高级汉语水平。

2. 教学材料准备

展示“门当”“户对”的图片以及一些练习的 PPT 课件、“门当户对”生词卡、“门当户对”成语卡、黑龙江电视台“门当户对”节目节选视频等。

（四） 教学过程

1. 导　入

请学生观看一段“门当户对”节目的视频，这是一个由黑龙江卫视打造的“平民化”相亲节目，通过视频中的场景、关键词、节目流程等，学生很容易猜到这是一个“相亲”类型的节目。

接着展示生词卡“门当户对”，并板书，领读。

请学生猜测这个成语的含义。汇总学生们的答案后，告诉学生：门当户对是指男女双方的社会地位和经济情况相当，适合结婚的意思。所以中国的这家电视台才会选用这个成语作为节目的名称。

学生还是会存有不解和疑惑，接下来可结合成语构造、语义内含、使用环境等具体讲解。

2. 讲　练

(1)“门当”和“户对”

PPT 展示“门当”和“户对”的图片，并在 PPT 上作简单的文字注释。

释文如下：①

门当与户对，是古代民居大门建筑中的两个重要组成部分，现今已存留不多了。

门当，是在大门前左右两侧相对而置的一对石墩或石鼓。门当有大有小，大还是小，由宅子主人的身份决定。

户对，是位于门楣上方或门楣两侧的圆柱形木雕或雕砖。为何多是圆柱形呢？因为圆柱形代表了人们生殖崇拜中重男丁的观念，意在祈求人气旺盛，香火永续。由于这种木雕

① 教师可根据班级学生汉语水平来引用和讲解。

或砖雕位于门户之上，且为双数，有的一对两个，有的两对四个，还有三对六个的，所以称为户对。户对每根长一尺左右，与地面平行，与门楣垂直；而用砖头雕刻而成的户对则位于门楣两侧，上面大多刻有以瑞兽珍禽为主题的图案。户对数量与官品大小成正比，一到五品可以有六个，六到七品可以有四个，以下只能两个，普通大户人家也可以有两个。

根据建筑学的和谐美学原理，大门前有门当的宅院必有户对，所以，门当、户对常常被同呼并称。这样看来，门当和户对除了有镇宅装饰的作用，还是宅第主人身份、地位、家境的重要标志。

因此，旧指男女双方家族的社会政治地位和经济状况不相上下，适宜通婚结亲。现仍指男女双方家庭的社会地位和经济状况相当，结亲很合适。

（2）说文解字法释义

门、户，代指整个家庭的社会地位、经济状况和家庭成员的文化程度等；

当，指相当、相称；

对，意为合适、对等。

（3）标示成语内部结构

并指出考察成语内部结构对理解成语含义的意义。

※结合（2）、（3）体会成语的特点：语义的凝练性、结构的固定性。

板书设计：

门（n.）	户（n.）	门当‖户对
		（并列式）
当（v.） ＝相当，相称	对（v.） ＝对等，合适	

（4）句法功能

在句中可作谓语、宾语和定语。

例：你大学毕业，应该找一个门当户对的女朋友。（作定语）

现在流行自由恋爱，不讲究门当户对。（作宾语）

以前年轻人结婚一定要门当户对。（作谓语）

请学生造句练习，教师板书，并适当纠错。

（5）课堂练习

将下列学过的成语填入合适的句子中

门当户对　半途而废　唇枪舌战　三心二意　画蛇添足

①小猫钓鱼，（　　），一会儿捉蝴蝶，一会儿捉蜻蜓。

②他上课用书遮住脸，和同桌说话，还以为教师看不到，真是（　　）。

③辩论比赛上，双方（　　），非常激烈。

④他家里人安排他和一个（　　）的女孩儿结婚。

⑤做任何事都不能（　　）。

（6）自由表达练习——恋爱、结婚观①

结合漫画②，教师介绍：在“门当户对”这一点上，古今一脉，男婚女嫁，都凸显了“竹门对竹门，木门对木门”。小有不同的是，现代人谈婚论嫁，“门当户对”的传统观念有所突破，只要双方爱好一致，情趣相投，有共同理想、抱负、志气和奋斗目标，“门户”是否相当，不再是过不去的坎儿。

请学生们围绕今天学习的成语和老师介绍的恋爱观自由表达，注意控制课堂节奏。

3. 活动与游戏

活动一：“自相矛盾”

课下自学成语“自相矛盾”，并两两组成小组，表演“自相矛盾”。

活动二：把我译成你

试将“门当户对”翻译成你的母语。举出一个母语中与本国文化相关的成语，并用汉语翻译及解释。

四、示例小结

结合本节的两个示例，总结、归纳出成语教学的建议有三：

重视成语内部的语素义，特别是古今异义词以及古汉语遗留下来的结构和用法；

在理解语素义的基础上，再加以语境教学，可以让学生更好地理解成语的语法功能，能够准确地使用成语进行交际；

中国的成语故事大都是有出处的，在词汇学习的基础上，辅以相应的文化学习。

---

① 可根据课时进度和学生水平灵活进行。

② 漫画图片来自百度图片库。

五、任　务

任务一：请思考如何在成语教学中合理地加入现代化的教学手段。
任务二：自制调查问卷，考察汉语学习者会在哪个学习阶段、哪种语境下使用成语。
任务三：阅读相关书籍，试比较汉英成语的不同来源。

思考与练习

1. 成语教学中的导入方式有哪些？
2. 试比较成语教学和一般词汇教学的方法有哪些不同之处？
3. 成语以及汉语其他词汇系统中的熟语如何进行分级教学？分级标准如何确定？

第四节　文化词汇教学

示例一　从挪威卑尔根大学的logo说起

一、示例缘起

在挪威卑尔根的著名学府卑尔根大学，随处可见一个印有猫头鹰图案的logo，它就是这所大学的校徽。作为中国人，可能很难理解，因为猫头鹰在中国是一个不祥的动物，有这样一句俗语“夜猫子进宅，无事不来。”可是在挪威，猫头鹰却是一种吉祥的象征，它喻意着“聪明”与“智慧”。由此可见，在理解“猫头鹰”这个词的时候，中挪两国人赋予了它的引申义不同。在两种语言中，字面意思相同，但引申意义不同甚至截然相反的词被称为“冲突词汇”。这类词在语言交际中往往会起到消极的作用，有时可能会产生误解或冲突。比如，中国的现代京剧《红灯记》，其中“红灯”一词在汉语中引申为“革命”，在美国文化里，则引申为与色情有关的内容。

在一种语言的学习过程中，单单掌握词语的理性意义是不够的。语言是文化的载体，它如实地记录着文化发展的轨迹，而语言中文化的积淀主要体现在语言三要素中的词汇系统中。每一个民族的语言都是自己民族文化的“活化石”。所以说，汉语作为第二语言教学既是语言教学，同时也是文化教学。在词汇教学中，从词语包含的社会文化的角度入手进行教学是词汇教学更深、更高的要求，也是语言教学中的一种文化导入的过程。因为文化本身的特点就是复杂多样的，所以文化词语的界定和分类也众说纷纭。本节中简单地概括了各家之言，总结出文化词汇教学应包括直观的文化词汇教学（如：故宫、春节、京剧、宫保鸡丁等）、涉及民族习惯和心理而产生了文化附加义的文化词汇教学（如：眼红、马马虎虎、巾帼英雄等），以及行为文化词语教学三个方面。

二、示例背景知识

（一） 关于 “文化词汇” 的界定

正如文化的定义难以取得共识一样，教材中应编入哪些文化内容、涉及哪些文化词汇也往往见仁见智。

张高翔先生（2003）认为“对外汉语教学中的文化词语特指那些隐含着丰富的文化内涵，不能直接从字面上了解其含义具有固定的文化附加意义的词语。”①

梅立崇先生（1993）大致将留学生日常交际中有可能带来影响的词汇分为非等值词和不完全等值词两类，并举例进行了讨论。他还指出“语言中有些词除了字面意义之外，还渗透着文化内容的内涵义，内涵义包括象征义、联想义、补充义、伴随义、情态义等。例如鸳鸯，因为总是成双成对，所以象征忠贞的爱情和恩爱夫妻。”②

王国安先生把文化词语分为以下五类表现：中国独有的物质文化的词语，表现中国独特的精神文化的词语，反映中国独特的社会经济制度的词语，反映中国独特自然地理的词语，反映中国独特的风俗，习惯的词语。③

（二） “颐和园” “故宫” 等词的教学研究意义

张占一将文化分为交际文化和知识文化，前者指交际时能直接影响信息准确传递的语言和非语言文化因素，后者指不直接影响信息准确传递的语言和非语言文化因素。这种区分是很有意义的。④

对地理建筑方面的文化词语多选用比较著名的自然或者人文景点和名胜古迹。如黄山、泰山、长城、故宫、三峡、神女峰等等。这样的选编也比较人性化，满足了学习者对旅游和来中国可去景点的了解。所以这些文化词语也能引起学习者的兴趣，这些话题也深受学习者的喜爱。但很少有人在具体教学中对这一类词“做文章”。其实这一类词如采用直观的文化沉浸的方法也会收到事半功倍的效果。

后附自制“颐和园”宣传彩页。

---

① 张高翔．对外汉语教学中的文化词语［J］．昆明：云南师范大学学报，2003.7。

② 梅立崇．谈文化与词汇教学［J］．北京：语言文字应用，1993.1。

③ 王国安．论汉语文化词和文化意义［J］．中国对外汉语教学学会第五次学术讨论会论文选，1996。

④ 张占一．如何理解和揭示对外汉语教学中的文化因素［J］．北京：语言教学与研究，1991.4。

三、示例实施

（一） 教学目标

通过一次有效的语言实践活动，使学生身临其境，把一个没有温度的地点名词变成一次文化体验，并在这个过程中有计划有目的地安排具体任务进行操练，收到最大化的效果。

（二） 教学重点、 难点

1. 教学重点

带着任务完成文化体验。

2. 教学难点

对于具体操练环节的控制和验收。

（三） 教学前准备

1. 知识准备

学生具有中级以上的汉语水平。

2. 教学材料准备

彩色便签纸、颐和园内各个主要景点的图片以及简短的文字介绍、颐和园中英双语彩页介绍。

（四） 教学过程

一早学生在留学生宿舍楼下集合，一起坐车去颐和园。出发之前教师说明本次语言实践活动的具体内容，安排好每位同学的具体任务。

1. 布置任务

<u>任务一</u>

在车上，首先请同学们抽签，将学生随机分组。每组领取一套任务卡片，每一套任务卡片组合后即是颐和园内某一重要景点的介绍。学生们需要按照一定的篇章逻辑、关联词语、语义连接方式等将任务卡排好顺序。排序以后，大声地读给老师和其他小组的同学听。

<u>任务二</u>

任务一完成后可以抽到下一个任务卡，教师可在车上对这个任务卡提出具体要求，并告知学生，在颐和园自由活动的时间里，找到第一个任务中的景点的同时也必须完成这个任务。（这一张任务卡的任务可以是：根据最近一阶段的汉语学习情况，安排一个口语训练任务；结合最近学过的某一个生词，请学生在具体环境中使用；找到颐和园中带有“～宫”的地名名称等。）

2. 任务实施

到达颐和园后，学生们按小组分开活动，找到自己小组任务卡上的那个景点，并拍照留念。

在寻访的路上，完成任务二的具体要求，并小组讨论，做好汇报的准备工作。

3. 任务验收

按照规定时间集合返校，返校的车上，请每个小组做任务二的汇报。

4. 语言实践课后作业

每组准备一张在任务一景点拍下的合影（也可以配有一些“有故事”的照片），以“参观颐和园”为题做一次主题报告。

四、示例小结

巩固词汇也可以通过输入汉语词汇文化知识来进行，同样对词汇文化的输入，也适宜在巩固词汇的阶段进行，这是一个双赢的过程。一方面，在巩固词汇的同时，学生又接受了鲜活的知识，那课堂教学就会因有新鲜血液注入而变得有生趣和吸引力，有利于学生加深对词汇的印象。另一方面，学生比较容易接受汉语词汇文化自然的输入过程，所以输入汉语词汇文化以巩固词汇的方式引入，适应了学生的这一心理特点。学生在已了解词汇意义的基础上再来了解汉语词汇文化也比较容易吸收。虽然汉语学习者究竟需要知道哪些汉语词汇文化知识，目前并无定论，但从学习者进行交际的实践考虑，这种文化因素的导入一般包括语言的背景文化、制度文化、观念文化、习俗文化和心理文化等。教师应针对初级阶段学生及词汇的特点，在进行词汇讲解时导入一定的文化信息，但是初级阶段的文化信息输入一般不宜太过深奥，只要使学生能够初步了解词汇里面的文化背景即可。比如：解释“拜年”“寿辰”等词汇时可以介绍中国的礼俗文化；解释“川菜”“唐装”等词汇时可以介绍中国的饮食、服饰文化；解释“中秋”“端午”等节日词时，可以介绍与之相关的风俗和节日来历；解释“表姐”“表哥”等称谓时，可以介绍中国传统的家庭观念；解释“京剧”“唐诗”等词汇时可以介绍中国的文学艺术文化。这种容易理解的文化信息输入方式，不仅使学生在学习词汇的同时了解了中国文化，还能增加他们学习汉语词汇的兴趣。汉语的词汇包含的文化信息虽然丰富，但教师在针对这一阶段的学生讲授时不能面面俱到，汉语词汇文化的导入也要遵循 i+1 的原则，不能过分影响到词汇教学的效果和任务，通过文化来进一步阐明词义才是教学的根本。

五、任　务

任务一：拟定一个主题，组织一次有意义的语言实践活动。

任务二：如何结合“胡同”的文化义解释“死胡同”。

Summer Palace

颐和园 yíhéyuán

Long Corridor
长廊 chángláng

The Long Corridor is one of the most famous garden landscapes in China. It is 728 meters long. The beams of the corridor are painted with more than14,000 paintings, such as birds, flowers and landscape of the West Lake in Hangzhou.

长廊是中国最著名的景观之一，共有728米长。在它的梁上有一万四千多幅画，其中画着花、鸟和杭州西湖的风景。

Tower of the Fragrance of the Buddha
佛香阁 fóxiānggé

It is a 4-storey building, 41 meter high, built in 1750 The Empress Dowager used to worship the Buddha here on the first and the 15th day of each Lunar month.

佛香阁是在1750年建成的，一共有四个楼层，有41米高。慈禧每个阴历的初一和十五都到这里拜佛。

Seventeen-Arch Bridge
十七孔桥 shíqīkǒngqiáo

This bridge links eastern end and connects South Lake Island at its western end. It is 150 meters long and looks like a rainbow. It has 544 carved lions in different postures.

这座桥东接东堤，西连南湖岛，全长150米形似长虹。桥上雕刻有544个形态各异的石狮。

Bronze ox
铜牛 tóngniú

To the east of the 17-Arch Bridge stands a bronze ox cast in 1755. It is said that a bronze ox used to control floods.

十七孔桥的东边有一座1755年铸造的铜牛。据说铜牛在过去能抵御洪水。

颐和园彩页介绍

示例二　这个歌星最近在中国很红

一、示例缘起

标题中的句子是一次 HSK 初、中级考试中的选择题，提供的选项有黑、白、红和黄，看似很简短的一个题目却难倒了很多学生，有人选择了“白”并给出了自认为很合理的解释：“‘红’不是很血腥吗？‘白’说明没有绯闻，名声好啊。”出现这些情况的原因就是他们不太了解这些基本的颜色词在汉语中特有的引申义（或称为国俗义）。德国语言学家洪堡特认为一个民族的语言和思想是密不可分的，他主张把语言置于具体民族文化背景之中，进一步考察语言在人们认识世界和处理事务的活动中所起的作用。①

二、示例背景知识

（一）语言与文化

语言是文化的载体，它如实地记录着文化发展的轨迹，而语言中文化的积淀主要反映在语言三要素中的词汇系统中。常敬宇（1998）说，“各民族文化的个性特征，经过历时的积淀而结晶在词汇层面上。一个民族语言的词汇系统能够最直接最敏感地反映出该民族的文化价值取向。任何民族的语言词汇系统及其构成成分，都会受其民族文化的制约和影响”。②

（二）词　义

邓炎昌和李润清先生（2014）指出“词的涵义不同于它的字面意义——基本的或明显的意义。涵义是词的隐含或附加的意义。对于学外语的学生来说，不仅要掌握词的字面意义，而且要知道词的涵义。不了解词汇涵义，会在言语上犯严重错误；有时误把好言当恶语，引起谈话者的一方或双方不快；有时误把嘲讽当称赞，被人暗笑。”③ 词义是词的意义，包括词汇意义和语法意义。词汇意义又可以分为概念义和色彩义。概念义是指词义中同表达概念有关的意义部分，又叫理性义或主要意义。概念义可分为基本义和转义（包括引申义和比喻义）。色彩义可分为感情色彩、语体色彩和形象色彩。

（三）释“红”

“红”，本身是一个颜色词语，指“类似鲜血一样的颜色”，但是在中国，婚礼上或是

---

① 洪堡特．论人类语言结构的差异及其对人类精神发展的影响［M］．北京：商务印书馆，1999：39。

② 常敬宇．汉语词汇与文化［M］．北京：北京大学出版社，1998。

③ 邓炎昌、刘润清．语言与文化——英汉语言文化对比［M］．北京：外语教学与研究出版社，2014：162。

节日期间，人们喜欢用红色的东西来装点，因为红色象征着喜庆、吉祥、热烈等文化涵义，因此中国国旗，国徽都是以红色为主色调的。关于其背景的一种说法是（李天翼，2000）“汉族原是古华族的后人，华族原聚居华山一带，其时该地气候炎热，山岭多开红花，妇女因之喜欢戴红花，打胭脂，相沿成俗，红色便被视为幸福、亲热的象征”。[①] 另一种说法是中国人对于“火”的敬畏。

三、示例实施

（一） 教学目标

1. 通过联系实际生活及不同国家对不同颜色的喜爱，由红色入手，为下面“眼红”附加义的教学进行铺垫；

2. 使用现代教育技术中的实用手段，给学生带来更加丰富、直观的体验，便于学生理解和掌握文化词具体情景中的含义，能在具体交际过程中正确地使用文化词汇；适当地掌握扩大词汇量的方法，能够自觉地运用到今后的词汇学习之中；

3. 通过本次课的学习，激发学生学习汉语的兴趣，使学生有了解中国传统思想文化的愿望。

（二） 教学重点、 难点

1. 教学重点

正确理解颜色词的含义。

2. 教学难点

“眼红”引申义的理解。

（三） 教学前准备

1. 知识准备

学生具有准中级以上的水平，在学习本课生词“眼红”以前已经学过生词“红”和“红双喜字”，以及一些以“春节”为话题的课文，并已初步了解到了春节的习俗。

2. 教学材料准备

教学工具——带“红～”的生词卡片、全课完整 PPT、多媒体设备等；

计算机技术支持——用 Xmind（思维导图）做词义思维导图等。

（四） 教学过程

1. 导　入

PPT 演示红双喜字和红色旗袍的图片，询问学生，在中国什么时候会用到这些。教师

① 李天翼．论词语的文化意义及其特点［J］．贵阳：贵州民族大学学报，2000.1.

总结。

询问学生，说起春节会想到什么，接着 PPT 演示春联、鞭炮、“福”字、红包等图片。教师总结。

看过两组图片后，请学生找出共性。——中国人很喜欢红色。

启发思考中国人为什么喜欢红色，并总结。

2. 讲 练

PPT 显示华山图片和头戴红花的女子图片，简单介绍中国人崇尚红色的背景知识。

PPT 上演示采用思维导图的方式罗列出一些带有“红”这个语素的义项以及相关的词，比如“红人”“最红（的明星）”“红火”“大红大紫”“脸红”“眼红”“红眼病”等，并配合造句练习。（后附“红”和“眼红”词义的思维导图）。

PPT 找出一张因生气而眼睛变红充血的图片，解释“眼红”的意思，“激怒的样子”，例：仇人见面，分外眼红。

“红～”或“～红”大都表示美好的事物或者被人向往的事物。指出“眼红”的附加意思，“见别人有好条件或好东西非常羡慕和嫉妒”，例：别眼红人家的摩托车。

PPT 展示课堂练习。

课堂练习：选择恰当的颜色词填入句子

❶红 ❷黄 ❸绿 ❹白 ❺黑

（1）在春节时长辈们都会给小孩子们发______包，图个喜庆。

（2）最近我经常会收到很多垃圾信息，我非常讨厌这些短信，所以我把这些发短信的号码拖进了______名单。

（3）空难发生以后政府通常都会通过寻找______匣子来确定飞机的事故原因。

（4）小张成功地拿下了这个项目以后，获得了领导的赏识，现在可是经理面前的大______人了。

（5）会议上大家纷纷提议公司挣的钱应该作为______利分配给大家。

（6）很多危险品都会在______市上违法交易，执法部门应该严厉打击。

教师总结含有“红”的词语的含义，并引出颜色词“黑”，同时布置作业，请学生查字典，了解“黑～”的含义。

3. 活动与游戏

活动一：找颜色

游走在北京的马路上、胡同里，看到最多的颜色是什么？在故宫、颐和园等古代建筑中，看到最多的颜色是什么？

活动二：“黑色星期五”

联想美国购物节“黑色星期五”，对比汉英中关于“黑～”的词汇，并自制“黑”的词义思维导图。

四、示例小结

教学的重心环节中，巧妙地运用学生已学知识和文化常识，取得了事半功倍的效果，同时能在课堂教学中灵活地运用新的教学手段（Xmind）帮助教学，增强了教学中的直观性和生动性。关于“颜色词”的教学，如能更多、更全面地了解其他国家“颜色词”的附加义（特别是国俗义），并适度加入到本节课中来，那样会更加丰富这次课的内容，会大大提高学生们参与、互动的热情。

在本次教学过程中，应该注意教学策略和技巧在课堂教学中的合理使用。教师应该积极地发挥能动性，有意识地进行文化词汇的释义及其扩展，重视文化的推广，重视文化词汇的教学效果，努力使学生获得最大的收获。另外要避免“大文化”倾向，作为一种第二语言的教学，要注意跨文化意识的敏感性，不要盲目夸大本民族文化，而忽视对象国的民族文化。最后在具体的语言教学环节中，文化的导入应该掌握度的原则。

除了关于颜色词的教学以外，还可以用这种方法尝试探索汉语中的“数字词”。

五、任　务

以“背黑锅”为教学内容，组织一个新的教学环节，并绘制一张“黑”的词义思维导图。

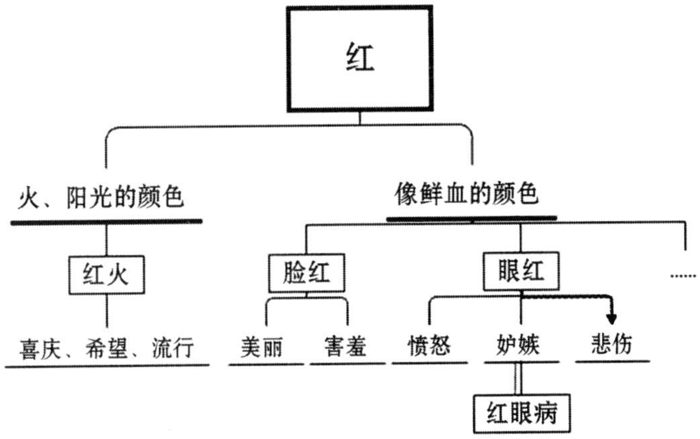

图3－2　“红”和“眼红”词义的思维导图

示例三　我不能“慢走”

一、示例缘起

季羡林（2005）曾说过这样的话：“离开了内容，离开了语言的内涵，根本谈不上什么语言。不涉及一个国家的历史、文化、社会风习等，语言是学不好的。这是学习语言的基本原理。凡是学习外国语言者，都必须把语言学习和文化学习结合起来。”①

鉴于此，要熟练地掌握一种语言，既要熟悉其背后的文化特殊性，还要洞察本民族文化与其他民族文化的差异。弄清词语的社会历史背景和文化内涵，有助于人们增强文化交际的能力，减少或避免文化冲突。这对汉语教学有现实意义。标题中学生没能理解“慢走”一词的文化义，在交际过程中，“您慢走”表示“请您走好”之义，而学生只是简单地把它看作“慢慢走”的行为动作，造成了交际过程中的误会。

又如西方学生一般不能准确理解“背井离乡”这个词，因为在西方文化背景下，不停地搬家是一件极其普通的事情，另外这个词在汉语中的语用色彩明显呈贬义。这个词传达出中国文化特有的“恋家”“故土难离”的情感。在古代，只有发生了自然灾害后，中国人才会迫不得已选择“背井离乡”。若是教师能够从这个角度对于“背井离乡”这个词语加以阐释，学生就会听明白，真正掌握这个词。这样，在今后具体使用时才会注意，而不是随意地理解为“搬家”之义，造成笑话。

二、示例背景知识

（一）汉语文化词汇的特点

1. 语义方面

汉语的文化词汇体现着汉民族整体观照世界的思维方式，反映着汉民族的文化传统和文化背景。

2. 构成方面

汉语词汇系统中的文化词汇成分繁杂，既有词，也有“语”。从构词方式上看，多采用形象优先和截取式等造词方式。

3. 语用方面

文化词汇在使用中形成了复杂的语境文化。在具体语境文化的制约下，文化词汇在语用中体现出语义附加、语义转移等特点。

（二）文化词汇与民族心理

汉民族由于受传统观念的影响，形成了对客观事物的具象思维特征。在思维过程中，注重从整体上对思维客体进行直接把握，运用形象、联想、类比等思维方式进行具象化②。汉民族的这种具象思维的特征，影响到汉语的生成和发展，也是汉语词汇丰富多彩极具表现力的原因之一。如，汉语的思维方式在烹食词语中找到充分表达抽象事物的途径，很多词语都被赋予了深层的文化意义，映射出了特定的文化心理。

---

① 季羡林．必须把语言学习与文化学习结合起来［J］．北京：中国外语，2005.1：65。

② 李敏．汉语同义词蕴含的文化特征［J］．昆明：云南师范大学学报，2005.3：54。

（三）释“吃”

中国有着悠久的农耕历史。中国传统文化的方方面面都和“吃”有着千丝万缕的联系，“吃”在中国文化中已远远超越了简单的口腹之欲，它渗透到了我们的语言、文化、政治、经济之中，影响着我们的审美观。“吃”本是一种正常的生理生活行为，但由“吃＋X”构成的一系列生动形象的文化词汇，这在汉语词汇里可谓一奇观。

1. 用“吃”来表达某种心情、心理状态、处境很常见，因为吃了些什么，而造成了什么情况，这种思维造词很是形象逼真。如：

“吃惊”解释为受惊；

“吃官司”指被控告受处罚或关在监狱里；

“吃亏”指受损失，在某方面条件不利；

“吃苦”形容经受艰难困苦；

“吃醋”“吃飞醋”“吃干醋”“争风吃醋”用“醋”这种酸的味道来形容因嫉妒而产生的失落又烦躁的心情。

2. 用“吃＋X”折射出贪吃、贪婪之意，多为贬义词。如：

“吃里爬外”比喻受一方的好处却为另一方效劳；

“吃独食”比喻独占利益；

“吃人不吐骨头”形容凶残；

“吃着碗里看着锅里”形容贪婪、不专心；

“吃软不吃硬”喜欢接受缓和的态度而不接受强硬态度；

“吃一堑长一智”遭遇挫折从而接受教训。

三、示例实施

（一）教学目标

1. 通过“吃醋”一词的学习，理解文化词汇引申的途径；

2. 尝试在具体交际中合理地使用“吃醋”。

（二）教学重点、难点

1. 教学重点

正确理解“吃醋”的含义。

2. 教学难点

“吃醋”文化义的理解。

（三）教学前准备

1. 知识准备

学生在学习生词“吃醋”以前，已经掌握了“吃”作为一般行为动词的用法。

2. 教学材料准备

一瓶醋、PPT（展示“吃醋”文化义）、教师自己录制的视频等。

（四）教学过程

1. 导　入

教师带一瓶醋走进教室（最好选用古色古香的陶瓷醋瓶子），准备讲解“吃醋”这个词以前，先打开瓶盖儿，请前排的几位同学闻一闻醋的味道，或用手指蘸一蘸，尝一尝。接下来教师询问学生，刚才吃了什么，并请学生们描述一下醋的味道。教师总结，并板书生词“吃醋”。

2. 讲　练

（1）吃＋醋

“吃”是汉语中一个普通的动作行为动词，后面可以接宾语，根据宾语语义类型不同，可分为①：

吃＋受事宾语：A. 吃饭、吃菜、吃药、吃东西……

B. 吃醋、吃豆腐……

吃＋处所宾语：吃食堂、吃大排档……

吃＋工具宾语：吃大腕、吃小碗……

（2）请学生们看一段教师自己录制的视频。

情景描述：一群好朋友围坐在一起吃饭，席间大家闲聊，谈到了每个人的不同爱好，其中一个人问另一个叫王峰的男人，“王峰，你喜欢什么？”这时，一个很了解王峰的人突然带有笑意答到：“他呀，他爱吃醋。”话音刚落，大家都哄堂大笑起来。

看完视频后，请学生们猜测为什么一说出王峰爱吃醋，大家就笑了起来？不了解这个词引申义的学生还是疑惑不解。

（3）借助图片、文字等信息，使用PPT展示“吃醋”一词的典故，并作适当的讲解。

典故内容概述：相传，这个典故出自唐朝的宫庭，唐太宗为了笼络人心，要为当朝宰相房玄龄纳妾，房之妻出于嫉妒，横加干涉。太宗无奈，只得令房夫人在喝毒酒和纳小妾之中选择其一。没想到房夫人确有几分刚烈，宁愿一死也不在皇帝面前低头。于是端起那杯“毒酒”一饮而尽。当房夫人含泪喝完后，才发现杯中不是毒酒，而是带有甜酸香味的浓醋。

从此便把“嫉妒”和“吃醋”融合起来，“吃醋”便成了嫉妒的比喻语。

听完故事后，学生可能会渐渐理解视频中大家大笑的原因。

（4）结合板书教师总结生词“吃醋”。

① 根据学生学习情况适当总结和扩展。

板书设计：

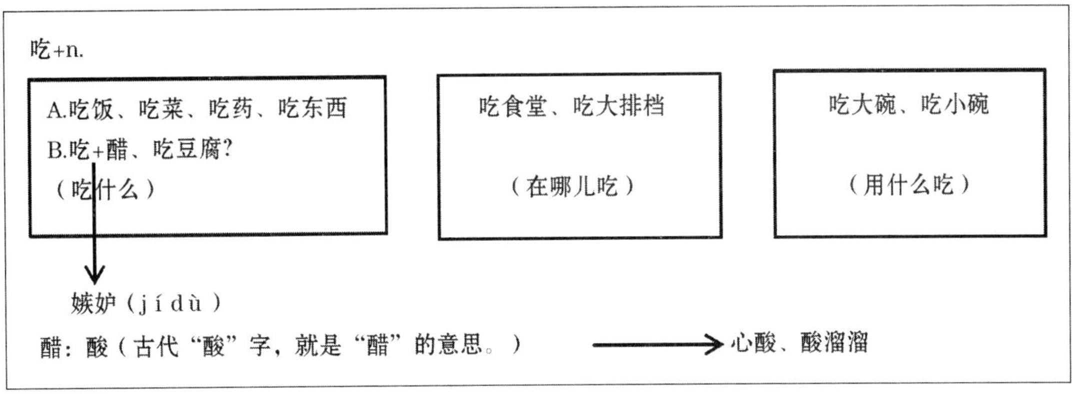

后附“酸”的词义思维导图。

（5）作业：利用词典或网络资源，查一查“吃豆腐”的引申义，并思考黑板上 A 组和 B 组的词语有何异同。

3. 活动与游戏

游戏：吃吃喝喝一堂课

要求：在括号中选择一个词语完成一个语段表达，自设情景，自圆其说即可。

（吃香、吃亏、吃小灶、吃豆腐、吃闭门羹、吃里扒外、吃苦头、吃大锅饭、喝西北风、喝苦酒、啃硬骨头）

四、示例小结

（一）文化词汇教学中的文化教学和词汇教学的关系

文化词语的教学分为文化教学和词汇教学，这两方面是相辅相成，共同前进的。如果在文化词语的教学中，只注重文化教学，而不具体到词语上，就会引起对具体词语理解不透的问题，特别是一些成语、俗语、惯用语和歇后语等等，只有文化背景的讲解，只有文化的灌输是远远不够的，必须在讲解词语后才能使词语能够运用到实际交流中，不至于在看到文化词语的时候能大概知道词语的意思，但是却不能自如运用。

在文化词语教学中，如果只进行词汇教学而没有文化背景的讲说，这会造成学习者对文化词语的理解浮于表面，使学习者知其然却不知其所以然，且对这文化词语的记忆起不到强化的作用。

由此看出，不能脱离文化而讲词语，也不能脱离词语而说文化，二者必须密切关联。在文化词语教学中，重点应放在具有附加文化意义的词语讲解上，因为这些词语在理解方面具有更大的困难。往往由于两种语言的文化差异，使得对事物的理解不同，所以也需要作一些中西文化对比来加强对文化词语的理解。

（二）教学反思

文化词汇教学中仍应立足于词语教学本身，文化教学也应尽量规避“这就是中国文化”等言说方式，应该多从词源本身找根据，从汉语词汇本身探求所承载的文化义，用科学的方法呈现给学生。

五、任　务

任务一：试解释“咬耳朵”的含义。

任务二：探求下列词语“拍马屁”“炒鱿鱼”“走后门”的文化义，并列举出具体的使用环境。

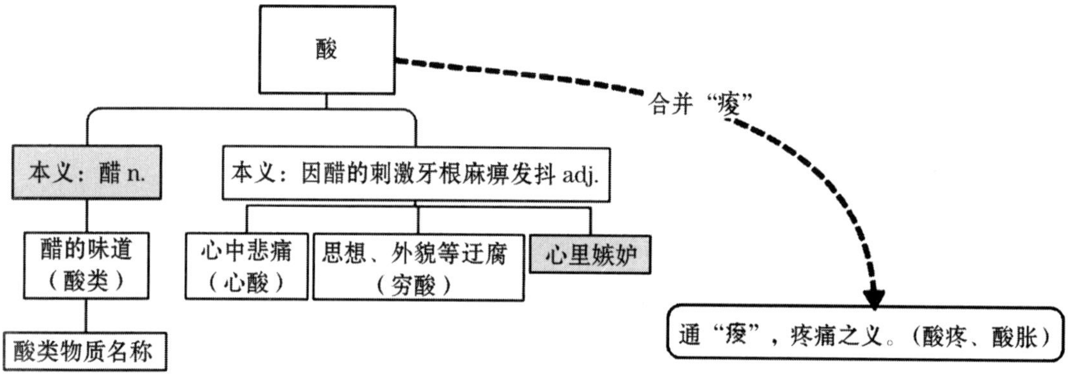

图 3－3　“酸”的词义思维导图

思考与练习

1. 词汇教学中需要涉及文化因素吗？为什么？
2. 如何在词语教学中导入文化因素或文化背景？
3. 请设计调查问卷，看看留学生对中国文化中的哪些因素感兴趣？
4. 请举几个文化词汇，如露馅、破天荒等，考察这些词语的语用条件。
5. 在文化词汇教学中，如何处理学生的语言空缺现象。
6. 你认为生词表中的文化词汇需不需要特殊标记？

资料拓展

资料一："词汇带路"

郑定欧提出汉语国际推广的深化需要实现三个转型：从内需到外需；从语言到言语；从"语法带路"到"词汇带路"，其中尤以第三个转型为当务之急。

——郑定欧．对外汉语"词汇带路"策略研究［J］．上海：对外汉语研究，2011.1：15－22.

资料二：词汇教学假设

为了尽可能地避免上述有关词汇学习的偏误，我们提出一种词汇教学设想，姑且称作一种假设。汉语中词中有字，字也可能是词，而字或词又可能构成别的词。学习汉语词，如能知道词中所组成的字的意义，不仅可全面掌握词的意义、用法，还可了解该字能构成哪些新词。因此，如果在学习了一定数量的词以后，在掌握了基本的交际语言之后，将一些词中相同的字析出，指明其意义，系连所构成已学过的词，自可加强对这些词的理解与记忆；如系连时遇到一些一般应该掌握的常用词，当又有助于扩大词汇量。我们假定这种方法为："整词——析字——系连扩展"词汇教学法。

——赵金铭．现代汉语词中字义的析出与教学［J］．北京：世界汉语教学，2012.3：380.

资料三：词汇教学新思路的开拓

随着对词汇教学研究的进一步深入，越来越多的学者认识到了对外汉语教学中词汇教学这环节的重要性，同时也对目前国内词汇教学的不足之处有了一定的了解。于是开拓词汇教学的新思路以提高对外汉语教学的质量便成为了对外汉语教学界的共识。

1. 与汉语第二语言教学几乎是同时产生的词本位教学主张，虽然在汉语第二语言教学领域属于传统观念，由来已久，但其本身还是存在一定的问题。与之相对的字本位教学法更是因其自身的硬伤在对外汉语教学界很难立足（李彤 2005）。针对这种现状，很多学者提出汉字是一种语素文字，抓住构词的最小单位——语素，并以此作为一个教学层级，也就抓住了汉语词汇及词汇教学的根本特点和要诀，由此提出了"语素法"的词汇教学思路。

肖贤彬（2002）在自己实践"语素法"教学经验的基础上指出了这种教学方法的优缺点以及实行起来的困难所在。更值得一提的是他还指出语素法教学为猜词提供了现实的可能性，这也是有利于对外汉语词汇教学的。李开（2002）也有类似的观点。他指出在词汇教学中，强调语素字和词汇字的不同，强调语素和构词法是有必要的，这样可以防止留学生犯“以翻译法类推汉语构词”“靠外文翻译生词”之类的错误。贾颖（2001）有文章论述了字本位与对外汉语词汇教学，实际上，这里的字本位就是语素本位。此外，李芳杰（1998）、王周炎、卿雪华（2004）、钱润池（2004）也都赞成此观点。可以说语素在构词中十分活跃，所以我们应把语素作为词汇教学的基础。这不但有助于我们准确理解和运用词语，有助于类推词义，迅速扩充词汇量，同时也有助于识别、记忆汉字。

2. 根据科学家的研究，词语在人的大脑中是以网络形式贮存的。如果按照词语的网络系统进行教学，把人的认知规律跟汉语所固有的规律结合起来，就可以减轻学生的负担，大大提高学习的效果和效率。因此，近年来不少学者提出了根据词汇的网络性进行教学的思路。大多数留学生认为汉语词汇数量多，而且形不表音，音不达义，词义丰富，用法复杂。其实汉语的词汇不管是词形还是词音词义，都存在各种各样的网络系统，存在着内在的规律性。杨惠元（2000）提出按照汉语词汇的网络系统进行教学，可利用同（近）义词类聚网络、反义词类聚网络、类属词、类聚网络、关系词类聚网络等等。常敬宇（2003）重点探讨了汉语词汇词形和词义的内部规律，即汉语词汇的词形结构网络性和词义联想网络性。杨万兵（2004）从系统论、语言学及语言心理学的角度阐述了词义网络式存在的特征，分析了网络化词汇教学的基本方法，并探讨了网络化作为汉语词汇教学的方法论意义。

3. 当代汉语的词汇系统正随着中国社会的迅速发展而变化着，汉语教学尤其是对外汉语教学，应该关注和研究汉语的这类变化并及时反映这种变化，从而使语言教学具有生命力，与时代同步。汉语共同语词汇中除基本词汇外一直处于吐故纳新的活跃状态中，特别是近几年新的政治、经济、文化生活，新的思维方式和价值观念导致了大量新词语的产生。新词的大量出现使汉语词汇更加丰富多彩，也给对外汉语教学带来了新课题。汤志祥（2002）提出改革开放以来汉语的“新词”和“新义”在不断地急速涌现，为了使语言教学具有时代性和生命力，现今的汉语教学，尤其是对外汉语词汇教学必须对此加强重视。原新梅（2002）指出字母词的涌现为现代汉语词汇研究开辟了新领域，同时也为对外汉语教学提出了一个新课题。

4. 词汇知识的获得过程应该是主动的、动态的，我们要为这个过程创造条件。词语只有在语境、篇章中才有意义，才能“活”起来。刘辰诞（1997）和曹慧（2002）分别提出从篇章层面进行词汇教学的思路，提出创造真实自然的语境，建构和解读承载词语的篇章，应是词汇教学的着眼点。篇章提供的语境使词语的词典意义和语境意义得以统一，词语的语义语用范围、搭配关系、附加色彩和文化意义可以在篇章中得到体现。词汇在篇章中的衔接功能决定了词语使用的相对固定性，语言习得规律和心理机制也表明篇章层面上的词汇教学有助于认知和记忆。早在 1994 年，常敬宇就提出了应该结合语境讲解词语，不可以片面强调语言文字的工具性，偏重于讲解静态的词汇意义或语法意义，而忽视了语境语用的讲解。尤其是虚词，因为它具有语法意义，总是在句中或句间的联系中发挥作用，更需要从语境来观察它的作用。

5. 随着留学生年级的升高，首先面对的是汉语词汇量的大量增加。与此同时，碰到的近义词也会越来越多，学生掌握词汇的难点也越来越集中在对掌握的词语数量上的要求以及词义辨析方面。对于大量词语的接受，郭智（2004）提出了注意对称结构的方法，为汉语词汇教学提供了新思路。这让留学生有了一个指导性的概念，即汉语词汇的结构是对称的，对于汉语词汇的学习是有章可循的。许光烈（2005）认为在对外汉语词汇教学中应该以对比为主导思想，从理据性与任意性、形式与内容、词义与文化、借入与借出几个角度进行比较，才能突出汉语的特征，教学才能收到事半功倍的效果。在近义词辨析方面，刘缙（1996、1997）认为词语辨析这项工作对学汉语的留学生来讲不是可有可无的，相反，它决定着他们是否能比较准确、比较生动地用汉语进行口头或书面交际。因此，词语辨析应得到足够的重视，通过加强词语辨析来达到提高对外汉语词汇教学质量的目的。

6. 在各种词汇教学理念兴盛的同时，相应产生的词汇教学的原则和方法也层出不穷。其中刘珣（2000）在《对外汉语教育学引论》中提出的词汇教学的原则和方法可谓相当全面。他提出了词的教学应与句子教学相结合，利用词的聚合和组合关系在系统中学习词，掌握汉语构词法以及将词汇分为积极掌握词汇和消极掌握词汇等六项词汇教学原则，同时列举了词汇教学的若干方法，如直接法、翻译法、话语联结法、类聚法等等。其他学者的论文在这两方面也有不少论述，比如瑞士学者傅瑞华（2003）、孙新爱（2004）等，其观点与此也大同小异。胡鸿、褚佩如（1999）则针对短期强化班的需要引进了一种新的教学方法——集合式词汇教学法。江新（1998）认为词汇习得包括直接词汇教学和从语境中偶然学习两种途径。词汇学习是一个连续的过程，应该对不同的词汇和不同的学生提出不同的要求。鹿士义（2001）也在对词汇习得和第二语言能力进行研究的基础上，给对外汉语词汇教学提出了几点建议，即要在学习中构筑学习者的字词网络，要在学生的学习能力范围内进行教学，而且还要在教学活动中把听说读写结合起来。

——徐开妍. 近十年对外汉语词汇教学新思路的开拓［J］. 曲阜：现代语文，2006. 5：97 –98.

资料四：语素教学分级进行

吕文华认为语素教学是分级进行的，从纵向层面上来说，主要分为初级、中级和高级三个阶段。每个阶段语素教学的侧重点是不同的。初级阶段的语素教学主要是合成和分解：构词能力强且能独立成词的单音节语素是教学的重点，语素与复合词的教学同步进行；介绍附加法、复合法中的定中式、联合式、述宾式以及名量组合法等构词法；选择少量的复合词进行直推式的词义分析等。中级阶段的语素教学任务主要包括以下四个方面：巩固和深化初级阶段所学的汉语构词法，并介绍状中式、述补式等构词方式，让学生的知识更系统全面；以直推式和比喻式为主，对复合词进行词义分析；进行语素的扩展，帮助学生扩大词汇量；利用语素分析法进行词语的辨析。高级阶段的任务是在中级阶段的基础上继续利用语素分析法进行词义分析和词义辨析，只是在词义分析的同时还要考虑文化因素的介入。

——吕文华. 对外汉语教学语法体系研究［M］. 北京：北京语言文化大学出版，

1999：86.

资料五：母语心理词库对汉语心理词库的潜在影响

对外汉语词汇教学还要重视留学生母语心理词库对汉语心理词库形成的潜在影响。此前的研究往往过分强调母语心理词库对二语心理词库的负迁移，过多地注意其干扰作用。其实，语言学习需要经历一个从无到有、从少到多、从简单到复杂、逐步地在自己的大脑里建立起一个词库的过程。而留学生已经掌握了自己的母语，并且具备了用母语进行抽象思维的能力，能够以已有母语心理词库做支撑，从语码的“转换”和意义的“注释”开始，对二语词库的形成起积极的促进作用。大量的个案研究证明，语码的转换和意义的注释是目的语的词的声音与意义跟母语的词或词组的声音与意义建立联系的最基本、最常用的手段，是第二语言学习活动在相当长的一段时间里达到对目的语词汇的理解与掌握的最主要的途径。通过语码的转换和意义的注释，可以直接达到对目的语词汇所表示的“日常概念”或“科学概念”的掌握。这与成年人的认知能力和思维活动状况相统一，也跟他们丰富的生活经验紧密相关，必然具有迥异于儿童母语词汇习得的特质。对外汉语词汇教学还要注意学习对象的不同，注意词汇对比的必要性和重要性。母语和第二语言的文字形态差别（orthographic knowledge）对词汇理解的影响显而易见。对外汉语词汇教学中，母语为英语者的词汇习得水平和日本、韩国留学生的差别十分明显。日韩两国留学生对汉字认知、词汇习得的难度远小于欧美留学生。因此，对外汉语词汇教学必须加强词汇对比的研究，增强词汇教学的针对性。

——王世友、莫修云．对外汉语词汇教学中的几个基本理论问题［J］．昆明：云南师范大学学报，2003.5：10.

本章参考文献

［1］孙常叙．汉语词汇［M］．长春：吉林人民出版社，1957.
［2］符淮青．现代汉语词汇［M］．北京：北京大学出版社，1985.
［3］葛本仪．现代汉语词汇学［M］．济南：山东人民出版社，2001.
［4］常敬宇．汉语词汇与文化［M］．北京大学出版社，1995.
［5］周小兵、李海欧．对外汉语教学入门［M］．广州：中山大学出版社，2004.
［6］孙德金．对外汉语词汇及词汇教学［M］．北京：商务印书馆，2012.
［7］高燕．对外汉语词汇教学［M］．上海：华东师范大学出版社，2008.
［8］曾立英．汉语作为第二语言的词汇教学．［M］北京：中央民族大学出版社，2010.
［9］刘座箐．国际汉语词汇与词汇教学［M］．北京：高等教育出版社，2013.
［10］北京大学汉语语言学研究中心语料库：http://ccl. pku. edu. cn/.
［11］北京语言大学出版社：http://www. blcup. com/；国际汉语资源中心：http://www. blcup. com/Res.

第四章

语法教学

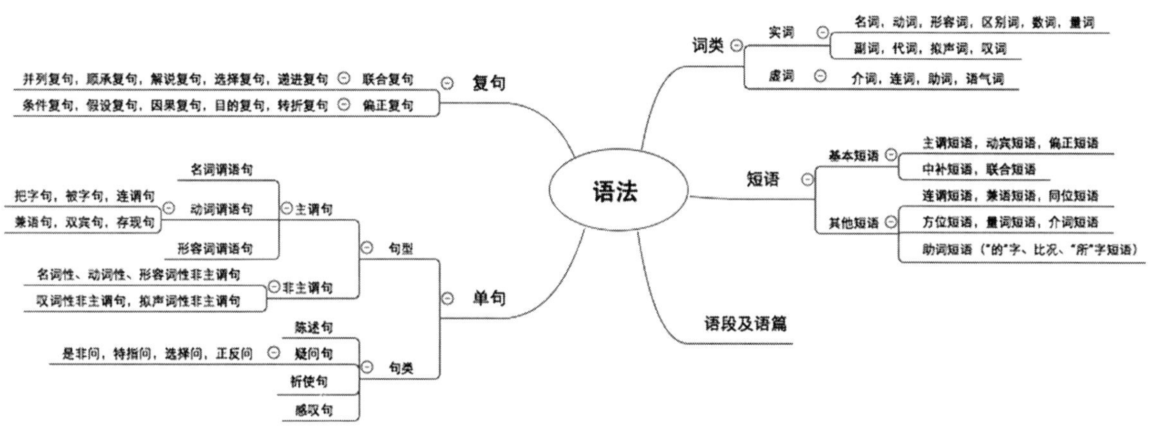

图 4－1　语法部分知识结构图①

语法教学是汉语作为第二语言教学的重中之重。要成为一名优秀的国际汉语教师，不仅需要有丰富的汉语语法学本体知识，还要有良好的语法教学意识和扎实的教学基本功。教语法不一定要“讲”语法，教师要善于把枯燥乏味的语法知识直观化、形象化、趣味化，让学生在快乐的学习氛围中尽可能自然轻松地习得。语法教学既要重视句型教学，尤其是在初级阶段，同时，又要把语篇能力的训练贯穿于汉语教学初、中、高各阶段，使学生语句上表达“好”，语篇上逻辑“通”。

① 本章的知识结构图主要是在《现代汉语》（黄伯荣、廖序东）的体系下绘制而成的。

第一节　实　词

示例一　分分合合离合词

一、示例缘起

“我昨天见面了朋友。”

“他唱歌了一晚上。”

离合词是汉语中独特的语言现象，上面两个句子都是汉语学习者在使用离合词时最易出现的偏误。究其原因主要是：首先，离合词本身的独特性。如，动宾型离合词既可以当作一个整体使用，同时其两个构成成分中间又可插入其他成分，而且它的重叠式，带补语形式，以及跟宾语搭配时的用法都很独特。其次，很多词典和教材都没有对离合词进行特殊标注，导致学生以为离合词和一般动词的用法别无二致。实际上，在教学中离合词是非常重要的语法点，教师必须通过大量讲练，反复呈现，使学生掌握。

二、示例背景知识

（一）离合词的性质

关于离合词的性质，语法学界有很多不同的观点，概括起来有三种：词说、短语说和离合词说。编者更倾向于离合词说。陆志韦[①]（1957）是离合词的命名者，主张“离为短语合为词”，即离合词以合的面目出现时就称其为“词”，以离的面目出现时就称其为“短语”。在讲练离合词时，教师应先“合”再“离”，先完成词汇教学的任务，再结合各语法项目逐级展开，进行扩展，反复操练，以达到良好的教学效果。

（二）离合词的结构类型

关于离合词的分类，主要观点如表 4－1。

① 陆志韦．汉语的构词法［M］．北京：北京科学出版社，1957。

表 4－1 离合词结构类型一览表

学者	关于离合词结构类型的观点	例句
段业辉①（1994）	动宾型 联合型 偏正型	帮忙——帮了大忙 情绪——有情无绪 同学——同过几年学
王素梅②（1999）	动宾型 联合型 动补型 主谓型	帮忙——帮他的忙 吵闹——大吵大闹 听到——听不到 心软——心太软
刘顺③（1999）	动宾型 动补型 主谓型	伤心——伤透了心 离开——离不开 手巧——手很巧
张斌、齐沪扬④（2000）	所谓的离合词，是述宾关系而非述补关系，是动词性的而非其他功能的，是双音节的而非多音节的。	洗澡——洗了个澡

（三）离合词的扩展方式

关于离合词的扩展形式，主要有以下几种情况。

表 4－2 离合词扩展形式一览表

离合词扩展形式	扩展方式	例句
动宾型（VO）	VO 之间插入定语，限定 O	帮个忙 生他的气
	VO 之间插入补语	游了一天泳 上完课 放下心
	VO 颠倒	歌唱得很好听
动补型（VC）	用“得”“不”扩展	打得倒/打不倒 起得来/起不来
主谓型（SP）	S 与 P 之间插入副词	心太软 脸特别红

① 段业辉．论离合词［J］．南京师大学报，1994（2）。
② 王素梅．论双音节离合词的结构、扩展及用法［J］．沈阳师范学院学报，1999.（4）。
③ 刘顺．论现代汉语的离合词［J］．齐齐哈尔大学学报，1999（5）。
④ 张斌，齐沪扬．现代汉语短语［M］．上海：华东师范大学出版社，2000。

据朱坤林等人[①]（2006）统计，《现代汉语词典》（2002 年增补本）中的动宾型离合词占所研究离合词总数的97%。可见，作为离合词家族中的强式结构，动宾型离合词在汉语教学中的研究意义重大。因此，本示例仅探讨动宾型离合词的教学。示例实施过程及示例小结中所用“离合词”均为动宾型离合词。

（四）动宾型离合词的语法特点

关于动宾型离合词的语法特点，杨玉玲、吴中伟[②]（2013）总结了以下几点：

1. 离合词两个构成成分中间可插入一个或多个其他成分，包括动态助词“了、着、过”、动量补语和时量补语等，如“结了婚、见过一次面、散了半个小时步”等。

2. 离合词的重叠形式是 AAB 式，如“聊聊天、见见面”。

3. 离合词带时量补语时，或者重复其前面的动词性成分，或者把时量补语放在两个构成成分中间，如，“我游泳游了一个小时”或“我游了一个小时泳”。

4. 离合词带状态补语时，要重复其前面的动词性成分，如：“他游泳游得很快”。

5. 离合词一般不带宾语，涉及的另一对象要通过介词等引入，如：“跟朋友见面”。

目前，对离合词的性质、类型、语用价值等方面的研究均取得了较大成绩，但是如何恰当有效地将本体研究成果应用到汉语作为第二语言的教学实践中，则还需积极探索。吕文华[③]（1994）首次提出，应该把离合词作为一个专门的语法项目列入汉语教学。此后，赵淑华、张宝林[④]（1996）在《HSK》大纲中共选出 355 个可离可合的动名组合，并对它们逐一进行了考察分析，提出了鉴定离合词的若干标准。关于离合词的教学模式，周上之[⑤]（2006）提出了“离合词复式教学模式”，其基本思路是将离合词的教学一分为二，先以“合”的形式出现，完成词汇教学的任务，然后再以“离”的形式出现，结合各语法项目逐级展开，进行扩展，并反复操练。在这一教学模式中，他强调：一要“循环”，就是要重复，温故知新，前后衔接；二要“递进”，即不能贪大求全，应该由易到难，由少到多，慢慢积累；三是“复式”，即先以“合”的面目出现，再进行“离”的系统教学。本示例就是在此教学模式启发下进行的教学实践探索。

三、示例实施

（一）教学目标

1. 了解离合词这一特殊语言现象，掌握动宾型离合词的基本扩展形式“ A + 了/时量

① 朱坤林.《现代汉语词典》中的离合词研究［J］. 吉林省教育学院学报，2006（2）。
② 杨玉玲，吴中伟. 国际汉语语法与语法教学［M］. 北京：高等教育出版社，2013：22。
③ 吕文华. 对外汉语教学语法探索［M］. 北京：语文出版社，1994。
④ 赵淑华，张宝林. 离合词的确定及对其性质的再认识［J］. 语言教学与研究，1996。
⑤ 周上之. 汉语离合词研究［M］. 上海：上海外语教育出版社，2006。

补语 + B”，并能熟练运用；

2. 掌握动宾型离合词带宾语时的扩展形式“介 + 宾 + AB”，并能熟练运用。

（二） 教学重点、 难点

1. 教学重点

动宾型离合词带宾语时的基本扩展形式“介 + 宾 + AB”。

2. 教学难点

动宾型离合词 AB 中间插入动态助词“了”及时量补语时的扩展形式“A + 了/时量补语 + B”。

（三） 教学准备

1. 知识准备

掌握一般动词的用法；已掌握“见面、唱歌、跳舞、游泳、洗澡、跑步、睡觉”等离合词的词义。

2. 教学材料准备

相关离合词词语卡片。

（四） 教学过程

1. 导　入

请学生翻译“meet with friends”。

2. 讲　练

（1） 介 + 宾 + AB

离合词后面一般不带宾语，涉及的对象常通过介词引入，结构形式为“介 + 宾 + AB”。

第一步：展示。如学生翻译成“见面朋友”，教师纠错并板书正确用法：“跟朋友见面”，“跟”用红色字体凸显。如学生翻译正确，教师则肯定其答案并板书加以强调。

第二步：强化。再请学生翻译“sing with classmates”“dance with girl friend”。如果学生翻译有误，教师及时纠正并板书：

跟朋友见面 跟同学一起唱歌 跟女朋友跳舞

第三步：总结。离合词是汉语中非常特殊的一类语言现象，当“见”和“面”，即“A”和“B”合在一起用的时候，后面一般不能带宾语，涉及的对象要通过介词等引入。

第四步：扩展。除“见面”以外，“唱歌、跳舞、游泳、跑步、洗澡、帮忙”等也都是离合词。

教师将离合词与宾语卡片两两组合，依次出示，如“跑步、室友”“洗澡、孩子”“散步、爸爸妈妈”“游泳、朋友”等。然后请学生用所示词语说一个完整的句子，教师板书：

跟室友一起跑步 给孩子洗澡 和爸爸妈妈一起散步 跟朋友游泳 ……

第五步：练习。给出下列短语，请学生指出错误并纠正：

见面老师　散步朋友　洗澡儿子

（2）A＋了/时量补语＋B

动态助词“了”及时量补语一般放在离合词中间，结构形式为“A＋了/时量补语＋B”。

第一步：提问。请学生翻译：“I’ ve been sang for two hours”。

第二步：展示。如学生翻译有误，教师纠错并板书正确用法：“我唱了两个小时歌”，“唱”和“歌”分别用红色字体凸显。如学生翻译正确，教师则肯定其答案并板书加以强调。

第三步：强化。再请学生翻译“I’ ve been danced for two hours”。教师板书：“我跳了两个小时舞”。“跳”和“舞”分别用红色字体凸显。

第四步：总结。教师带领学生朗读板书的两个句子，讲解离合词的使用规律：动态助词“了”以及时量补语一般放在离合词中间。

第五步：扩展。教师在 PPT 或者黑板上出示下列两组词：

睡觉、游泳、跑步

一天、半个小时、一早上

请学生两两组合说句子，其他学生听，如果说错了则指出并纠正，教师板书：

睡了一天觉 游了半个小时泳 跑了一早上步

注：此处要根据学生语法学习的实际情况而定，比如，学习离合词的时候，学生只学完了动态助词“了”，则只讲练“唱了歌、唱了两个小时歌”，而“跳过舞”“跳着舞”等都先不练习。

（3）课堂操练

① 扩展

例：唱歌：跟朋友唱歌　唱了歌　唱了一个小时歌

散步：__________　__________　__________

跳舞：__________　__________　__________

游泳：__________　__________　__________

睡觉：__________　__________　__________

② 判断

我昨天见面了朋友。(　)

我游了一个小时泳。(　)

他洗澡了半个小时。(　)

我想跟朋友去散步。(　)

昨天晚上他跳舞了三个小时。(　)

③ 改错

昨天我只睡觉了三个小时。

____

他游泳了一个小时。

____

明天我要见面朋友。

____

3. 活动与游戏

活动一：交头接耳

活动准备：学生已经学习了常用离合词的基本用法，比如“见面、唱歌、跳舞、游泳、睡觉、跑步、吵架”等，教师把这些词语做成词语卡片。

准备惩罚卡，比如“唱一首你们国家的歌”“跳一支舞”“在教室里跑一分钟步”“表演跟同学吵架”等，如有生词则标注词义。

活动分组：一般五六个学生一组，如果班级较大，学生人数很多，可增加到七八个一组。每组学生站一排，除各组第一个学生以外，其他学生全部背向第一个学生而站。

活动要求：每组第一个学生随机抽取一张词语卡片，然后用所给词语组成一个句子并耳语告诉后面的学生，依此类推，最后一个学生要把他听到的句子大声说出来。如果跟第一个学生说得一样，而且语法没有错误，则该组加一分，否则不记分。如果出现了语法错误，先请其他组员帮忙纠错，教师可做提示。

比分最低的组需要接受惩罚，惩罚方式为组员随机抽取一张惩罚卡（不能看卡片内容）交给胜利组的组员，由胜利组的组员读出惩罚卡上的内容，再由比分最低组的组员按要求接受惩罚，比如“跳一支舞”等。

活动二：天马行空

活动准备：老师选择学生已学的几个离合词写在黑板上，比如“见面、唱歌、跳舞、游泳、睡觉、吵架”等。

活动分组：三四个学生一组。

活动要求：用黑板上的词，编成一个有趣的故事。每组成员先讨论、设计故事情节，再一起表演。讨论期间，老师巡视并提供帮助。讨论时间五分钟左右。

故事表演：请其中一组或几组上台表演，其中一个组员担任旁白，其他组员表演故事情节。观看表演后，请其他学生给予反馈，如果发现有语法错误，需先记下来，然后在表演结束后告诉该组成员并纠正。

四、示例小结

动宾型离合词可离可合，内部扩展形式也比较复杂，因此离合词教学须循序渐进，不能期望“速成”。本示例只讲练了动宾型离合词的两个基本用法，即离合词一般不带宾语，涉及的对象要通过介词等引入；以及离合词两个构成成分中间可插入一个或多个其他成分，如动态助词“了”、时量补语等。而其他用法，比如 AAB 的重叠形式、带补语时要重复其前面的动词性成分、中间插入动态助词“着、过”及动量补语等，都放在后续课程再进行讲练。

离合词各语法项目的教学应根据课程进度及教学内容进行选择、讲练和扩展。比如学习双音节动词 ABAB 的扩展形式时，则可对比学习离合词 AAB 的重叠形式，如“散散步”；学习状态补语时，便可以练习离合词必须重复其前面的动词性成分的用法，如“游泳游得很快”；学习动态助词“着、过”时，可讲练离合词中间插入“着”或“过”的用法，如“唱着歌”“跳过舞”等。把离合词这些繁杂的语法项目分散并逐一讲授，既降低了学习难度，又能有效提高教学质量和效果。

此外，在进行离合词教学时，务必要加强复现。首先，教师应根据语法项目的出现顺序不断复习、复现以前所学离合词的扩展形式。在学习新的离合词扩展形式之前，先复习以前所学的离合词扩展形式；其次，随着单个离合词在词汇教学中的不断出现，巩固重现离合词的各种扩展形式。教师在教材中碰到一个离合词就讲解一个，并以旧带新，操练扩展。由此，学生掌握的离合词越来越多，积累了一批离合词，形成“滚雪球”式教学。随后教师再从宏观层面总结离合词的用法，强化学生对离合词用法的整体理解、掌握和运用，起到“画龙点睛”之效。

五、任　务

动宾型离合词是离合词家族中最重要的成员，但除动宾型以外，还有动补型、联合型、主谓型等，请查阅相关文献资料，解释这三者的概念，然后分门别类整理出一份离合词表。

示例二　又再叹一声，汉语副词知多少

一、示例缘起

汉语同义副词的区分和使用一直是让汉语学习者头疼不已的问题，其中表重复义的“又”和“再”就是一个典型代表。“又”和“再”都有表示“第二次”“重复以前的动作”的意思，但是用法却不同。汉语学习者在学习使用这两个词的时候经常混淆，教师应该在第一次教“又”“再”时就重点讲练并分析二者的用法差异，在后续教学中重现强化，防止学生形成错误的知识定势。

二、示例背景知识

“又”“再”都是表示频率或重复意义的副词。它们都可以表示动作重复发生或动作继续的意义，但是角度有所不同，参考卢福波①关于二者的对比例释以后，编者归整出下表。

表4-3　“又”和“再”区别一览表

	又		再	
	语法功能及用法	例句	语法功能及用法	例句
意义上	表示动作重复发生或继续进行时，“又”表示客观性，即用以表示说话人陈述自己或别人的动作、状态或将要重复、继续的情况，多用于已完成或者新情况已出现，也可用于新情况即将出现。	他又写了一遍。（客观－陈述，已重复） 下星期又要考试了。（客观－陈述，将重复）	表示主观性，即用以表示说话人自己重复或继续某动作的打算、愿望或者要求、命令听话人重复或继续某动作等，多用于未完成。	我再写一遍。（主观－打算，待重复） 你再坐一会儿吧。（主观－请求，待重复）

① 卢福波．对外汉语常用词语对比例释［M］．北京：北京语言大学出版社，2009。

续表

<table>
<tr><td rowspan="2"></td><td colspan="2">又</td><td colspan="2">再</td></tr>
<tr><td>语法功能及用法</td><td>例句</td><td>语法功能及用法</td><td>例句</td></tr>
<tr><td rowspan="3">用法上</td><td>在能愿动词句中，“又”只能用在能愿动词前。</td><td>他又要学游泳了。
他又能走路了。</td><td>“再”只能用在能愿动词后。</td><td>你能再帮帮他吗?
你应该再检查一遍。</td></tr>
<tr><td colspan="4">“又”“再”后面都可以接否定词“不”“没”，但是意义完全不同。</td></tr>
<tr><td>“又不”“又没”表示没有再次出现重复或继续。</td><td>你怎么又不说话了?
我又没给你借书，真对不起。</td><td>“再不”表示不再继续或重复；“再没”表示从发生后持续到说话前的某一时或说话时没有出现、继续或重复。</td><td>那个鬼地方，我再（也）不去了。
从那以后，她再（也）没见到丈夫的面。</td></tr>
</table>

三、示例实施

（一） 教学目标

1. 掌握“又”和“再”语法意义上的区别；
2. 能自如运用“又”和“再”，并能顺利完成交际任务。

（二） 教学重点、 难点

1. 教学重点

掌握“又”和“再”语法意义上的区别。

2. 教学难点

能够根据具体语义、语境选择并灵活运用“又”和“再”。

（三） 教学前准备

1. 知识准备

学生已经学过副词“再”。

2. 教学材料准备

飞镖及镖盘；迟到情景的相关图片。

（四） 教学过程

1. 导　入

教师通过提问与学生对话，引导学生复习巩固“再”的语法意义。

教师：你们知道“再见”是什么意思吗？

学生：See you again.

教师：那 See you again tomorrow 汉语应该怎么说呢？

学生：明天再见。

教师：Come again tomorrow.

学生：明天再来。

教师：Say again please.

学生：请再说一遍。

2. 讲　练

(1) 归纳总结“再”的语法意义

板书：

明天再见 明天再来 请再说一遍 再：动作还没有发生

归纳完以后，请学生朗读板书的三个例句。

(2) 学习“又”的语法意义

教师出示迟到的图片：“小明昨天迟到了，你看，今天他……（引导学生说后半部分）“又迟到了”。学生如错用“再”，教师纠正并板书，板书突出“又”字。

教师出示一张长城的图片，并在黑板（或 PPT）上写下三个不同的时间词：以前、昨天、下个月。教师给出语境，引导学生用“又”和“再”说句子。

教师：“我很喜欢长城，我以前去过长城。昨天我——。”教师拖长音，等待学生完成句子“昨天我又去长城了”。如果学生说对了，教师肯定其答案并板书；如果学生回答不上来或答案有误，教师进行提示：“去长城了吗？”，同时指示“又”和“再”问：“应该用哪个词？”板书后，教师继续引导：“下个月我想——”，拖长音，等待学生完成句子：“下个月我想再去长城”。

同理，练习语境二：我前天去五道口了，昨天我——（又去五道口了），下个月我想——（再去五道口）。

板书：

今天他又迟到了。 昨天我又去长城了。 昨天我又去五道口了。 又：动作已经发生

（3）小　结

教师指示“又”和“再”的板书，结合“又”和“再”语法意义区别示意图，小结二者区别。

说话之前（已经发生）　说话时　说话之后（还没发生）

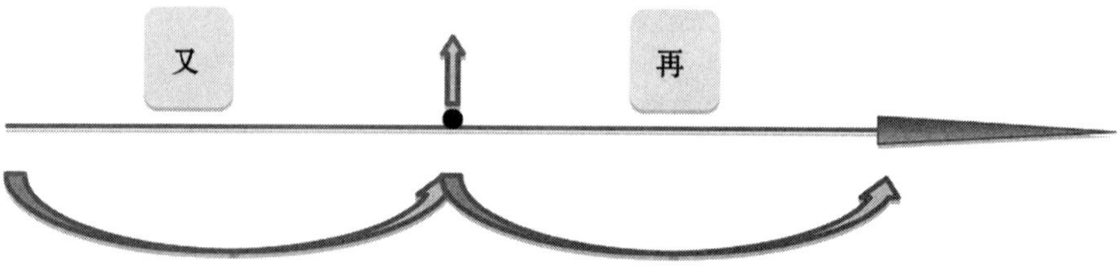

图4－2　“又”和“再”语法意义区别示意图

（4）课堂操练

① 选词填空

他今天______迟到了。（又　再）

关门了，你明天______来吧。（又　再）

他没听懂，我______说了一遍。（又　再）

对不起，我没听懂，请______说一遍。（又　再）

② 用“又”或“再”填空

今天是星期四，现在已经八点一刻了，大卫还没来。这个星期大卫每天都迟到。星期一他迟到了半个小时，星期二迟到了二十分钟，星期三他______迟到了二十分钟。老师说，如果大卫______迟到，他就要给大家跳舞。大卫是非洲人，他很喜欢跳舞。

到了八点半，大卫才来。老师说：“大卫，你______迟到了，你要给我们跳舞。”大卫跳了一支非洲舞，跳得非常好，同学们都很喜欢。小明开玩笑地说：“大卫，你明天要______迟到哦，这样我们明天就可以______看你跳舞了。”

3. 活动与游戏

<u>活动：投飞镖</u>

活动准备：飞镖若干及镖盘一个。

第一步：先由教师示范投掷飞镖。投掷一次以后，教师板书：中了/没中。然后教师做出欲再次投掷的动作，引导学生说出“再投一次”，然后教师板书。教师再投掷，再根据结果，引导学生一起说“又中了/又没中”，并板书。

第二步：请学生上台投飞镖，其他学生一起说“再投一次”。然后再一起喝彩说“哇！又中了”或表示惋惜“哎，又没中”。

四、示例小结

本示例作为第一次课讲解“又”和“再”的区别，重点介绍并操练二者的基本语法意义，即表动作重复发生或继续进行时，“又”多用于已然的情况；“再”常用于未然的情况。教师引导学生结合语境关注已然和未然的标记，并加以区别，设计语境有针对性地进行练习，如投飞镖活动。该活动可以培养学生对已经发生和还未发生两种情况的敏感度，从而有效指导“又”和“再”的使用，减少二者混用、误用偏误情况的产生。此外，教师还应通过提示学生与二者共现的常见词语，让学生更直观地把握二者用法上的异同。比如，句中有“了”一般表示已经发生的情况，应该用“又”，如课堂操练①选词填空中的第一个和第三个句子都有“了”，教师在讲解练习题的时候可以提示并做强调。

在熟练掌握了二者的这一区别以后，在后续的学习中，再学习二者的其他异同点，如“又”表客观性，“再”表主观性；和能愿动词、否定词共现时的不同用法等。教师在辨析“又”和“再”时，不能急于求成，不能一次课就把所有的不同点全部教给学生，应循序渐进。在讲解二者新的区别时，先复习介绍过的区别，然后再讲解新区别，以旧带新，这样既巩固了旧知识，也对学习新知识有一定帮助。

此外，针对不同母语背景的学生可以有针对性地设计不同的练习。比如，针对越南学生，应加强“又”和“再”只能用在动词前的位置的讲练；而对于日本学生，则要侧重“又”用于已然情况，而“再”多用于未然情况的训练。

五、任　务

任务一：“又”和“再”语义繁多，用法各异，二者除了表“重复”这一意义以外，还有哪些语义和用法？请查阅相关资料，分析整理“又”“再”的其他意义及用法。

任务二：“再”和“还”都有表示动作重复和连续的意思，比如“没关系，明天我再来一趟”“没关系，明天我还来这儿办事”。请查阅资料，分析整理“再”和“还”在语义及用法上的区别，并尝试为辨析“再”和“还”设计一个完整的教学过程。

示例三　没心没肺，不离不弃

一、示例缘起

“不”和“没”是汉语中使用频率最高的否定副词，也是汉语学习者习得偏误的多发地带，二者之间既有相似之处又有差别。学习者最常见的偏误类型是“不”和“没”的混用情况，如何使汉语教师更有针对性、更有效地进行教学，帮助学生提高学习效率，是编写本示例的目的。

二、示例背景知识

“不”和“没”是现代汉语中最基本、使用频率最高的两个否定副词。以其为标志所构成的汉语常用否定结构的情况非常复杂，也因此导致学生在使用二者时偏误频现。孟国[①]（2011）经过调查分析，总结出四种汉语学生使用否定副词时出现的主要偏误类型：1. 否定副词“不”和“没”的混用；2. 语序偏误；3. 回避否定副词；4. 否定句语义理解偏误。

王立群[②]（2006）从句法、语义、语用三个方面详细分析了“不”和“没”的区别：

表4－4　“不”和“没”区别一览表

	“不”	“没”
语义	未然性：对没有发生的事情的否定，多用于现在和将来。 “不”否定过去是有条件的，不能单用，必须在分句中或特殊的语境下才能使用。 如：她昨天不来，今天就更不会来了。	已然性：对已然发生过了的事情的否定，经常用于过去的时间。 在一定条件下，“没”也能和表将来的时间连用。 如：如果到中午他还没来，我们就不等了。
	否定主观意愿。 如：不去。	否定客观事实。 如：没去。
	否定静态的性质状况。 “不”否定形容词时，表现了说话人的主观认定。一般只能否定性质形容词，性质形容词具有恒定性，表静态。 如：不红。 这件衣服不干净。	否定动态的性质状况。 隐含事物的某一性质状态是逐渐变化的，有一个发展的过程。 如：没红（没有一个从不红到红的变化过程）。 这件衣服没脏，还能穿两天（没有一个从干净到脏的变化过程）。

① 孟国．对外汉语十个语法难点的偏误研究［M］．北京：北京大学出版社，2011：319－323。

② 王立群．“不”和“没（有）”的句法、语义、语用区别［J］．现代语文（语言研究版），2006（07）。

续表

	“不”	“没”
句法	在和动补短语连用时，“不”放在动词后补语前。如：写不完。 动补短语中间有“得”时，只能用“不”否定，且“不”放在“得”后面。 如：听得不明白。	在和动补短语连用时，“没”放在整个动补短语前。 如：没写完。
	否定能愿动词，一般用“不”。	只有少数几个能愿动词可以接受“没”的否定。 如：“能、能够、要、肯、敢”等。
	“是”字句只能用“不”否定。	“有”字句只能用“没”否定。
语用	“不”的否定焦点是整个问句。 如：小明没有听昨天的报告会吗？ 　　不，他听了。	“没“的否定焦点是动词。 如：小明没有听昨天的报告会吗？ 　　没，他没听。
	“不”单用时，可以放在句中，表示说话者有意识地纠正自己说话的错误。 如：张主任，不，赵主任休假去了。	“没”无此用法。

三、示例实施

（一） 教学目标

掌握“不”和“没”对动作行为进行否定时的区别。

（二） 教学重点、 难点

1. 教学重点

掌握“不”多用于否定未然的情况，“没”常用于否定已然的情况。

2. 教学难点

能够灵活运用“不”和“没”，提升对否定副词的应用能力。

（三） 教学前准备

1. 知识准备

首先，学生已经学完了“不”，并掌握了“不”的一些基本用法，比如“不是”“不好”“不吃”“不可以”“v 不 v”“adj 不 adj”等；其次，学生已经学习“了”表示动作行为的实现或状态的改变这一基本用法。

2. **教学材料准备**

动作行为卡片，比如："游泳、唱歌、跟朋友见面、买牛奶、洗澡、睡觉"等，最好都是学生已经学过的词语。

（四） 教学过程

1. **导　入**

通过复习旧知识导入。

教师：明天你去不去五道口？

学生：去/不去。

教师：下个月你回不回国？

学生：回/不回 。

教师：明天晚上你写不写汉字？

学生：写/不写。

教师：昨天你去没去五道口？

学生：……

（回答这个问题时学生如果犯错，教师应及时纠正，并板书。）

教师：上个月你回没回国？

学生：……

（如果学生回答时犹豫，教师可重读问题中的"回没回"或重复前一个问答对话，引导学生说出正确答案。）

教师：昨天晚上你写没写汉字？

学生：……

2. **讲　练**

(1) 引导学生归纳"不"和"没"的区别

"不"是对没有发生事情的否定，多用于现在和将来；而"没"是对已然发生事情的否定，经常用于过去。

板书：

昨天我没去五道口。 上个月我没回国。 昨天晚上我没写汉字。	明天我不去五道口。 下个月我不回国。 明天晚上我不写汉字。

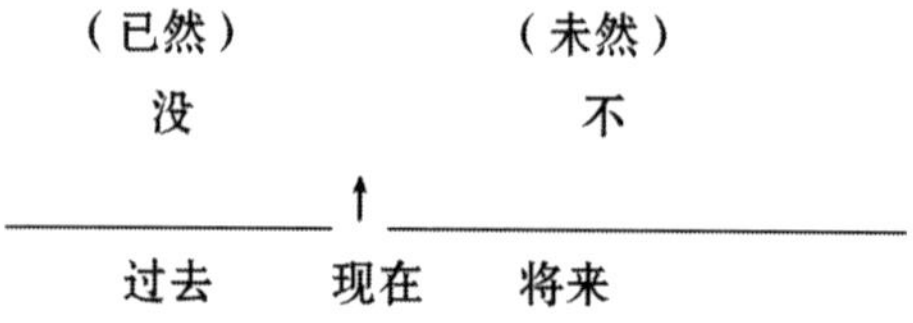

图 4－3　"不"和"没"语义区别示意图 1

(2) 课堂操练

① 选词填空

她以前______来过中国。 (不 没)

明天是星期六，我们______上课。(不 没)

下个周末我们______去上海。 (不 没)

他生病了，所以______来上课。(不 没)

② 改错

今天早上我不吃早饭就来上课了。

对不起，老师，昨天我生病了，所以不来上课。

你们去吧，我肚子疼，没去了。

3. 活动与游戏

活动：你说我说大家说

第一步：老师一张张出示事先准备好的动作行为卡片，同时说出一个人名并给出时间词，比如“大卫昨天……”（出示词语卡“洗澡”），让学生用“不”或者“没”完成这个句子，答案为“大卫昨天没洗澡。”

第二步：增加难度，把时间词换成带“了”的表完成态的句子。比如，老师说“大卫生病了，所以他……”（出示词语卡“上课”），请学生完成句子。答案为：“大卫生病了，所以他没来上课。”

第三步：请学生上台，由学生说一个人名，一个时间词，同时选一张词语卡出示给其他学生，大家一起说句子。

注意：一开始的几个句子速度可以稍慢，当学生对“不”和“没”的用法慢慢熟悉以后，逐渐加快速度，这样不但可以培养学生对否定副词这一语法点的敏感度，还能锻炼学生的快速反应能力。

四、示例小结

否定副词“不”和“没”在句法、语义、语用方面都存在很大差异，本示例只介绍了如何讲练二者最基本的不同，即“不”表未然性，是对没有发生的事情的否定，多用于现在和将来；而“没”表已然性，是对已然发生过了的事情的否定，经常用于过去的时间。为了更直观地展示二者的区别，在示例中教师选择以示意图的方式呈现。在下一次课讲解二者的区别，即“没”否定客观事实，“不”否定主观意愿时，便应复习后再进行讲解，然后补充，形成“不”和“没”的语义区别示意图-2：

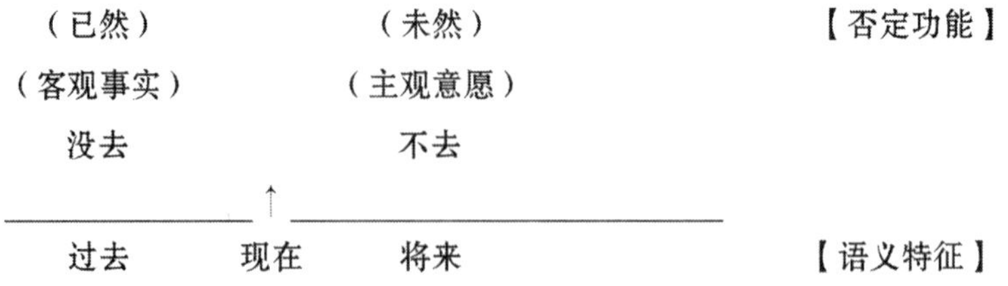

图4－4　“不”和“没”的语义区别示意图－2

由于“不”和“没”用法比较复杂，在教学中应多加操练，小步前进，螺旋上升，不断重现，以期达到良好的教学效果。

五、任　务

任务一：请先查阅资料，统计“不”和“没”的各种用法，思考这些用法应分别在哪一阶段进行教学，设计一个符合螺旋式上升原则的教学计划。

任务二：“不”和“没”的另一个不同在于“不”表主观意愿，“没”表客观事实，请在本示例基础上，为辨析这一区别设计多样化的课堂练习及趣味活动。

思考与练习

1. 副词是汉语中语义和用法都较复杂的一类词，比如使用频率较高的“就”。请查阅相关资料，统计“就”的不同用法，将这些用法分项分层，然后设计一个符合螺旋式上升原则的教学计划。

2. 能愿动词是动词的一个小类，但在语法特征和语义方面都存在着特殊性和复杂性。汉语学习者在学习使用能愿动词时存在三类问题：把一般动词的语法特征用在能愿动词上；能愿动词一般一词多义且词义有交叉，学生根据翻译理解词义容易混淆；有些能愿动词的否定形式不能按常规用“不”或者“没”。从这三个角度出发，思考如何更有效地讲练能愿动词。

第二节　虚　词

示例一　情景抓拍巧讲“着”

一、示例缘起

汉语不像英语等其他语言有严格的体时态的语法标记，而是通过在动词后加“着”“了”“过”等动态助词的词汇形式来表示时体。因此，汉语学习者在学习这几个动态助词时常常会因为母语负迁移而出现偏误。很多学生容易在使用汉语“V＋着”结构时出现偏误，误以为其等同于英语的“V＋ing”结构，也有教师在教学时为了省事，告诉学生二者是等同的，但事实到底如何？我们先来看看：

I'm watching TV.	He's playing football.
？我看着电视。	？他踢着球。
我正在/在看电视呢。	他正在/在踢球呢。
我看电视呢。	他踢球呢。

显而易见，二者并不完全等同，那汉语的“V＋着”到底表示什么？在教学中该如何进行讲练才能让学生准确理解“着”的语法意义并正确使用，这正是本示例希望解决的问题。

二、示例背景知识

动态助词“着”在动词后表示动作完成后状态的持续，这是静态的持续，称为“$着_1$”，如“桌子上摆$着_1$很多书”；“着”在动词后，还表示动作处于连续的、反复不断的持续中，是动态的持续，强调动作，称为“$着_2$”，如“雪不停地下$着_2$”。

表 4－5　动态助词“着”的语法特征及相关句型①一览表

“着”的语法特征		结构形式	例句
$着_1$：表状态的持续	句型 1	N＋在＋处所词＋V＋$着_1$（＋呢）	眼镜在书桌上放$着_1$。 妈妈在窗前坐$着_1$呢。
	句型 2	处所词＋V＋$着_1$＋N（＋呢）	房间里放$着_1$两张床、一张桌子。 墙上挂$着_1$一幅世界地图呢。
$着_2$：表动作的持续	句型 3	N＋（状语）＋V＋$着_2$	雨不停地下$着_2$。 孩子们快乐地笑$着_2$、跳$着_2$。
	句型 4	N＋V_1＋$着_2$＋V_2＋N	他听$着_2$音乐喝咖啡。 我笑$着_2$跟他握了握手。
	句型 5	N＋（正）在＋V＋$着_2$＋N（＋呢）	他正洗$着_2$衣服，有人进来了。 他们正开$着_2$会呢。

这五个句型中，句型 1、句型 2 是“$着_1$”，也是“着”的基本用法，表状态的持续，其中句型 2 是存现句，即某处存在着某人或某物。“V＋着”是存现句的主要形式特征之一。

三、示例实施

（一）教学目标

1. 掌握动态助词“着”的语法意义及其肯定、否定及疑问形式并能熟练运用；
2. 掌握句型 1“N＋在＋处所词＋V＋着（＋呢）”并能熟练运用；
3. 掌握存现句，即句型 2“处所词＋V＋着＋N（＋呢）”并能熟练运用；
4. 通过小组合作、完成任务等方式，灵活运用动态助词“着”描述一个人或一个情景。

（二）教学重点、难点

1. 教学重点

能够理解“着”表状态持续的语法意义；掌握“V＋着”的基本用法；掌握句型 1、句型 2，并能熟练运用。

2. 教学难点

掌握句型 1“N＋在＋处所词＋V＋着（＋呢）”和句型 2“处所词＋V＋着＋N（＋呢）”，并能在语言实践中正确、灵活运用。

① 吕文华. 对外汉语教学语法讲义［M］. 北京：北京大学出版社，2014：298。

（三） 教学准备

1. 知识准备

已经学完动态助词“了”。

2. 教学材料准备

教师准备一件白色的衣服，一张孩子的照片和几张房间的图片；课前要求每位学生带一张自己房间的照片来。

（四） 教学过程

1. 导 入

教师用情景演示的方法导入知识点。

教师打开教室的门，同时问学生：“老师在做什么？”

学生：老师打开门。

门打开以后，教师接着问学生：“看，门现在——”。教师拖长音，等待学生的反应。

学生回答，教师朗读例句并板书：

门 开 着。
S + V + 着

同时给学生解释“V + 着”表示动作结束后状态的持续。

2. 讲 练

（1）操练“着”的肯定形式“S + V + 着”

第一步：教师继续用情境演示的方法引导学生。

教师把教室的窗户打开，问：“老师在做什么？”

学生：老师打开窗户。

窗户打开以后，教师指窗户，问：“现在呢？窗户——”教师拖长音，等待学生的反应。

学生：窗户开着。

教师提示学生扩展句子：哪儿的窗户开着？

学生：教室的窗户开着。

教师再把窗户关上，进行提问，“现在呢？”引导学生说：“教室的窗户关着”。如果学生只说“窗户关着”，教师可提示，要求学生尽量说长一点儿的句子。

第二步：教师继续做开灯、开电脑、关空调、坐下、站起来等动作，让学生练习用“S + V + 着”说句子。注意教师做动作后要停顿一下，再提问，以体现“V + 着”表动作结束后状态的持续。

第三步：进行扩展，操练“S + V + 着 + O”的形式。教师穿上一件白色的衣服，然后指着自己身上穿的衣服，引导学生说句子：“老师穿着一件衣服”。继续提问学生，“什么颜色的衣服?”“句子可以怎么说?”，让学生说“老师穿着一件白色的衣服”。

第四步：教师指导学生说句子，进行操练。“老师穿着一件白色的衣服，他呢?”，同时指示一名学生，并请另一名学生进行描述。然后请学生依次描述前一名学生的衣着或动作状态，如：“大卫穿着一条黑色的裤子”“杰克戴着蓝色的帽子”“玛丽拿着一支笔”等。

（2）操练“着”的疑问形式“S + V + 着 + 吗?”“S + V + 着 + 没有?”及否定形式“S + 没 + V + 着”

第一步：熟悉肯定形式以后，引导学生练习“着”的疑问及否定形式。

教师把门窗等都关上，然后提问：“教室的门开着吗?”“教室的门开着没有?”，并板书“着”的两种疑问形式。同时告知学生这两种疑问形式意思相同，提问时，用哪个都可以。

引导学生回答“教室的门没开着”，随后板书“V + 着”结构的否定形式。

第二步：教师口头给提示词，如：“教室的窗户”，请两名学生进行问答练习，然后依此类推，请学生根据老师的提示，如：“教室的灯”“你房间的电脑”“你房间的空调”等，进行操练。如：

学生 1：教室的窗户开着吗?

学生 2：教室的窗户没开着，教室的窗户关着。

学生 3：教室的灯开着没有?

学生 4：教室的灯没开着，教室的灯关着。

……

第三步：强化疑问形式，并操练运用特指问句进行提问。

教师指自己，提问：老师穿着黑色的衣服吗?

学生：老师没穿着黑色的衣服，老师穿着白色的衣服。

教师：谁穿着黑色的衣服?

学生：南希穿着黑色的衣服。

随后，教师根据学生衣着或动作状态，进行词语提示，如：“蓝色的帽子”“红色的裙子”“黑色的眼镜”“拿着手机”等，请学生用疑问代词“谁”两两进行提问及回答。

板书：

门开着吗? 你房间的电脑开着没有? 老师穿着黑色的衣服吗? …… S + V + 着（+ O）+ 吗? S + V + 着（+ O）+ 没有?	门开着。 教室的窗户关着。 我房间的电脑开着。 老师坐着。 老师穿着一件白色的衣服。 杰克戴着蓝色的帽子。 …… S + V + 着（+ O）	门没开着。 我房间的电脑没开着。 老师没穿着白色的衣服。 …… S + 没 + V + 着（+ O）

(3) 操练句型1“N＋在＋处所词＋V＋着（＋呢）”。

第一步：从“着”的基本形式进行过渡，讲练句型1。

教师做动作：坐到椅子上，说：“老师——”，拖长音，引导学生说：“老师坐着”。继续追问：“在哪儿?”“怎么说?”。请学生说。如果学生回答有误，纠正，给出正确说法并板书；如果学生回答正确，肯定其答案并板书：“老师在椅子上坐着”。

第二步：出示“小猫趴在桌子上”“林娜躺在床上”“金汉城站在外面”等图片，引导学生用“N＋在＋处所词＋V＋着”这一句型进行练习。

第三步：教师再做动作：把书放到桌子上，并将“放”这一动作重复两遍，以示强调。然后问：“老师做什么了?”同时配合“放”这一动作，进一步引导：“这是什么动作?”

学生：放（书）。

教师：“书现在在哪儿？怎么样了?”同时指向板书上的句型1，提示学生用句型1进行回答。

学生：“书在桌子上放着”，如果学生不能回答或答案有误，教师依次指示句型1“N＋在＋处所词＋V＋着（＋呢）”中的各要素，进行提示，引导学生说出正确的句子，最后教师朗读句子并板书。

第四步：教师做动作，学生依次说句子。比如：教师把书包放到椅子上，把衣服挂到门上，把笔放到书包里等。注意，为强调“着”表示动作完成后状态的持续，教师应先做动作，然后停顿片刻，再提问：“我的书包呢?”“我的衣服呢?”等，防止学生误认为所说所练是在描述教师的动作行为，误解“着”的语法意义。

板书：

> 老师在椅子上坐着（呢）。
> 小猫在桌子上趴着（呢）。
> 林娜在床上躺着（呢）。
> 金汉城在外面站着（呢）。
> 书在桌子上放着（呢）。
> 书包在椅子上放着（呢）。
> 衣服在门上挂着（呢）。
> 笔在书包里放着（呢）。
>
> N＋在＋处所词＋V＋着（＋呢）

(4) 操练句型2“处所词＋V＋着＋N（＋呢）”

第一步：教师手指教室里摆有书和笔的桌子，然后问：“桌子上放着什么?”

学生：“桌子上放着书和笔。”

教师："桌子上放着几本书和几支笔？"

学生："桌子上放着一本书和两支笔。"

第二步：教师继续提问："墙上挂着什么？""抽屉里放着什么？""黑板上写着什么？"等等，帮助学生熟悉句型2"处所词＋V＋着＋N（＋呢）"

板书：

> 桌子上放着一本书和两支笔（呢）。
> 墙上挂着一件衣服（呢）。
> 抽屉里放着一个钱包（呢）。
> 黑板上写着八个汉字（呢）。
>
> 处所词＋V＋着＋N（＋呢）

第三步：操练这一句型时，学生很可能产生"椅子上趴着我的小猫"这样的偏误，这时教师首先需要帮助学生改正，告诉他们正确的说法应该是"椅子上趴着一只小猫"，然后引导学生对比两组句型公式中名词部分的差异。最后得出结论：句型2中的N（名词部分）一般都不能是有定的，而应是不定的，多表现为由数量短语修饰。

板书：

处所词+V+着+N（+呢）		处所词+V+着+N（+呢）
× 桌子上趴着我的小猫（呢）。	→	√ 桌子上趴着一只小猫（呢）。
× 床上躺着林娜（呢）。		√ 床上躺着一个人（呢）。
× 桌子上放着我的书和本子（呢）。		√ 桌子上放着很多书和本子（呢）。

（5）课堂操练

① 用所给动词和"着"改写句子：

例：林娜买了一条红色的裙子。（穿）　林娜穿着一条红色的裙子。

他买了一副眼镜。（戴）　＿＿＿＿＿＿

小明买了一顶黑色的帽子。（戴）　＿＿＿＿＿＿

玛丽买了一条蓝色的裙子。（穿）　＿＿＿＿＿＿

例：书架上有三本书。（放）　书架上放着三本书。

学校门口有很多车。（停）　＿＿＿＿＿＿

教学楼外面有很多人。（站）　＿＿＿＿＿＿

桌子上有一个手机。（摆）　＿＿＿＿＿＿

② 把上一题的六个句子改成带“着”的疑问句，并用否定形式回答。

例：林娜买了一条红色的裙子。（穿）

林娜穿着红色的裙子吗？（林娜穿着红色的裙子没有？）

她没穿着红色的裙子，她穿着黑色的裙子。

他买了一副眼镜。　　　　（戴）＿＿＿＿＿＿　＿＿＿＿＿＿

小明买了一顶黑色的帽子。（戴）＿＿＿＿＿＿　＿＿＿＿＿＿

玛丽买了一条蓝色的裙子。（穿）＿＿＿＿＿＿　＿＿＿＿＿＿

例：书架上有三本书。　　（放）

书架上放着书吗？（书架上放着书没有？）

书架上没放着书，书架上放着一台电脑。

学校门口有很多车。　　（停）＿＿＿＿＿＿　＿＿＿＿＿＿

教学楼外面有很多人。　（站）＿＿＿＿＿＿　＿＿＿＿＿＿

桌子上有一个手机。　　（摆）＿＿＿＿＿＿　＿＿＿＿＿＿

③ 改错。

门开着了。　　　　　　＿＿＿＿＿＿

墙上没挂中国地图着。　＿＿＿＿＿＿

我房间的灯不开着。　　＿＿＿＿＿＿

老师坐着在椅子上。　　＿＿＿＿＿＿

窗台上趴着我的小猫。　＿＿＿＿＿＿

床上躺着大卫。　　　　＿＿＿＿＿＿

3. 活动与游戏

活动一：找孩子

活动准备：将课前准备的小孩儿照片贴在黑板上或通过 PPT 展示出来。

教师介绍活动背景：今天下午妈妈带孩子去火车站，由于火车站人太多，孩子跟妈妈走散了。现在妈妈特别着急，她找到了警察，想请他们帮忙。

教师扮演警察，学生扮演孩子妈妈。警察问问题，如：

孩子是什么时候不见的？

孩子是在哪儿不见的？

他/她几岁了？多高？

走丢的时候他/她穿着什么样（颜色）的衣服？穿着什么样（颜色）的裤子？

戴着帽子没有？戴着什么样（颜色）的帽子？

背着书包没有？背着什么样（颜色）的书包？……

学生根据教师提供的照片，依次回答老师的问题。注意教师应确保每个学生都回答至少一个问题并都得到练习的机会。

如果还有时间，还可请学生三人一组，一个扮演走丢的孩子，一个扮演警察，一个扮演孩子的妈妈，进行表演。

活动二：我说你画

活动准备：课前准备好的房间图片。图片应根据学生的汉语水平进行选择，如果水平较低选择较简单的图片，如房间二，水平较高则选择较复杂的房间图片，如房间一。

房间一：这是我的房间，房间门口放着一个衣架，衣架上挂着两个漂亮的包，衣架的旁边立着一个衣柜，衣柜顶上摆着一盆花儿，衣柜的左边立着一个书柜，书柜里整整齐齐地摆着很多书，书柜的左边放着一个书桌。书桌上放着一台电脑和两本书。书桌的旁边放着一张床，这是我的床，床又大又舒服，床上放着两个枕头。床头放着一个床头柜，床头柜上摆着一个台灯和一张照片。床尾放着一张小桌子，桌子上摆着两盆花儿。我房间的墙上挂着三幅画儿，窗户上挂着白色的窗帘。我的房间不太大，可是又漂亮又整齐。

房间二：这是我的房间，我的房间不太大，门口放着一个书柜，书柜里整整齐齐地摆着很多书，书柜旁边有一个小柜子，小柜子上放着一个小小的电视机。现在电视开着，我和我的朋友大卫正在看电视，他在椅子上坐着，我在床上躺着。

第一步：教师出示准备好的房间图片，带领学生一起描述房间。

第二步：给几分钟的时间让学生试着自己描述图片。

第三步：请几个学生轮流描述图片。

第四步：请学生拿出课前准备好的自己房间的图片，不能让其他学生看到。

第五步：两个学生一组，一个学生给另一个学生描述自己的房间，另一个学生一边听一边画，画完以后写上自己的名字。

第六步：交换角色，原来画房间的学生进行描述，另一个边听边画。

第七步：各组学生都画完以后，互相检查，看看谁画得最准确。

第八步：全班同学把自己画的房间图都举起来，比比谁的房间画得最漂亮。

此活动还可以有其他变式玩法：如果学生年龄偏低，那么从第四步开始，可以把画房间的活动换成贴贴纸，教师事先准备好书柜、衣柜、桌子、椅子、床、花儿、包等的图片贴纸或词语卡片贴纸，一个学生描述房间，另一个学生按指令贴贴纸。

四、示例小结

动态助词“着”的用法很多，有表状态持续的，如“门开着”；也有表动作持续的，如“雪不停地下着”，本示例只讲练了表状态持续的“着”。这一类是“着”的最基本用法，也是使用频率较高的几项。教学示例运用情景法进行导入、讲练；利用教室的门、窗、灯、电脑等实物实景演示并讲练“着”的语法意义，既直观且易学易懂；通过组织描述或介绍房间图片、人物样貌等各类课堂活动、游戏，让学生在玩中学，在做中学，以期取得良好的教学效果。

由于“着”的特点及用法比较复杂，带“着”的句型也比较多，对于后续“着”的教学，有两点建议：

（一）教学分层次

先教表状态持续的“$着_1$”，再教表动作持续的“$着_2$”。“$着_2$”在口语中用得很少，在书面语中，其主要功能是描写，比如“她的眼里闪着泪花”。因此，如果不是文学作品，很少能用得到“$着_2$”①（刘月华，2001）。体现动作持续的“V $着_2$”主要用于有伴随性动作的格式“V_1 $着_2V_2$”中，如“躺着看书”，这一格式可以在第二次讲授“着”时再操练。而对于“着”的另外一种格式“V_1 着 V_1 着 + V_2”，如“听着听着睡着了”，也建议在稍后阶段再讲授。

（二）教学有取舍

教学中并不是所有“着”的用法都要详细讲解，而应该做到重点分明，有取有舍。对于“V 着”与“在”“正在”“呢”同现，即“正/在/正在 + V + 着 + （O） + 呢”，编者赞同吕文华的观点，即不把它作为“V 着”的一个格式纳入教学。因为这个格式表示动作的进行和持续，比较复杂，容易引起混淆，教学语法应趋利避害，力求简明易懂，易教，易学②（吕文华，2014）。从教学策略出发，这一格式可不出现在“着”的教学内容中，也不宜出现在初级阶段，到中高级阶段若课文中出现这个格式，可随文附注，不必讲练。

五、任　务

任务一：“着”有另外一种用法“V_1 着 V_1 着 + V_2”，表示 V_1 正在进行中，V_2 出现了，比如“看着看着睡着了”，请试着为这一语法点设计一个教学过程，包括导入，讲练，课堂活动和游戏等。

任务二：根据本示例“着”的教学重点和难点，请你设计一个阅读材料，如短剧、短文、笑话等，注意措词要通俗易懂。

示例二　分享体验操练“过”

一、示例缘起

“过”不但可以用作一般动词、趋向动词、副词，还可用作动态助词。作为动态助词的“过”，是汉语学习者的学习难点，也是教师教学的重点。学生在实际学习操练过程中，

① 刘月华等．实用现代汉语语法（增订本）[M]．北京：商务印书馆，2001。

② 吕文华．对外汉语教学语法讲义 [M]．北京：北京大学出版社，2014：300。

使用动态助词“过”常产生大量偏误。

有研究者[①]基于“东南亚留学生作文语料库”对汉语学习者使用动态助词“过”产生的偏误进行分析归纳，整理出以下几种类型：

第一，不该用“过”，却用了“过”。

如：×我小的时候，家乡常常有人去过美国。

第二，“过”的位置有误。

如：×我在学校的时候也喝酒过。

第三，不能与“过”连用的动词用了“过”。

如：×我以前知道过这件事情。

第四，动态助词“过”与动词“过”的重合混用。

如：×我没有过中国的春节。

第五，“过”和“了”混用。

如：×我从前听了这个故事。

作为汉语教师，如何更有效地组织教学，更有针对性地设计操练活动，尽量减少学生在实际运用“过”时产生的偏误，是设计本示例的主要目的。

二、示例背景知识

吕叔湘[②]（1999）《现代汉语八百词（增订本）》，对动态助词“过”的语义和用法进行了如下归纳总结：

表 4－6　动态助词“过”的语法意义及用法一览表

词类	语法意义		例句
动态助词	1	用在动词后，表示动作完毕。 这种“动＋过”也是一种动结式，但不同于一般动结式，中间不能插入“得”“不”，也没有否定的说法。后面可以带动态助词“了”。	吃过饭再去。 等我问过了他再告诉你。
	2	用在动词后，表示过去曾经有这样的事。	我们曾经谈过这个问题。 前年我去过长城。
	3	形容词带“过”，一般需要说明时间，有同现在相比较的意思。	前几天冷过一阵。

① 张雅文．初级阶段留学生动态助词“过”的偏误分析及教学建议［D］．广州：暨南大学硕士学位论文，2011：8－9。

② 吕叔湘．现代汉语八百词（增订本）［M］．北京：商务印书馆，1999：246－247。

本示例只讲解动态助词“过”的第二种用法，即表示过去曾经有这样的事，曾经的经历。以下所提到的“过”均指这一类。

表4－7　动态助词“了”与“过”区别一览表

“了”		“过”	
语法意义	例句	语法意义	例句
表示动作或状态的实现或完成，动作常常还继续，状态还存在。	他去了长城，下午才回来。 （现在在长城）	表示曾经发生的动作或状态，动作已不再继续，状态也不复存在。	他去过长城。 （现在不在长城）
主要用于叙述某个动作的完成，常常用于连续事件的叙述中。	他去了法国，下星期回来。（叙述情况） 她离了婚，跟父母住在一起。（叙述情况）	主要用于说明、阐明道理和观点。	他去过法国，了解法国的情况。（说明理由） 她离过婚，对婚姻失去了信心。（说明理由、观点）

关于“过”和时间词语的搭配使用问题，吕文华①（2014）认为在教学中可做如下介绍：

1. 表示经常性、多次性、反复性的时间词语，如“常常”“经常”“每天”“每星期”等，不能与带“过”的句子同现。

2. 表示不确定的时点词语，如“有一天”“有时候”等，不能与“过”同现。

3. 可以与带“过”的句子同现的时间词有两类：一类是表示确定的时点词语，如“前天”“昨天”“三天前”“刚”“刚才”等；一类是表示过去的时段词语，如“以前”“从前”“过去”等。

三、示例实施

（一）教学目标

1. 掌握动态助词“过”在动词后表示过去发生的事情，曾经的经历这一语法意义及结构形式“S＋V＋过＋O”；

2. 掌握动态助词“过”在否定句中的用法“S＋没（有）＋V＋过＋O”；

3. 掌握动态助词“过”在疑问句中的用法“S＋V没V＋过＋O?”“S＋V＋过＋O＋没有?”“S＋V＋过＋O＋吗?”。

① 吕文华．对外汉语教学语法讲义［M］．北京：北京大学出版社，2014：301.

（二）教学重点、难点

1. 教学重点

掌握动态助词“过”表曾经的经历这一语法意义及其在肯定句、否定句和疑问句中的用法。

2. 教学难点

掌握动态助词“过”和“了”的区别以及“过”与时间词语搭配使用时的限制。

（三）教学准备

1. 知识准备

（1）已经学习了“过“作为一般动词的意义及用法，如“过生日”；

（2）已经学习了动态助词“了“的意义及用法。

2. 教学材料准备

（1）标注汉字的各种口味的蛋糕图片，比如巧克力蛋糕、芝士蛋糕、香蕉蛋糕、苹果蛋糕、冰淇淋蛋糕等；

（2）标注汉字的各种牌子或口味的巧克力图片，比如牛奶巧克力、黑巧克力、白巧克力、Ferrero Rocher（费列罗）巧克力、Lindt（瑞士莲）巧克力等；

（3）事先制作好的生日卡或者生日卡图片；

（4）红酒、鲜花等图片。

（四）教学过程

1. 导　入

由已经学过的旧知识“过”作为一般动词的用法引导过渡到新知识。

教师：今天是马大为的生日，今天晚上我们一起给他过生日，好吗？

教师板书：过生日。

教师：今天晚上我们要参加马大为的生日聚会，现在我们一起来说说送给他什么礼物吧。

2. 讲　练

（1）教师引导学生使用动态助词“过”回答问题

教师：老师这儿有很多礼物，你打算送给马大为什么呢？

教师出示各种图片，如各种口味的蛋糕图片、各种牌子或口味的巧克力图片、红酒图片、事先制作好的生日卡、鲜花图片等，请学生选择图片作为礼物，然后据此继续引导提问：

> 你吃过……蛋糕吗？味道怎么样？
> 你给朋友做过生日卡没有？给谁做过？
> 你吃没吃过……巧克力？好吃不好吃？
> 你买过什么牌子的巧克力？你最喜欢哪个牌子的巧克力？
> 你送过谁巧克力？
> 你送过谁鲜花？你送过什么花儿？
> 你喝过什么牌子的红酒？你觉得什么红酒最好喝？

在师生对话的同时，教师在黑板上板书或者展示事先准备好的PPT：

吃过……蛋糕	没吃过……蛋糕
做过生日卡	没做过生日卡
吃过……巧克力	没吃过……巧克力
买过……巧克力	没买过……巧克力
送过……巧克力	没送过……巧克力
送过……鲜花	没送过……鲜花
送过……花儿	没送过……花儿
喝过……红酒	没喝过……红酒

（2）结合学生的回答，引导归纳动态助词“过”的语法意义及用法

教师：我吃过……蛋糕，他吃过……巧克力，她喝过……红酒，马大为送过女朋友鲜花……，这些都是以前的经历。

S＋V＋过＋O
S＋没（有）＋V＋过＋O
S＋V没V＋过＋O？
S＋V＋过＋O＋没有？
S＋V＋过＋O＋吗？
} 过：以前的经历

（3）通过正句法，对比分析病句原因，降低学生使用动态助词“过”出现偏误的可能性

× 上高中的时候我喝酒过。　√ 上高中的时候我喝过酒。

分析：“过”必须放在动词后面，宾语前边。

× 我们见面过两次。　√ 我们见过两次面。

分析：动态助词“过”和动量补语要放在离合词两个构成成分中间。

× 有一年他去过美国。　√ 前年他去过美国。

分析：可以与带“过”的句子同现的时间词有两类：一类是表示确定的时点词语，如“前天”“昨天”“三天前”“刚”“刚才”等；一类是表示过去的时段词语，如“以前”“从前”“过去”等。

× 我没有过中国的春节。　　√ 我没有过过中国的春节。

分析：第一个“过”是一般动词，应该说“我没有过过中国的春节。”

× 我以前听了这个故事。　　√ 我以前听过这个故事。

分析：这是以前的经历，应该用“过”。

（4）辨析动态助词“过”和“了”

第一步：通过提问导入，让学生对比体会“了”和“过”的不同。

教师：马大为今天去了长城，下午才回来。所以今天上午他不能来上课。林娜，你去过长城吗？

板书：

马大为今天去了长城，下午才回来。

林娜去过长城。

教师继续提问：现在马大为在哪儿？林娜呢？

学生回答后，教师给出答案，加以强调：马大为现在在长城，下午才回来。林娜现在不在长城，她在教室上课呢。

第二步：通过对比，进行小结。

“了”表示动作或状态的实现或完成，动作常常还继续，状态还存在；“过”表示曾经发生的动作或状态，动作已不再继续，状态也不复存在。

第三步：教师再出示一组句子，强化深化“过”与“了”的区别。

教师：马大为去了美国，下个月才回来。

　　林娜去过美国，对美国有一些了解。

　　请学生朗读这两个句子，讨论二者有何不同。

学生：“马大为现在在美国，林娜现在不在美国。”

教师肯定学生答案：“说得对！”然后继续引导：“林娜为什么对美国有一些了解？”

学生：“因为她去过美国。”

第四步：教师小结，充实完善“过”与“了”的区别。

“了”主要用于叙述某个动作的完成，常常用于连续事件的叙述中。“过”表示曾经发生的动作或状态，主要用于说明理由、阐明道理和观点。

（5）课堂操练

① 请用“了”或者“过”填空。

上个月我去（　）上海，然后又去（　）香港，我在上海和香港吃（　）很多好吃的东西，也拍（　）很多漂亮的照片。这次我是一个人去上海的，因为我以前去（　）很多次上海，对上海比较了解。但是我从来没去（　）香港，所以去之前我非常担心。

② 判断正误，并进行修改。

小时候我去过一次美国。

有一年我吃过北京烤鸭。

去年我去过两次故宫。

刚刚我去过那家超市。

她去过上海，下个星期回来。

她去过上海，所以她知道上海有什么好吃的。

来北京以后我常常吃过北京烤鸭。

我上个月看过这部电影。

我女朋友从来没有给我过生日。

他以前没跳舞过。

3. 活动与游戏

活动一：比一比谁的经历最丰富

活动准备：教师在 PPT 上准备好下列词语

吃过	北京烤鸭/饺子/包子/……
喝过	绿茶/红茶/功夫茶/……
做过	生日卡/中国菜/……
买过	花儿/生日蛋糕/……
送过	花儿/红酒/生日蛋糕/……
……	……

活动过程：

第一步：教师说明比赛规则及要求：用动态助词“过”描述自己的经历，一分钟之内介绍出最多经历的学生获胜。

第二步：学生根据 PPT 上的提示词语准备三分钟。

第三步：比赛开始，请参赛学生依次介绍自己的经历，教师划“正”字记录正确运用“过”的句子个数。注意：介绍时学生不可看提示词语。

第四步：比一比，谁的经历最丰富。

活动二：谁是中国通？

活动准备：教师准备好下列问题并展示在 PPT 上或写在黑板上。

> 你去过中国吗？（海外学生）
> 你以前来过中国吗？你来过中国几次？（在中国的汉语学习者）
> 你去过中国的哪些城市？
> 来中国以后，你吃过哪些中国菜？
> 你吃过月饼/汤圆/粽子/饺子吗？
> 你看过中国电影没有？你看过什么中国电影？
> 你交过中国女/男朋友吗？
> 你喝过中国的茶吗？你喝过什么茶？你最喜欢哪种茶？
> 你去中国人家里做过客吗？
> 你喜欢中国的名人或明星吗？你见过吗？你见过谁？
> 你听过京剧吗？你唱过吗？
> 你学过中国歌吗？
> 在中国，你跟朋友一起去酒吧喝过酒，跳过舞吗？你喜欢吗？

活动过程：

第一步：教师带领学生把所有的问题先朗读一遍，遇到学生不明白的字词或文化知识，教师先解释。比如可通过图片等方式简单介绍月饼/汤圆/粽子、中国茶、京剧等。

第二步：小调查。三四个学生一组，根据 PPT 或黑板上的提示问题互相提问。

第三步：每组推选一位“中国通”。

第四步：每组的“中国通”站起来向全班介绍自己对中国文化的了解。介绍时可根据对问题的回答来组织语言，以下是参考答案：

> 我来过中国三次。我去过……，吃过……。我看过很多中国电影，比如……。我交过一个中国女朋友，不过现在分手了。我喝过中国的……茶、……茶，我很喜欢喝茶。我还没去中国人家里做过客，但是我很想去。我知道的中国明星不多，只有……，不过我没见过他们。我听过京剧，可是听不懂，听说很多中国人也听不懂。我学过中国歌，我会唱……。在中国，我跟朋友一起去酒吧喝过酒，跳过舞。我很喜欢去酒吧喝酒跳舞。
>
> 我喜欢中国，希望成为一个真正的“中国通”。

第五步：根据每组“中国通”的介绍，全班学生一起投票推选出班级“中国通”。

四、示例小结

本示例主要介绍了动态助词“过”表曾经的经历这一语法意义及其在肯定句、否定句和疑问句中的用法。“过”的用法相对比较简单，教学时需注意以下问题：

首先，关于“过”和“了”。动态助词“了”表示发生、出现（包括完成），“过”表示曾经发生，在意义上有近似之处，故学生常常难以分辨，使用时产生偏误。因此在教学中，需要引导学生对二者的异同加以对比辨析。

其次，关于“过”和时间词语。并不是所有表过去的时间词都可以跟“过”共现，教师需要在课堂上强调不可以和“过”共现的时间词。

最后，“过”总是出现在说明、解释性的句子中，即在话语中，“过”所在的句子具有以此为依据进一步说明某个道理，解释某个观点的表达功能。比如“我去过法国，对法国有一些了解”，就是说我对法国有一些了解的原因是我去过法国，这是一种解释。因此，在设计语言操练活动时，应多结合上下文语境让学生体会并掌握什么情况下适合用“过”，从而把“过”的语用功能纳入教学中。

五、任 务

请区分“了”与“过”的异同并设计相应练习，让汉语学习者在上下文语境中体会二者的区别。

思考与练习

1. 结合以下两个表格，谈谈你对动态助词“了”的教学建议。

表 4-8 “了$_1$”的语法特征及相关句型一览表①

<table>
<tr><th>语法意义</th><th>句型</th><th colspan="2">结构形式</th><th>例 句</th></tr>
<tr><td rowspan="6">用作动态助词，表示完成态的“了$_1$”</td><td>句型 1</td><td colspan="2">S + V + 了$_1$ + 数量词语/修饰语 + O
叙述动作完成所及的特定对象或所及对象的数量。</td><td>他写了$_1$三十个汉字。
他买了$_1$鲁迅的小说。</td></tr>
<tr><td colspan="4">“V + 了$_1$”后面如果有宾语，宾语之前通常有数量词或其他定语修饰。如果宾语之前没有数量词或其他定语，句尾就要有语气词“了$_2$”，或者后面再带一个小句，表示第二个动作紧跟第一个动作发生，否则给人的感觉是语义未完。</td></tr>
<tr><td>句型$_2$</td><td colspan="2">S + V + 了$_1$ + O，(S) + VP
叙述动作完成后出现或将出现另一个动作。</td><td>我下了$_1$课就去图书馆。
听了$_1$新闻我就做练习。</td></tr>
<tr><td rowspan="2">句型 3</td><td rowspan="2">动词补语句 + 了$_1$</td><td>简单趋向补语
结果补语
介宾补语
数量补语</td><td>前面走来了$_1$一位老爷爷。
晚霞染红了$_1$天空。
汽车开到了$_1$宿舍门口。
儿子长高了$_1$两厘米。</td></tr>
<tr><td>复合趋向补语</td><td>爸爸买回了$_1$一束花儿来。
爸爸买回来了$_1$一束花儿。
爸爸买了$_1$一束花儿回来。</td></tr>
<tr><td>句型 4</td><td colspan="2">“把”字句、“被”字句 + 了$_1$</td><td>他把桌子搬到了$_1$外边。
我的手被划了$_1$一个口子。</td></tr>
</table>

① 吕文华. 对外汉语教学语法讲义 [M]. 北京：北京大学出版社，2014：280-287.

续表

语法意义	句型	结构形式		例　句
用作动态助词，表示完成态的“了$_1$”	句型5	连动句、兼语句+了$_1$	连动句和兼语句中，“了$_1$”一般不出现在第一个动词后。	他去超市买了$_1$很多东西。 他请我们吃了$_1$一顿大餐。
			连动句只有前后动词表示连续动作或动作有先有后，先完成第一个动作再进行第二个动作时，“了$_1$”才能出现在第一个动词之后。	我洗了$_1$衣服去找你。 我吃了$_1$饭去看电影。
	句型6	动词重叠+了$_1$		听了$_1$听　看了$_1$看 研究了$_1$一下
	句型7	离合词+了$_1$		洗了$_1$澡　见了$_1$面

表4-9　使用“了$_2$”的相关句型一览表

语法意义	句型	结构形式	例　句
用作语气助词，表示变化态的“了$_2$”	句型1	形容词+了$_2$	蔬菜便宜了$_2$。
	句型2	时间词/数量词+了$_2$	十二点了$_2$。 儿子三岁了$_2$。 行李二十公斤了$_2$。
	句型3	关系动词/心理、状态动词+了$_2$	老张是教授了$_2$。 我喜欢玩游戏机了$_2$。 大家都饿了$_2$。
	句型4	能愿动词+宾语+了$_2$	孩子会走路了$_2$。
	句型5	可能补语+宾语+了$_2$	他买得起汽车了$_2$。
	句型6	已经+动词+了$_2$	他已经回美国了$_2$。
	句型7	不+动词+了$_2$	他不学英语了$_2$。

2. 汉语学习者常常会出现“了”的误加这一偏误，请查阅相关资料归纳哪些情况不能使用“了”？在教学中该如何处理？

3. “的、地、得”都是结构助词，三者的区别是什么？在教学中怎样教才能让学生分清三者的不同？

4. “吗、吧、呢”是最常用的语气助词，收集一些典型例句，就这三者进行辨析。

第三节 句法成分

示例一 螺旋式递进讲练状态补语

一、示例缘起

汉语学习者在学习状态补语时经常出现以下几种偏误：[①]

第一，状态补语位置有误。如：

× 他写汉字得很漂亮。

× 他洗衣服得很干净。

尤其是句中动词是离合词时，这种偏误最容易出现：

× 我游泳得很慢。

× 他跑步得很快。

第二，该用状语而误用成补语。如：

× 你要学习得很努力。

× 电影马上就要开始了，你要来得很快。

第三，该用补语而误用成状语。如：

× 他快快地跑，所以摔倒了。

× 老师很慢地说，我听懂了。

第四，“得”误用成“着”或“了”。如：

× 他走着很快。

× 他学习着很努力。

补语的学习一直是汉语学习者的一个重点和难点，如何在教学中帮助学生尽量减少上述偏误，更好地掌握状态补语这一语法点，并能在实际生活中熟练运用，是本章节设计此示例的目的。

二、示例背景知识

结构助词“得”附着在动词、形容词后，与其他词或短语构成各种性质的中补短语：可能补语，程度补语，状态补语。状态补语表示动作行为显现出的状态。其基本句型有以

① 杨玉玲，吴中伟．国际汉语语法与语法教学［M］．北京：高等教育出版社，2013.

下几种：

表 4－10　状态补语的结构形式

	基本句型	例句
句型 1	主语＋动词/形容词＋得＋形容词/形容词短语 S＋V/Adj＋得＋Adj/AP	他洗得很干净。
句型 2	主语＋动词＋宾语＋动词＋得＋补语 S＋V＋O＋V＋得＋C	她说汉语说得很流利。
句型 3	主语＋（的）宾语＋动词＋得＋补语 S＋（的）＋O＋V＋得＋C	他（的）汉语说得很流利。
句型 4	主语＋动词/形容词＋得＋动词短语 S＋V/Adj＋得＋VP	她急得跳起来。
句型 5	主语＋动词/形容词＋得＋主谓短语 S＋V/Adj＋得＋SP	他写得谁也看不懂。

三、示例实施

（一）教学目标

1. 掌握“得”字状态补语的三种基本句型“S＋V＋得＋Adj/AP”“S＋V＋O＋V＋得＋C”和“S＋（的）＋O＋V＋得＋C”；

2. 熟练掌握并能在实际语言环境中自如运用状态补语的上述三种基本句型。

（二）教学重点、难点

1. 教学重点

掌握状态补语的基本句型 1“S＋V＋得＋Adj/AP”及其疑问形式。

2. 教学难点

掌握句型 2“S＋V＋O＋V＋得＋C”和句型 3“S＋（的）＋O＋V＋得＋C”。

（三）教学准备

1. 知识准备

学生学习汉语半年左右，或者掌握 400 个左右常用汉字。

2. 教学材料准备

准备生词卡片或图片：如跑得很快、聊得很开心、跳得很高、踢得很远等。

（四）教学过程

1. 导　入

请学生上台来写本课或上节课的重点生词，写完后教师问："他写得好吗？"

学生可能会回答"好"，也可能会回答其他句子。

这时教师帮助学生说"写得好"，并板书，用其他颜色字体突出"得"。

2. 讲　练

（1）学习句型1"S＋V＋得＋Adj/AP"及其疑问形式

第一步：请几个学生分别来读黑板上的重点词，读完后，老师问："罗马读得对吗？"

教师手指黑板上的板书引导学生回答"读得对/读得不太对/读得不对"，同时板书。

第二步：教师说："因为大卫的汉字写得很好，罗马读得很对，所以老师要送他们一首歌。"

教师唱歌。

唱完问："老师唱得怎么样？"

教师手指黑板上的板书引导学生回答"老师唱得非常好听。"

第三步：板书并归纳句型1。

他写得好不好？ 他读得对不对？ 老师唱得好听不好听？	他写得怎么样？ 他读得怎么样？ 老师唱得怎么样？
S＋V＋得＋Adj不Adj？	S＋V＋得＋怎么样？

他写得好。 他读得对/不对。 老师唱得非常好听。
S＋V＋得＋Adj/AP

教师领读一遍这些句子。

（2）学习句型2"S＋V＋O＋V＋得＋C"

教师依次出示课前准备的生词卡片，如：写汉字，读句子，唱歌等。

第一步：出示生词卡"写汉字"，然后问："老师写汉字写得怎么样？"

帮助学生说出："老师写汉字写得很好。"教师板书此句子。

请一位发音较好的学生读这个句子，然后出示生词卡"读句子"，同时问："他读句子读得对不对？"

学生："他读句子读得对/不对。"教师板书。

教师出示生词卡"唱歌"，问："马可（班上一个唱歌好听的学生）唱歌唱得好听吗？"

学生："马可唱歌唱得非常好听。"教师板书。

第二步：归纳句型2

老师写汉字写得很好。
他读句子读得对/不对。
马可唱歌唱得非常好听。

S + V + O + V + 得 + C

第三步：操练句型 2

依次出示生词卡“说汉语，跑步，游泳，跳舞，聊天儿”。

先出示生词卡“说汉语”，然后教师提问：“大卫说汉语说得怎么样？”学生回答“大卫说汉语说得很流利/不太好”。

再出示生词卡“跑步”，然后请一个学生提问“罗马跑步跑得怎么样？”，其他学生回答“罗马跑步跑得特别快/很慢/……”如果学生在提问或回答时有困难，教师适当提示帮助。

最后依次出示生词卡“游泳，跳舞，聊天儿”等，请不同的学生用句型 2 提问，其他学生用句型 2 回答。

(3) 学习句型 3“S + （的） + O + V + 得 + C”

第一步：导入

出示生词卡“写汉字”：

教师：“老师写汉字写得怎么样？”

学生：“老师写汉字写得很好。”

教师提示，为了简化句子，我们也可以这样说：“老师（的）汉字写得很好。”（板书）

出示生词卡“说汉语”并提问：

教师：“大为（的）汉语说得好不好？”

学生：“大为（的）汉语说得很好/马马虎虎/不好。”

教师再依次出示生词卡“跳舞”“聊天儿”等，请一个学生用句型 3 提问，其他学生用句型 3 回答。

第二步：请学生把前面句型 2 的句子改写成句型 3，然后归纳句型。

老师写汉字写得很好。 他读句子读得对 / 不对。 马可唱歌唱得非常好听。 S+V + O + V + 得 + C	→	老师（的）汉字写得很好。 他（的）句子读得对 / 不对。 马可（的）歌唱得非常好听。 S + （的） + O + V + 得 + C

第三步：用句型 3“S + （的） + O + V + 得 + C”改写句子

打字　　　　很快

____

打篮球　　　好

____

打扫房间　　干净

____

学汉语　　　很快

____

(4) 课堂操练

① 用“得”完成下面的对话

A：她唱歌好听吗？

B：____________________，我们都很喜欢听。

A：你们班新来的学生学习怎么样？

B：____________________，所以成绩不错。

A：大为，你上课怎么睡觉呢？

B：对不起，老师。今天中午朋友叫我去打球，____________________。

② 用“得”写句子

打篮球　棒　____________________

说汉语　流利　____________________

打扫　　干净　____________________

3. 活动与游戏

活动：我做你说

步骤一：教师拿出课前准备的生词卡片或图片，比如：跑得很快，聊得很开心，跳得很高，踢得很远等，但不能让学生看到。

步骤二：先请一个学生上台随机抽取一张生词卡/图片，然后表演。

步骤三：其他学生四/五人一组，用汉语描述前面学生表演的动作。答对的小组得一分，老师划正字记分。赢了的小组下一轮派一位同学上台表演。

注意：如果学生的句子有错误教师应及时纠正，全部句子教师均需要板书。

四、示例小结

本示例主要介绍了动词带状态补语的三种基本句型：S + V + 得 + Adj/AP 及其疑问形式，S + V + O + V + 得 + C 和 S + （的） + O + V + 得 + C。每一个句型的讲解都与课堂实际环境、人员紧密结合，教师鼓励学生不断地尝试，直到学生可以独立说出正确的句子。课堂教学除了师生、生生互动外，还辅以清晰明了的句型教学板书，帮助学生总结句型结构。最后，通过趣味课堂活动帮助学生巩固本节课所学知识点，同时活跃课堂氛围。

值得注意的是，句型 2 如“游泳游得很快。”在汉语学习者的母语里没有完全对应的语法现象，因此难度较大，也容易对其产生回避情绪。因此在课堂上，教师应该加大操练力度，且需加强课后练习。在设计练习题时可以将学生容易混淆的一些语法点，比如补语和状语等，进行比较，在讲解练习题时可以通过一些图片材料来解释状语跟状态补语的差异，以增强生动性、形象性。在讲练了本语法点以后，教师在课堂上应该尽可能多地使用学生容易回避的句子，比如 xx 说汉语说得真流利/xx 的汉语说得真流利等等，这样学生听得多了，就在不知不觉中掌握了语法难点。

汉语学习者在初级阶段掌握了这几种状态补语的基本句式以后，初中级阶段再学习“V/Adj + 得 + VP”“V/Adj + 得 + SP“等较复杂的句式。这样循序渐进螺旋式递进，由浅入深地学习，能更加有效地掌握“得”字状态补语句。

五、任　务

任务一：有研究者在从学生作文中收集“得”字补语病句时，发现高级汉语班学生的偏误率很高，这是由于“过渡泛化”导致的。在“得”字补语教学的高级阶段，你如何设计教学从而减少学生在高级阶段对于“得”字补语的使用偏误呢?

任务二：试述状态补语与可能补语的区别，并设计教学过程来分辨“洗得干净”作状态补语和可能补语时意义上的不同。

示例二　一羽示风向，一草示水流，一语示趋向

一、示例缘起

趋向补语，是用在动词或形容词之后表示事物运动、位移方向的补语。吕文华（1999）列举了现代汉语句型统计与研究小组的统计结果，在她统计的 14000 个句子中，带有补语的句子占全部谓语句的 27.5%，而趋向补语所占比例在这些句子里高达 10% 以上，占补语句子的 38%。①可见趋向补语出现的频率之高，而且它也是汉语补语中比较复杂的一类。趋向补语包括简单趋向补语和复合趋向补语，除了表趋向意义这一基本用法以外，还有各种引申义让汉语学生头疼不已，同时复合趋向补语和宾语的位置也非常复杂，更是让学生无从下手。比如，汉语学习者经常会造出这样的病句“我想回去宿舍。”“我明年回来中国。”等，这样的偏误比较普遍，在汉语作为第二语言教学中应该有的放矢，尽可能降低学生出现各种偏误的可能性。

① 吕文华. 对外汉语教学语法的补语系统［M］. 北京：北京语言文化大学出版社，1999。

二、示例背景知识

表示动作的趋向并不是趋向补语的唯一语义，除了表示趋向以外，有的趋向补语还有表非方向的其他意义，即引申意义。

表 4 -11　趋向补语①

简单趋向补语	上	下	进	出	回	过	起	开
复合趋向补语	上来	下来	进来	出来	回来	过来	起来	开来
	上去	下去	进去	出去	回去	过去	—	开去

表 4 -12　趋向补语的基本用法及引申用法②

		基本用法	引申用法
简单趋向补语	来	朝着说话者移动 如：他带来一个生日蛋糕。	/
	去	远离说话者 如：她寄去一张生日卡片。	/
	上	从低到高移动 如：猴子爬上了一棵树。	表示动作结果 如：合上书、穿上衣服
	下	从高到低移动 如：他坐下了。	1. 表示容纳 如：这么多书装不下。 2. 使固定 如：记下他的地址。 3. 使脱离 如：他撕下了一张纸。
	进	从外到里移动 如：丢进了垃圾箱。	表示接受 如：别人说的话他都听不进。
	出	从里到外移动 如：他走出了房间。	表示从无到有，从不明显到明显 如：想出了一个好办法。

① 杨玉玲，吴中伟. 国际汉语语法与语法教学［M］. 北京：高等教育出版社，2013：103。
② 杨玉玲，吴中伟. 国际汉语语法与语法教学［M］. 北京：高等教育出版社，2013：104 -105。

续表

		基本用法	引申用法
复合趋向补语	上来	朝着说话者从低向高移动 如：他走上来了。	表示很好地完成 如：孩子的问题我都答不上来。
	上去	离开说话者从低到高移动 如：你们快爬上去吧。	1. 表示从低到高变化 如：温度又升上去了。 2. 表示从低部门到高部门 如：报告交上去了 3. 使接触、附着以至固定 如：名单上又补上去几个人。
	下来	朝着说话者从高到低移动 如：把箱子拿下来。	1. 使固定 如：你们都记下来了吗？ 2. 使脱离 如：把画儿拿下来。 3. 持续到现在 如：她坚持下来了。 4. 表示由高到低变化 如：飞机掉下来了。 5. 表示状态由强到弱 如：妈妈平静下来了。
	下去	离开说话者从高到低移动 如：他跑下去了。	1. 表示已经进行的动作持续进行 如：继续走下去 2. 使分离 如：把旧日历撕下去吧。
	进来	朝着说话者从外到里移动 如：一只苍蝇飞进来了。	/
	进去	离开说话者从外到里移动 如：要迟到了，快跑进去吧。	表示凹陷 如：他的双眼凹进去了。
	过来	朝着说话者平面移动 如：请你把那把椅子搬过来。	1. 表示从状态不正常到正常 如：昏睡了两天后，她终于醒过来了。 2. 表示从原来的状态到新的或需要的状态 如：翻译过来 3. 表示艰难地应付 如：苦日子熬过来了。 4. 表示完成动作量较大的动作 如：这么多，我怎么数得过来啊！
	过去	离开说话者平面移动 如：请把这本书递过去。	表示状态从正常到不正常 如：听到这个消息，她一下晕了过去。

续表

		基本用法	引申用法
复合趋向补语	起来	身体或某部位随动作从低到高移动 如：请站起来。	1. 动作开始并继续 如：她的身体慢慢地好起来了。 2. 从分散到集中 如：把头发扎起来。
	出来	朝着说话者从里到外移动 如：把桌子搬出来。	1. 表示通过动作识别、分辨人或事物，由隐蔽到暴露① 如：我认出来了，她是张丽。 2. 表抽象的、从里到外的运动 如：从痛苦中解脱出来 3. 表示从无到有，从无形到有形 如：写出来、说出来
	出去	离开说话者从里到外移动 如：狗跑出去了。	1. 事物离开所有者 如：房子租出去了吗？ 2. 使不该知道的人知道了 如：你把这件事情说出去了？

（略有删改）

三、示例实施

（一）教学目标

1. 熟练掌握简单趋向补语来、去的用法；
2. 熟练掌握复合趋向补语上来/上去；下来/下去；出来/出去；回来/回去；进来/进去的基本用法；
3. 熟练掌握复合趋向补语带地点宾语时宾语的位置；
4. 能在实际中灵活运用复合趋向补语。

（二）教学重点、难点

1. 教学重点

在掌握简单趋向补语来、去的基础上掌握复合趋向补语上来、下来、上去、下去、出来、出去、进来、进去的基本用法。

2. 教学难点

熟练掌握复合趋向补语带地点宾语时宾语的位置。

① 李德津，程美珍．外国人实用汉语语法［M］．北京：北京语言大学出版社，2008：315。

（三） 教学准备

1. 知识准备

已学习了简单动词：走、跑、爬、跳等；单个的表趋向的词：上、下、来、去等。

2. 教学材料准备

教学图片（能直观表示各趋向补语）若干。

（四） 教学过程

1. 导　入

教师出示图片：

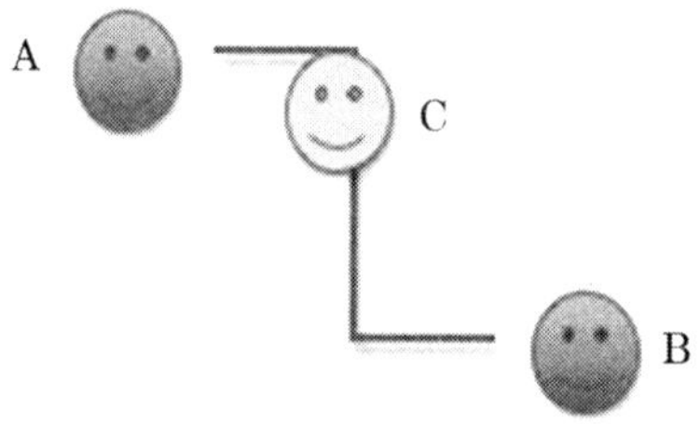

教师提问："如果 A 和 B 都要对 C 说'go down'，应该怎么说呢？他们说的会一样吗？"

可以请学生试着回答，教师注意学生答案，记住其错误，以便在后续教学环节进行纠正。

2. 讲　练

（1）"上来/上去，下来/下去，出来/出去，回来/回去"的基本用法

第一步：设疑

在上述试错结束后，教师给出正确答案：A 应该说：下去；而 B 该说：下来。

教师请学生思考：为什么 A 和 B 的回答是不一样的。

第二步：释疑

根据图示及教师手势解释"来"与"去"的不同含义：

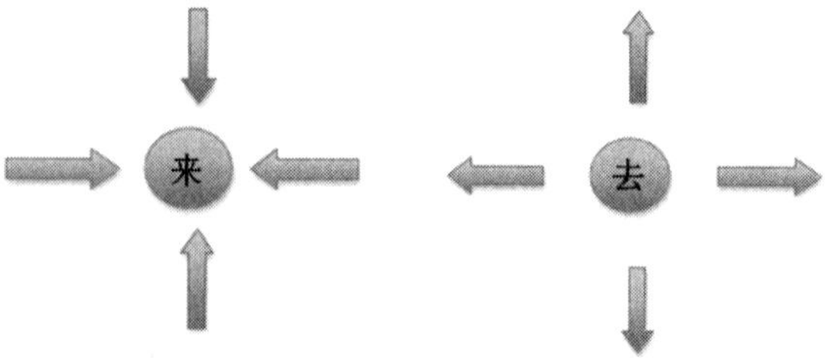

"来"：离说话的人越来越近；

"去"：离说话的人越来越远。

因此，“下去”意思就是往下而且离说话的人越来越远；“下来”意思就是往下而且离说话的人越来越近（讲解时教师务必配合手势）。

第三步：巩固练习

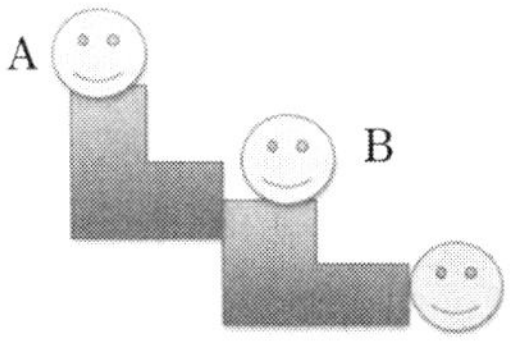

教师展示图片，请学生任选 A、B 或 C 进行扮演，然后对 A、B 或 C 任意一人发出指令“出来/出去；上来/上去；下来/下去；回来/回去”等。接受指令的人需按照指令做动作。

（2）讲练复合趋向补语带处所宾语时宾语的位置

第一步：试错

教师问学生：“怎么说‘go to upstairs/downstairs’呢?”

学生可能会犯错说：“上去楼”或“上来楼”。

第二步：设疑让学生自己发现并试着总结位置规律

教师给学生展示正确答案：上楼去或上楼来。

根据学生的语言情况，再选择一系列带处所宾语的图片或者词进行展示，请学生说汉语。

例：

回来/回去 + 家 ——回家来/回家去

回来/回去 + 国 ——回国来/回国去

上来/上去 + 二楼——上二楼来/上二楼去

第三步：归纳总结趋向补语 + 宾语的位置用法

复合趋向补语加表处所的宾语时，宾语放复合补语的两个成分之间：$V + C_1 + O + C_2$（宾语为处所）

（3）课堂操练

仿照例句填空

例：跑——跑上去——跑上楼去　（楼）

跑——跑下去——跑下楼去　（楼）

跳——______——__________　（舞台）

爬——______——__________　（山）

走——______——__________　（宿舍）

3. 活动与游戏

活动一：我说你做

请一个学生根据需要先选择站立的地点然后发出指令，如："上来/上去，下来/下去，出来/出去；回来/回去"，其他学生分成两组，快速按指令做出相应的动作，做错了的或者都做对了但是反应最慢的学生出局，最后看哪个组剩的学生多，哪个组赢得比赛。

活动二：我做你说

教师课前准备好与趋向补语相关的句子卡片，比如"跑出教室去"等。活动开始首先请一位学生抽取卡片，并按照卡片上的句子做出相应动作。剩余学生分成两组，击鼓（或其他能发声的东西）抢答，最快击鼓的学生说出句子，说对了得一分（教师划正字计分），看哪组学生得分最多，输了的小组表演节目：每人说一个带趋向补语和有处所宾语的句子。

四、示例小结

本示例主要遵循试错——设疑——释疑——巩固练习这几个步骤进行教学，教师通过试错、设疑鼓励学生主动发现、总结句型规律，通过释疑和巩固练习帮助学生总结正确的句型结构，练习相关句型。真正做到以学生为中心，教师为主导，精讲多练，步步深入。最后教师通过"我说你做"和"你做我说"两个课堂活动，从理解和描述两个角度出发，充分练习趋向补语，做到寓教于乐。

教师在讲练趋向补语时，第一个教学关键是"来""去"的语法意义，即"来"表示离说话人越来越近，"去"表示离说话人越来越远。讲解时可配合如示例中的直观图例，操练时配合手势，不断地强化"来""去"所表示动作的不同趋向。学生熟练地掌握了这二者的区别以后，再学习后续的复合趋向补语就会轻松很多。

第二个关键是关于趋向补语带宾语时宾语的位置，千万不能一口吃个胖子，一次把几种不同宾语的位置都告诉学生，这样只会让他们觉得晕头转向，不知所然。在第一次讲授时，一般只教趋向补语带表处所的宾语时，宾语放在两个复合趋向补语中间这一情况。至于其他宾语的位置情况讲解，则在掌握了处所宾语的位置以后在后续课程再学习。

此外，在学习复合趋向补语时，先学基本用法，再学引申用法。而且一定要多轮学习，反复操练，螺旋上升。还要注意对意义、用法相近的趋向补语进行对比分析，如"坚持下来""坚持下去"；"想起来""想出来"等。

五、任　务

任务一：请选择一个或几个复合趋向补语的引申用法，设计一组完整的课后练习题。

任务二："想出来一个好办法。"和"想起来一个好办法。"意义上有什么不同？如何能帮助学生更好地掌握复合趋向补语"出来"和"起来"的引申用法？请设计一个包括导入、讲解、操练、课堂活动或游戏等的完整教学过程。

思考与练习

1. 为什么可以说“她学得很认真。”却不能说“你要学得很认真。”教学中可以通过什么样的讲练设计帮助学生避免此类偏误发生?

2. 复合趋向补语带宾语时，情况复杂多样。比如“给妈妈寄回一份礼物去”，也可以说“给妈妈寄回去一份礼物。”或者“给妈妈寄一份礼物回去”，但是“前面走过来一位老爷爷”却不可以说“前面走过一位老爷爷来”或者“前面走一位老爷爷过来”。请查阅相关资料，归纳整理复合趋向补语带宾语时的语法规则及相关条件。

第四节　特殊句式

示例一　你说我做把课学

一、示例缘起

“把”字句是现代汉语中常见的基本句式，也是最具特点的语法现象。“把”字句难，除了其本身的限制条件多以外，还因为这种特殊句式在其他语言中鲜有与之相应的形式，因此，“把”字句是汉语教学中学习难度较高的一种句式，历来受到教师的重视，成为初级阶段的一个教学重点。但是，教学效果却难以令人满意，教师教“把”字句费心费力，学生学“把”字句却一头雾水，往往费劲学习了以后还是一知半解。另外，以往的“把”字句教学内容重形式而轻语义，使得学生常常只知道汉语中有一种特别句式叫“把”字句，却不知道如何去正确地运用“把”字句，即使知道“把”字句的语法结构形式，也不会有意识地使用“把”字句，在实际交际中能不用就不用。

赵金铭（1994）① 提出“针对外国人习得汉语的行为过程讲授语法，要注重意义，并往往从意义出发。外国人学汉语，掌握汉语是个生成过程，也就是按照一个句式造出许多句子来，这是一个由意义到形式的过程”。在汉语中，是否使用“把”字句与多方面的因素有关，如语义、句法的强制性，说话人的言语风格等等，都会影响“把”字句的选用。鉴于此，如果我们的教学能够帮助学生掌握好“把”字句的句式语义和“把”字句的独特的语用价值，那么学生学习“把”字句的效果就一定会提高。

---

① 赵金铭．教外国人汉语语法的一些原则问题［J］．北京：语言教学与研究，1994. 2。

二、示例背景知识

（一）“把”字句

“把”字句是指在谓语中心词前头用介词“把”或“将”组成介词短语作状语的一种主谓句，意义上多数表示对事物加以处置。①

（二）“把”字句和一般主谓句的区别

例：我打碎了花瓶。（一般主谓宾）
　　花瓶我打碎了。（主谓谓语句）
　　我把花瓶打碎了。（“把”字句）

这三个句子表达一个共同的语义关系，“我”是施事，“花瓶”是受事，但是主谓宾句中，结果“碎”跟施事、受事之间的距离相等，同一语言链条各成分之间的地位比较均衡，由于施事在句首，受事位于句末，句子成分之间互相保持着某种平衡关系，不管是对表达者还是接受者而言，似乎都是在按照事情发展的顺序娓娓道来一个事实，接受者也在表达者语言描述的线性顺序上逐渐完成对某一事件的认知。

主谓谓语句中“花瓶”作为受事主语出现在句首位置上，同时“花瓶”是句子的主题，“我打碎了”作为述题，来陈述“花瓶怎么了”，“花瓶”与结果“碎”在语言形式上的距离拉远，而施事“我”与结果“碎”之间的距离小于受事与结果的距离，句子成分之间的平衡关系被破坏，表达者在表述时选用这种语言形式，是为了突出“我”与结果之间的关系，是“我”打碎了花瓶，而不是“别人”。

“把”字句中，“把”字把宾语“花瓶”提前，施事“我”与受事“花瓶”之间的距离被拉近，同时结果“碎”跟受事“花瓶”之间的距离也被拉近，这种距离的缩小说明“我”与“花瓶”、“花瓶”与“碎”之间关系的密切。“花瓶”是在“我”的作用下发生的显著变化，因此受事越靠近施事，也就越能说明施事与受事的操纵关系，语言链条中的这种距离关系，表明人们头脑中的受事与施事的概念关系。“把”字句调整了句子成分之间的关系，既强化了施事与受事之间操纵与被操纵的关系，又强化了受事受动作影响后发生的某种变化，产生的某种结果。由于一个句子的焦点信息往往位于句末，所以“把”字句谓语动词后的成分是整个句子凸显的内容。

（三）把字句的语义类型

吕文华曾说过解决“把”字句教学的根本途径是要提示“把”字句的语义特征，使学生掌握要表达什么意义时须用“把”字句。②

---

① 黄伯荣、廖旭东 现代汉语（下）［M］．北京：高等教育出版社，2011：90。
② 吕文华．“把”字句的语义类型及教学［J］．对外汉语语法探索，语言出版社．1994。

王力先生从“把”字句式所表示的语法意义这一崭新角度出发，在《中国现代语法》《中国语法理论》《中国语法纲要》中提出“处置说”，开创了“把”字句语义研究的先河，从此拉开了“把”字句语义研究的序幕。然而，“处置说”多少有些牵强，因为未必所有的“把”字句都表示处置的意义，汉语表述中有不少“把”字句并没有处置的意思，例如“我把他忘了。”接下来汉语学术界对于“把”字句的语义类型的研究可谓百家争鸣、百花齐放，除“处置说”，还有“致使说”“描述说”和较为新颖的“空间位移说”。

四、示例实施

（一）教学目标

1. 掌握“把”字句句型“NP_1 + 把 + NP_2 + V + 在/到/给 + NP_3”，能够使用简单的“把”字句来表达某物位置的变化；

2. 掌握把字句中“把”后面的宾语的确定性；动词不能是单个动词等。

（二）教学重点、难点

1. 教学重点

掌握句型1“NP_1 + 把 + NP_2 + V + 在/到/给 + NP_3”并能熟练运用完成交际任务。

2. 教学难点

掌握“把”字句的特征，如把字句中“把”后面的宾语的确定性；动词不能是单个动词等。

（三）教学准备

1. 知识准备

已经学完了语气助词“$了_2$”和结果补语。

2. 教具准备：图片卡片（词典、废纸、自行车、衣服、沙发、垃圾桶、钱、钱包等）；配合课堂教学展示的PPT。

（四）教学过程

1. 导　入

通过PPT展示一幅图片，图片上是一个很脏很乱的教室，图片下附有文字说明：教室现在很脏、很乱，地上到处都是废纸、书、本、词典等，黑板擦掉在地上，桌上都是灰尘，我们现在要打扫教室迎接新学期。

然后老师开始提问：“地上的书怎么办?”

学生可能会回答出：“书放在桌子上。”

2. 讲　练

导入部分教师提出的问题是指向“把”字句最基本的“致使——空间位移”义的，

学生回答出：“书放在桌子上。”老师说：“对，用汉语还可以表达为——老师把书放在桌子上。”教师将两个句子写在黑板上，并作总结和区分。

书放在桌子上。
老师把书放在桌子上。

提问：什么情况下用“把”字句？如果宾语“书”是说话人和听话人已经知道的信息，而听话人想知道的是“书”现在有什么变化。那么“书”有什么变化呢？“书现在在桌上了”，“书”怎么会在“桌子上”呢？

学生思考：因为老师放的。为了表达强调宾语变化这样的意思，我们采用“把”字句更好，比较符合汉语的习惯。

提醒学生注意：

把字句中“把”后面的宾语一般是说话人和听话人都知道的、确定的。

- 老师把一本书放在桌子上。→老师把这本书/那本书放在桌子上。

把字句中的动词不能是单个动词，动词后面应该有其他成分。

- 把书放。→把书放在桌子上。

板书总结句型结构“NP_1 + 把 + NP_2 + V + 在/到 + NP_3”，拿出事先准备的图片卡片（词典、废纸、自行车、衣服、沙发、垃圾桶、钱、钱包等），请学生用这个句法结构练习，并把学生造好的句子写在黑板上。

板书设计：

NP_1	把	NP_2	V	在/到	NP_3
我们	把	词典	放	在	桌子上。
她	把	衣服	放	在	沙发上 。
我们	把	废纸	扔	到	垃圾桶里。
他	把	钱	放	到	钱包里。

绘制认知图式：

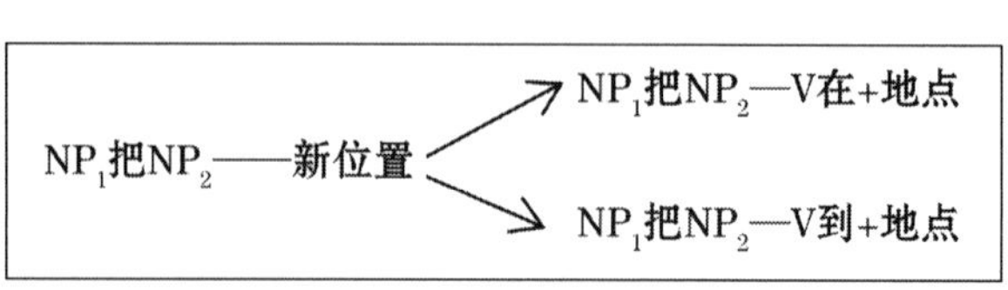

教师总结：

在这个句式中，主语使宾语发生了位移。

给学生补充“NP_1 + 把 + NP_2 + V + 给 + Sb.”的句型（PPT 展示例句）：

例：你把作业交给班长吧。

　　我把书还给他。

　　我把礼物送给他。

绘制认知图式：

NP_1 把 NP_2——新拥有者→NP_1 把 NP_2—V 给 + 新的拥有者

教师总结：

在这个句式中，主语把宾语给了新的拥有者。

课堂练习

模仿例句做替换练习：

“他把①　礼物送给②　朋友了。”这句话中的①和②分别可以用以下的词汇加以替换：

①：鲜花、报告、贺卡……

②：亲人、老师、美女……

“他把①　书放在②　书包里了。”这句话中的①和②分别可以用以下的词汇加以替换：

①：饭盒、报告、花瓶……

②：袋子、桌子上、窗台……

3. 活动与游戏

活动：我做你猜

活动准备：教师准备写有“把苹果递给林娜”“把水递给马可”“把你的书交给老师”“把大为的手机放在林娜的书包里”“把巧克力放到马可的书包里”“把蛋糕送给大为”等纸条。

活动过程：

第一步：每位学生抽取一张纸条，按座位顺序让第一位学生根据纸条上的话做动作，后一位学生描述其动作，要求必须用上“把”字句。

第二步：让第一位学生读出纸条上的指令，如果两人说得一样，大家鼓掌祝贺。

五、示例小结

（一）正确有效的教学方法对于学生学习“把”字句来说是极其重要的。为此，在讲“把”字句时，编者提出以下几点建议：

1. 提早呈现“把”字句

“把”字句一般在教材里出现较晚，但教师可以早一些在课堂用语中使用“把”字句，比如“把书打开”“把门关上”“把作业交给我”等，先让学生对“把”字句有一个潜移默化的感知认识，再进行“把”字句的教学，效果会更好。

2. 合理设计练习

由于“把”字句本身的复杂性，造成汉语学习者在学习“把”字句以后仍经常回避使用。这可能与教学中存在的不足密切相关，其中练习是最容易被忽略的环节。应结合情境，多设计任务型教学活动，“布置生日会场”“布置教室”等，让学生在动中学、用中学，体会“把”字句的功能，熟练掌握“把”字句的结构，使“把”字句不再成为让学生望而生畏、避而不用的句式。

3. 循序渐进，不断复现

中高级阶段教学，宜增强“把”字句的语境教学。在掌握“把”字句特点的基础上，教师需引导学生掌握要表达什么意义时必须使用“把”字句，同时需要指出使用“把”字句的语境背景。因此，在教学中，教师可采用比较的教学方法先分析二者的语义差别，然后再设计有上下文情境的“把”字句练习，使学生在理解的基础上具体操练。

（二）“把”字句的教学应当遵循科学的顺序，让“把”字句由具体到抽象，由易到难，循序渐进地在教学中出现。

吕文华（1994）曾对收集到的1094个“把”字句做了分析整理，并归纳为六个语义类别，17种结构形式，并指出“S＋把＋N_1＋V＋在/到/给＋N_2”和“S＋把＋N＋V＋其他（包括结果补语、趋向补语、状态补语、动词的另一个宾语）”这两种类型的“把”字句约占“把”字句的80%，是“把”字句的基本常用句式。[①] 后来，她又比对了崔希亮（1995）确定的“把”字句的四种典型形式，[②] 刘颂浩（2003）指出的典型的“把”字句类型，[③] 在此基础上，吕文华提出“把”字句的典型句式，并提出在初、中、高不同阶段“把”字句教学需按不同等级进行：[④]

表4－13　“把”字句典型句型

教学阶段		结构格式	例句
初级阶段教学内容	句型1	S＋把＋N_1＋V＋在/到/给＋N_2	她把书放在那张桌子上。 我把妹妹送到火车站。 请把作业交给我。
	句型2	S＋把＋N＋VR （R为结果、趋向、状态补语）	他把电脑修好了。 请把椅子搬过去。 她把房间打扫得很干净。
	句型3	S＋把＋N＋V（R）＋O	请把字典给我。 我把她送回宿舍了。

① 吕文华．对外汉语教学语法探索［M］．北京：语文出版社，1994。
② 崔希亮．“把”字句的若干句法语义问题［J］．世界汉语教学，1995.3。
③ 刘颂浩．论“把”字句运用的回避现象及“把”字句的难点［J］．语言教学与研究，2003.2。
④ 吕文华．对外汉语教学语法讲义［M］．北京：北京大学出版社，2014：238－240。

续表

教学阶段		结构格式	例句
中级阶段教学内容	句型 4	S + 把 + N + AD + V （AD 为状语）	别把东西乱扔。 两人急忙把马车往回赶。
	句型 5	S + 把 + N + 一 + V	他把大衣一穿，帽子一戴，走了出去。 班长把手一挥，“出发！”
	句型 6	S + 把 + N + V（一/了） + V	请你把这个句子分析分析。 我把了解的情况跟你们说一说。 他把钱数了数才放进口袋。
	句型 7	S + 把 + N + V + F （F = 动作的频率）	他把这道题研究了好几遍。 他把钱又数了一遍，交给了来人。
	句型 8	S + 把 + N^1 + V 成 + N^2	老师把我们当成自己的孩子。 他把“找”写成了“我”。
高级阶段教学内容	句型 9	S + 把 + N + V + 了	我把以前学过的词都忘了。
	句型 10	S + 把 + N + 给 + V + 其他	她把她母亲给气死了。
	句型 11	S + 把 + N（施事） + V + 其他	她在母亲去世后的第二年，又把丈夫死掉了。
	句型 12	S + 把 + N（施事） + V + 其他	快去把你的手下人排好队。
	句型 13	S（非生物体） + 把 + N + V + 其他	照明弹把地面的一切都赤裸裸地暴露出来了。

五、任　务

设计一个完整的“把”字句否定形式的教学示例。

示例二　心比天高“比”字句

一、示例缘起

“比”字句是表示比较的常用句式，它是用来比较不同事物以及同一事物不同时间不同情况下的差别。对于汉语学习者来说，他们会出现各种各样的偏误，比如“我比他很高”“我比他不高”“我不漂亮比她”。如何在教学中做到有的放矢，了解学生容易出现的偏误从而更有针对性地教学，以提高学生使用“比”字句的正确率，是本示例的目的。

二、示例背景知识

“比”字句句型多样且比较复杂，教学中最好按形式的由简到繁、语义的由浅到深进行不同等级的层次划分，分布在初、中、高级阶段及各阶段的不同课文中。在参考了杨玉玲（2011）和孟国（2011）对“比”字句所作的分析研究基础之上，编者整理了“比”字句的常用句型①。详见下表。

表 4－14　“比”字句的常用句型②

<table>
<tr><th colspan="2">常用句型</th><th>结构格式</th><th>例句</th></tr>
<tr><td colspan="2">句型 1</td><td>X 比 Y＋W</td><td>他比我高。</td></tr>
<tr><td colspan="2">句型 2</td><td>X 比 Y＋Adj. ＋Num. /得多/一点儿/多了</td><td>他比我高得多。</td></tr>
<tr><td colspan="2">句型 3</td><td>X 比 Y＋早/晚/多/少＋V＋数量/一点儿</td><td>他比我早来三天。</td></tr>
<tr><td colspan="2">句型 4</td><td>X＋V＋得＋比 Y＋Adj.
X＋V＋得＋比 Y＋Adj. ＋得多/一点儿/多了</td><td>他来得比我早。
他来得比我早得多。</td></tr>
<tr><td colspan="2">句型 5</td><td>X 比 Y＋更/还＋W</td><td>姚明比科比还高。</td></tr>
<tr><td colspan="2">句型 6</td><td>X 比 Y＋V＋得＋W</td><td>他比我跑得快。</td></tr>
<tr><td rowspan="3">否定式</td><td>句型 7</td><td>X 不比 Y＋W</td><td>她并不比我高啊！</td></tr>
<tr><td>句型 8</td><td>X 没有 Y＋W</td><td>妹妹没有姐姐漂亮。</td></tr>
<tr><td>句型 9</td><td>X 不如 Y＋W</td><td>妹妹不如姐姐漂亮。</td></tr>
</table>

三、示例实施

（一）教学目标

1. 掌握“比”字句的基本句型 1“X 比 Y＋W”；
2. 掌握句型 2“X 比 Y＋Adj. ＋Num. /得多/一点儿/多了”。

（二）教学重点、难点

1. 教学重点

掌握“比”字句的两个基本句型“X 比 Y＋W”和“X 比 Y＋Adj. ＋Num. /得多/一点儿/多了”，并能灵活运用。

---

① 杨玉玲. 现代汉语语法答问（下）[M]. 北京：北京大学出版社，2011。
② “比”字句的否定式，句型 8、句型 9 不出现“比”字。

2. 教学难点

掌握“比”字句“W”形容词的前、后不能出现“很”“非常”“极了”等绝对程度副词，只能其后带相对程度副词“多了”“得多”“一点儿”等。

（三） 教学准备

1. 知识准备

学生学习汉语 3 ~6 个月。

2. 教具准备

几组对比图片，如一本比较厚的书，一本不太厚的书；一套面积大的房子，一套不太大的房子等。

（四） 教学过程

1. 问答式导入

教师：你今天几点起床的？学生：8 点。

教师：你昨天几点起床的？学生：7 点。

教师总结：他今天比昨天起床晚。

（教师举起两张图片，左手的是一本比较厚的书，右手的是一本不太厚的书。）

教师：哪本书比较厚？学生：左手图片里的书厚。

教师总结：这本书比那本书厚。

2. 讲　练

（1）句型“X 比 Y + W ”

第一步：板书并归纳句型：

他今天比昨天起床晚。 这本书比那本书厚。 …… X 比 Y + W（Adj.）

第二步：口头操练

随机挑选两位学生，分别问学生的生日是几月几号？学生一一回答。

然后教师问全班学生“他们两个人谁比谁大?”学生：“X 比 Y 大。”

（2）学习“X 比 Y + W（Adj） + 得多/多了/很多/一点儿/一些/Num”

教师接着分别问两个学生：

教师：大卫，你多高？

大卫：我 1 米 75。

教师：林娜，你多高？

林娜：我 1 米 65。

教师：大卫和林娜谁比谁高？

学生：大卫比林娜高。

教师：大卫比林娜高多少？

学生：大卫比林娜……

最后一句学生可能还不会说，这时需要教师引导："大卫比林娜高十公分/很多/得多/多了。"教师板书。

再请两位个头差不多的学生站起来，可这样引导"大卫1米75，马可1米77，请问他们谁高？高多少？"

板书：

> 大卫比林娜高十公分/很多/得多/多了。
> 马可比大卫高两公分/一点儿/一些。
>
> X比Y+W（Adj）+得多/多了/很多/一点儿/一些/Num.

（3）防止误用绝对程度副词

汉语学习者特别容易出现这样的偏误：在W（Adj.）前使用绝对程度副词"很""非常"或在W（Adj.）后使用"极了"等绝对程度副词。教师在引导学生操练"X比Y+W（Adj）+得多/多了/很多/一点儿/一些/Num."这一句型时，学生可能就会出现各种偏误，教师可借学生的病句进行讲练：

× 这个房子比那个房子很/非常/十分大。

× 这个房子比那个房子大极了/得很/得不得了。

√ 这个房子比那个房子大多了/得多/很多/一点儿/一些。

分析："比"字句里的W（Adj.）前、后都不可以用表示"very"意思的词语，如"非常""极了"等，就像英语也不可以说"This one is very better than that one"一样，而应用表示"much"或"little"意思的词语，比如"多了、很多、得多"或"一点儿"等。英语同样也应说"This one is much better than that one"。

（4）通过正句法进行对比分析，避免"比"字句的其他常见偏误

× 大卫比玛丽很聪明。 ——√ 大卫比玛丽聪明多了/得多/很多。

× 今天热多了比昨天。 ——√ 今天比昨天热多了。

× 今天比昨天一点儿热。——√ 今天比昨天热一点儿。

× 银行比邮局50米远。 ——√ 银行比邮局远50米。

× 我的宿舍比你小。 ——√ 我的宿舍比你的小。

前两个句子是对前一内容的复习，后三个句子则为防止学生受母语负迁移影响而出现形容词前置的偏误。由于在英语、韩语、泰语等语言中，被比较项都是放在比较的结果即形容词的后面，比如"Today is much warmer than yesterday."最后一组为"比"前后项的

中心语重复时，后项的中心语一般可省略，但是“的”一般不可省略。

（5）课堂操练

① 用“比”字句改写句子

我爸爸 50 岁，我妈妈 48 岁。

我有四本书，她有三本书。

大卫很忙，玛丽不太忙。

② 改错

苹果便宜比桔子。

哥哥比弟弟一点儿高。

我的头发比你长。

我的书比你多。

③ 根据所给内容写句子

热

男生	女生
8 人	12 人

____

多

星期一	星期二
30℃	24℃

____

3. 活动与游戏

活动一：猜价格

请一位学生上台介绍他/她买的一种东西，让其他同学猜这种东西的价格。

第一步：介绍的学生展示他/她买的东西之后把价格（比如 100 块）写在事先准备的白纸上。

第二步：让其他同学随便猜（比如猜 300 块或 50 块），如果没猜对，猜的学生应该问“比 300 块/50 块贵吗?”被猜的学生回答“不对，比 300 块便宜。”或者“对，比 50 块贵。”直到把价格猜出来。

活动二：谁是老大

第一步：教师介绍活动要求：问年龄，然后按年龄大小站队。注意：每个人都不可以说真实年龄，并且请事先写好自己选择的出生年月日。

第二步：老师随机问一个学生 A：你的生日是几月几号？A 回答，然后站到教室的空道上。

第三步：学生 A 再问学生 B：你的生日是几月几号？B 先回答自己的生日，然后再说“我比你大/小一点儿/很多/……天/……个月/……岁”，说完站到 A 的旁边；

第三步：B 再依次同样地问 C，C 同样的格式回答“我的生日是……月……号。我比你……”，同时 A 也要注意听，然后和 B 一起帮助 C 找到站立的位置。比如 A 可以说“你比我小，但是比 B 大，你站中间。”

第四步：依次类推，直到学生全部按年龄大小站成一条直线，找出老大。

如果学生人多，可以分几组同时进行，各组分别找出自己组的老大。

四、示例小结

本示例讲解了“比”字句的句型1“X比Y+W”和句型2“X比Y+Adj.+Num./得多/一点儿/多了”。对于句型1，一般来说学生都能掌握得比较好。句型2，学生最容易出现的偏误有以下几种：

首先，是在形容词前面误用绝对程度副词“很”等，如“×我比他很高”或者在形容词后面误用绝对程度副词“极了”等，如“×这件衣服比那件漂亮极了”。“比”字句中，如果需要在形容词前、后加上表示程度深的词语，那么前面只能加“更”或“还”等相对程度副词，不能加“很”“挺”“十分”“太”“格外”“比较”“非常”等绝对程度副词；后面只能加“多”“一点儿”，不能加“极”“很”或“不得了”等。[①] 教师不仅在课堂上反复强调、操练，课后布置练习，而且在后续学习中还得不断重复、巩固。

其次，学生容易受母语负迁移的影响，把“W”放在比较项Y之前。出现如“我们班的同学多比你们班”的偏误，课堂上要加强练习。

再次，“比”字句中如果“X比Y”为具有相同中心语的偏正结构（标记为X：N1的N2，Y：N3的N2），Y的中心语可以省略。但什么时候省略为“N3的”，什么时候省略为“N3”，却有不同要求。作为教学语法，应该以尽量简化为原则，在初次讲授“比”字句时，只告诉学生承前省略为“N3的”即可，比如“我的宿舍比你的小”，“你的宿舍”省略为“你的”。

在讲授句型2时，教师要从上述几方面着手加强操练，此外还应布置合适的课后作业。掌握好这两个基本句型后，后续再学习“比”字句的其他句式就能做到事半功倍。

在后续学习“比”字句否定式的时候，要注意对相似句型进行对比分析。如“X不比Y+W”“X没有Y+W”和“X不如Y+W”，这三个句型都可以作为“比”字句的否定式，但这三者在结构、语义和语用三个方面又存在诸多差别。而现行的汉语教材对三者的具体差别介绍较少，因此教师在教学过程中应注意加以补充。

五、任　务

任务一：“比”字句的否定式有三种，如上文所述。请查阅相关资料，对这三类否定式在句法、语义和语用方面的异同进行分析归纳。

任务二：汉语中的比较句除了“比”字句以外还有哪些句式？请查阅相关资料对比较句各句型的句法及语义和语用特征、教学中需要注意的问题等做一个概要梳理。

---

① 马真．程度副词在表示程度比较的句式中的分布情况考察［J］．世界汉语教学，1988（3）。

示例三　关键信息描述清

一、示例缘起

“是……的”结构在语言表达中普遍存在，无论在书面语还是口语中都是出现频率较高、使用范围较广的句式之一。汉语作为第二语言的教学中“是……的”句也一直备受关注。在《国际汉语教学通用课程大纲》中，“是……的”句被列为常用汉语语法项目。[①]

二、示例背景知识

（一）焦点理论

语言学界通常谈论的焦点，本质上是一个语用性的话语功能的概念。从理论上说，焦点可以存在于句子的任何部位，因此不是一个句法结构成分。当然，语言中会存在一些表示焦点的形式手段，这使焦点跟句法也有一定关系，但做焦点的成分总是在句法上另有其结构地位。如，有的焦点在句法上是宾语，有的焦点则是主语，等等。讨论焦点的含义，首先要从它的语用性质着手。[②] 大略地说，焦点是说话人最想让听话人注意的部分。所谓“最”，总是跟其他部分相对而言的。只有一个成分便无所谓“最”，所以讨论焦点还得从与之相对的成分谈起。例如英语中表示对比焦点的常见手段之一是强调句，汉语中跟它功能相当的表达形式比较接近。

例：It is yesterday afternoon that he went to hospital.

　　他是昨天下午去的医院。

通过对强调功能的分析，可以知道，不同的强调句式，其侧重点是不同的。

（二）“是……的”的分类

吕必松（1982）从语用角度，把“是……的”句分为两类：一类表示过去时态，可分为时间、地点、方式、条件、施事或受事等五个小类。一类是表示肯定和确信的语气。他认为“是……的”句表示过去时要同时满足两个条件：事件必须是发生或完成在某个时段；“是……的”之间必须有表示动作发生的时间、方式、条件、地点的词语，“是……的”结构不应该归属于“是字句”，而是作为一种特殊的句子结构独立出现。[③] 学者们从不同角度对这个句式进行研究，目前语法学界基本达成了一致的共识：

“是……的”句分为“是……的”（一）和“是……的”（二）句，“是……的”

---

① 孔子学院总部/国家汉办．国际汉语教学通用课程大纲［M］．北京：北京语言大学出版社，2014。

② 刘丹青、徐烈炯．焦点与背景、话题及汉语“连”字句［J］．中国语文，1988.4。

③ 吕必松．关于“是……的”结构的几个问题［J］．语言教学与研究，1982.4。

（一）是一种带有“是……的”标志的动词谓语句。“是”经常出现在谓语前，有时也出现在主语前，“的”经常出现在句尾，有时也出现在谓语动词之后，宾语之前。“是……的”句中间一般是状动短语、主谓短语或动词。

其功能特点：“是……的”（一）一般表示动作已在过去发生或完成，并且这一事实已成为交际双方的共知信息（已知信息）。使用“是……的”（一）时，说话人要突出表达的重点（也就是全句的表达焦点）并不是动作本身，而是与动作有关的某一方面，如时间、处所、方式、施事、受事等，即在“是”字后面的成分。

例：我是坐飞机从西安来的。

“是……的”（二）是指带“是……的”标志的一部分动词谓语句和形容词谓语。

其功能特点：“是……的”（二）多用来表示说话人对主语的评议、叙述或描写，全句往往带有一种说明情况、阐述道理、想使听话人接受或信服的肯定语气。

例：这个男孩儿是很聪明的。

注：学界普遍共识：不将“是＋的字短语”（如：这是我的鞋）表示判断的句式纳入此类句式。因此，本书不支持“是……的”（三）的说法。

（三）“是……的”（一）句最典型的作用——焦点表达手段

“在现代汉语中，‘是……的’这个句式可用于表示强调。这一句式是汉语为突出信息焦点采用的最常见、最基本的语法手段之一，它将信息焦点框于其中，重点突出，使人一目了然。”[①]“是”字一般在谓语和主语的前面出现；“的”一般在句末出现，有时也会在谓语动词后或宾语前出现。“是……的”中间放置所需要强调的内容，一般是状语短语、主谓短语以及动词等。

例：她昨天在华联碰见了口语老师。

是她在华联碰见口语老师的。（强调主语）

她是昨天在华联碰见口语老师的。（强调时间）

她昨天是在华联碰见口语老师的。（强调地点）

由例句可见，“是……的”（一）除了用于表示强调，还可用于表示事件已经发生或者完成。此类句子的强调内容是交际双方有共同认知的同一事件。正因为这一点，学生在使用中很容易把它和表动作完成或实现的动态助词“了”混淆起来。

“了”是向听话人说明一个完全未知的事件，比如在说“他去上海了”之前听话人是不知道这件事的；“是……的”句则用于说明一个已知事件的局部未知信息，比如在说“他是坐飞机去的上海”之前，听话人已经知道“他去上海了”这件事情，只是不知道“怎么去”这一局部信息。

---

① 郭龙生.“是……的”格式的句法、语义、语用分析［D］. 中国社科院研究生院硕士论文，1985. 19：23。

三、示例实施

（一） 教学目标

1. 熟练而准确地使用表强调动作发生的时间、处所、方式、条件、目的、对象、工具等的“是……的”（一）句式；

2. 掌握所学语法点并能将其运用到现实生活的交际中。

（二） 教学重点、 难点

1. 教学重点

正确使用“是……的”（一）描述所要强调的内容。

2. 教学难点

掌握“是……的”（一）疑问、肯定、否定的表示方法。

（三） 教学准备

1. 知识准备

学生具备初级汉语水平。

2. 教学材料准备

PPT 展示课堂练习和活动环节的文字信息。

（四） 教学过程

1. 导　入

人们在日常生活中大量使用“是……的”（一），教师可以选用贴近生活的话题导入。如教师询问学生喜欢旅行吗。

2. 讲　练

（1）教师接着问一些关于旅行的问题，如：“你去过哪些地方旅行?”

学生可能会回答“北京，上海，巴黎……”

教师：

大卫，你是什么时候去上海的?

罗马，你是什么时候去西安的?

林赛，你是什么时候去巴黎的?

学生：……

学生回答时可能会犯错，教师及时纠错，并板书。

教师总结：这个句式是用来强调某一个信息的，“是”放在需要强调的部分前面，“的”放在句尾，总结公式：Sb. + 是 + 对象 \ 地点 \ 时间 \ 工具 \ 方式 \ 目的 \ …… + V. + O. + 的。在大部分学生已掌握的基础上，可以做一些练习。如，给学生一些句子，让学生使用“是……的”（一）分别强调不同的部分。

课堂练习（用PPT展示，请学生将句子写在练习本上）：

根据括号中的要求用“是……的”（一）改写下列句子。

他去年从东方大学毕业。（强调时间） ____________________

我去年三月来中国。（强调时间） ____________________

我们坐火车去哈尔滨。（强调方式） ____________________

他跟旅行团一起去南美洲。（强调方式） ____________________

他来取包裹。（强调目的） ____________________

今年的春节大卫在中国朋友的家里过。（强调地点） ____________________

我昨天和妈妈坐火车去上海。（强调主语） ____________________

（2）进行该句式否定式和疑问式的扩展讲解

教师可用疑问式询问PPT上练习中的句子，请学生读出自己已经写好的答案，并板书。如，教师问：“他是什么时候从东方大学毕业的?”，学生可以回答：“他是去年从东方大学毕业的。”接下来的句子也可以请一名同学用疑问式提问，他的同桌按照本子上写好的句子进行回答。

教师总结疑问式用法：强调哪个部分在哪个部分前用“是”，并换成相对应的特殊疑问词。

该句式的否定式用法是在焦点标记“是”前面加“不”。结合PPT中的句子做对话练习，请学生将写好的句子换成否定式。如，教师问：“他是来取包裹的吗?”，学生可以回答：“他不是来取包裹的。”

板书设计：

你是什么时候去上海的？→大卫是2015年十月去上海的。
你是什么时候去西安的？→罗马是去年冬天去西安的。
你是什么时候去巴黎的？→林赛是2014年夏天去巴黎的。
↓ ↓
你是什么时候去O. 的？ → Sb. 是……去O. 的。

Sb. ＋是＋对象 \ 地点 \ 时间 \ 工具 \ 方式 \ 目的 \ …… ＋V. ＋O. ＋的。

他是什么时候从东方大学毕业的？ 他是来取包裹的吗？
他是去年从东方大学毕业的。 是来取包裹的。

※关于这个句式中“是”或“的”什么时候可以省略，“的”和宾语的位置，否定式中的“不是”不可以省略，“是……的”虽表过去动作“的”却不能换成“了”等问题，

可以在学生已经完全掌握基本形式后再集中教学。

3. 活动与游戏

活动一：模拟求职面试

一人模拟求职者，一人模拟面试官。请在空白部分使用“是……的”（一）句。

A：你好，我叫林娜。很高兴来参加今天的面试。

B：你好！________________？（哪个大学毕业）

A：我________________（北京大学毕业），这是我的简历。

B：好，我看看。你________________（哪一年毕业），有工作经验吗？

A：我________________（2014 年毕业），后来在北京一个报社工作了两年。

活动二：新生入学小调查

一人模拟新老师，另外一人模拟刚入学的新生。根据括号内提示的内容用“是……的”（一）句式完成下面的对话。

A：你好！你________________？（从哪个国家来）

B：我________________。（美国）

A：你________________？（跟谁一起来）

B：我________________。（一个人来）

A：你________________？（什么时候来中国）

B：我________________。（上个月）

A：你的汉语不错，你________________？（从什么时候开始学习汉语）

B：谢谢。我________________。（两年前开始学习汉语）

六、示例小结

（一）加强汉英相关句式的比较研究

了解汉语学习者的母语语法与汉语语法的区别会更清晰快速地找到学习方法。在学生出现偏误时，知道学生母语对汉语的学习有哪些干扰和负迁移，在比较中了解学习的难点，做好充分的准备。而且对于“是……的”（二）来说，“It is/was（be）……that/who”句不能与之很好地对应学习，因此加强学生对于“是……的”（一）和“是……的”（二）的区别学习也是很有必要的。

（二）加强句法、语义和语用三个平面的交互性教学

在传统教学中，“是……的”（一）教学一般只采用单句教学，偏重于结构形式的练习，而忽视语法功能的练习。老师经常让学生做把句子变成“是……的”的练习。这虽有利于学生在初级阶段体会语法结构，但不明白这一句式的真正含义，对这一句式的使用场合也不能掌握。因此，从三个平面的角度进行交互式教学，就是为了打破以往对“是……

的”句的单一式教学，从不同的平面对这一结构的特点进行描述，可以让学习者从更全面的角度认识这一结构，在以句法结构为主的分类方法教学中，可以融合语义教学来进行辅助，在句法教学不容易解释的领域，语用上的分类有时恰恰更容易被学生接受。例如“是……的”结构可以综合各个层面的优势，以句法分类为导入，较客观直白地展示句子的成分构成，以语义上的分类，施受关系来帮助对句义的理解，同时，利用语用上的分类，语气和强调帮助学生建立自己的“是……的”结构中介语系统，从而使用和创造出更多合情、合理、合法的汉语句子。然而，教学中还要尽量避免灌输式教学，应当有所侧重，有主有辅，渐进地使学生掌握多向式的思维方法，并以此来进行自我检验，在“是……的”结构的学习中如此，在其他语法知识的学习中也可以推广开来。

（三）加强语境教学

现代汉语中，“是……的”两种句式的使用，总带有特殊的文化内涵和意义用法。相同的语境，会让汉语学习者在第一时间迅速领会意义和用法。所以让学生在语境中培养语感，反复应用，强化训练显得格外重要。同时，也要结合教学实际按照汉语学习者习得的顺序，由浅入深进行语境设计。此外，也还可以利用多媒体加以辅助。需要注意的是，不能太过刻意强调语境，勉为其难地找出在日常生活中出现的几率很小的例子。在设计语境时不能忽视语法知识，以避免交际失误。

五、任　务

任务一：请思考，与“是……的”（一）对比如何组织“是……的”（二）的教学。

任务二：为“是……的”（二）的操练环节设计合适的课堂活动或游戏。

思考与练习

1. 有人认为“把”字句就是“主语”把“动作对象”怎么样，“被”字句就是“动作对象”被“主语”怎么样，二者可以互换。比如“我把水喝了”就可以换成“水被我喝了”。请问你是怎么看待“把”字句和“被”字句的互换问题的？作为一名汉语教师，在讲授“把”字句和“被”字句时，应该注意哪些问题？

2. 从语际迁移的角度，谈一谈“It is/was（be）……that/who”句对汉语学习者习得“是……的”句的影响。

3. 请思考，在具体交际实践中，不同的交际策略对汉语学习者选用“比”字句、“把”字句、“是……的”句等汉语中的特殊句式有无影响。

第五节 复 句

示例一 巧设语境讲复句

一、示例缘起

在教学中，学生写的一些句子常会让教师忍俊不禁，如一个学生这样写到：这种水果我没有吃过，更没有见过。从表面上看，这个句子好像没有问题，但是“吃水果”和“见水果”是可以分出先后顺序的，是先见后吃，表示递进关系的分句应该是“吃”，而不是“见”。所以学生的这个句子不符合通常的逻辑。递进关系复句看似简单，却是出错率较高的一个语法点。在语法教学中，教师如何巧妙有效地处理递进关系复句，成为一个很重要的研究课题。本示例选取递进关系复句中使用频率较高的“不但……，而且……”，通过设立语境，进行讲练，探索复句教学的有效方法。

二、示例背景知识

复句是一种逻辑性强、关系相对复杂的句型。复句教学是汉语语法教学中的重点和难点之一，关系到学生的写作、听力和阅读能力。而且，在 HSK－5 级和 HSK－6 级考试中，复句的考核占有一定比重，分布在听力、阅读、写作各部分。

复句是由两个或者两个以上意义上相关、结构上互不作句子成分的分句组成，其构成表现为：分句＋分句（＋分句）。意义相关体现在：作为复句构成的基本元素，复句里的分句之间相互依存，分句之间往往由特定的词语连接起来；结构上互不作句子成分体现在：分句之间相互独立，互相都具有“句”的性质和地位，甲分句不是乙分句里的一个成分，乙分句也不是甲分句里的一个成分。

复句有不同的分类标准。其中分句和分句之间的逻辑关系是最重要的分类依据。学术界有两分法和三分法。黄伯荣、廖序东的教材中主张两分法[①]，两分法为：联合复句（并列、顺承、解说、选择、递进）和偏正复句（转折、条件、假设、因果、目的）。其中，转折复句分为重转、轻转、弱转三类。重转关系分句间的意思是先让步后转折，相反意味很重，又叫让步转折句。假设复句中假设关系有一致关系和相背关系两类。相背假设复句，又叫让步假设复句。让步转折和让步假设复句相近，区别在于前者偏句表示的是未实

① 黄伯荣，廖序东. 现代汉语（下册）[M]. 北京：高等教育出版社，2002：160－169。

现的事实，后者偏句表示的是已实现的事实，而且两者的关联词也不同。邢福义著作中主张三分法[①]，三分法为：因果类、并列类、转折类。其中，转折类复句是表示广义转折关系各类复句的总称，包括直截了当的转折、先作让步的转折和假言否定性假转。换言之，转折类复句可分为转折句、让步句和假转句。本教材采用两分法。

“不但”和“而且”是表示递进关系的一组关联词，连接两件事情或者两种情况，表示以一层意思向另一层意思顺递推进。在现代汉语中，能用于表示递进关系的除了“不但……，而且……”和“不仅/不只/不光/非但……，并且（也/更/还等副词）……”，还有“况且/尚且……何况……”等。

此外，还有一种反面递进的形式，如“不但不……，反而……”。反面递进从否定或者反面说出一种情况，再在后一分句用连接成分“反而”“反倒”或者副词“还”等从肯定的方面说出一种与前面相反的情况或者结果。反面递进表达了说话人对某人或某事的一种激烈的看法或者态度。

三、示例实施

（一）教学目标

1. 能从形式、意义、功能三方面了解“不但……，而且……”这个复句类型；
2. 正确使用以“不但……，而且……”为代表的递进关系复句。

（二）教学重点、难点

1. 教学重点

“不但……，而且……”的语法结构和语用意义。

2. 教学难点

“不但……，而且……”为代表的递进关系复句的正确使用，关联词的正确位置等。

（三）教学前准备

1. 知识准备

学生已学习“得”字状态补语等语法。

2. 教学材料

以“不但……，而且……”讲练为主的 PPT、活动环节的任务卡、游戏环节的视频。

（四）教学过程

1. 导　入

教师提前将“不但……而且……”写在黑板上，以游泳为话题对学生依次进行提问，

① 邢福义．汉语复句研究［M］．北京：商务印书馆出版，2001：38－49。

引入语法点。如：

教师：你会游泳吗？

学生1：我不会游泳。

学生2：我会游泳。

学生3：我也会游泳。

学生4、学生5均会游泳。

……

教师：你们游泳游得怎么样？

（学生1不会游泳，不再提问）

学生2：我游泳游得不太好。

学生3：我游得很好。

学生4：我一次能游800米。

学生5：我得过冠军。

……

教师根据学生回答，在黑板上写出几组句子，引导学生体会每组句子间的逻辑关系。

学生1不会游泳。

学生2会游泳。他游得不太好。

学生3会游泳。他游得特别好。

学生4会游泳。他一次能游800米。

学生5会游泳。他得过冠军。

……

教师找一组句子做示范，加入表递进关系的“不但……，而且……”，剩下几组由学生完成。

学生1不会游泳。

学生2虽然会游泳，可是游得不好。

学生3不但会游泳，而且游得特别好。（教师示范）

学生4不但会游泳，而且一次能游800米。（学生完成）

学生5不但会游泳，而且得过冠军。（学生完成）

……

教师讲解：学生2会游泳。他游得不太好。这两个句子之间有转折的意味，所以选用带有转折意义的一组关联词“虽然”“但是”。“不但”“而且”是表示递进关系的一组关联词，连接两件事情或者两种情况，表示以一层意思向另一层意思顺递推进，而且分句之间的顺序固定，一般不能随意变动。

教师领读句子。在领读时，教师可用重音强调关联词，以引起学生的注意。通过下一步讲练，让学生了解语法点的外在形式、语义特点和使用语境。

2. 讲　练

（1）句子手牵手

教师用 PPT 依次展示两个练习表格，要求学生用本课所学语法点说句子，提醒学生注意关联词语“不但”“而且”在句子中的位置。

练习 1

主语	分句 1	分句 2
大山	能听懂中文	能写不少汉字
爸爸	会开车	会修车
大卫	去过故宫	去过两次
水果	好吃	有营养
她	长得漂亮	特别能干
北京的冬天	冷	常常刮风

练习 1 参考例句：

大山不但能听懂中文，而且能写不少汉字。

爸爸不但会开车，而且会修车。

大卫不但去过故宫，而且去过两次。

水果不但好吃，而且有营养。

她不但长得漂亮，而且特别能干。

北京的冬天不但冷，而且常常刮风。

教师讲解：第一，练习 1 中，两个分句共用一个主语，主语在“不但”前边。第二，比较而言，写汉字比说中文难度更大些，内含递进意义。但在某些情况下，前后两项可以互换位置，究竟以哪一项作为递进的基点，取决于说话者表达的需要。第三，跟“不但”作用相当，常同“而且”呼应使用的，还有“不仅、不只、不光、非但”等；跟“而且”作用相当，常同“不但”之类呼应使用的还有“并且、甚至”等。

练习2

主语1	分句1	主语2	分句2
年轻人	喜欢上网	老年人	喜欢上网
他	会说汉语	他爸爸妈妈	也会说一点儿汉语
同学们	表演了节目	老师们	也表演了节目
她	喜欢京剧	她的同屋	喜欢京剧
孩子	喜欢看动画片	大人	也喜欢看动画片
图书馆里	有空调	教室里	有空调

练习2参考例句：

现在，不但年轻人喜欢上网，而且老年人也喜欢（上网）。

不但他会说汉语，而且他爸爸妈妈也会说一点儿（汉语）。

晚会上，不但同学们表演了节目，而且老师们也表演了（节目）。

不但她喜欢京剧，而且她同屋也喜欢（京剧）。

不但孩子喜欢看动画片，而且大人也喜欢看（动画片）。

不但图书馆里有空调，而且教室里也有（空调）。

教师讲解：

第一，练习2中，前后两个分句的主语是不一样的，前一分句的主语要在“不但”的后边，后一分句的主语在“而且”的后边。第二，因为后一分句括号里的内容与前一分句中内容重复，故可省略。

（2）完成句子

学校里面的超市不但有吃的、喝的，而且____________________。

我们班同学不但很聪明，而且____________________。

不但他会说汉语，而且____________________。

老杨是个戏迷，不但____________________，而且____________________。

这家饭馆很好啊，不但____________________，而且____________________。

（3）活学活用

要求：含有“不但”“而且”等表示递进关系的关联词语。

任务1：介绍一项你喜欢的体育运动。

（提示词语：健康、流行、锻炼身体、减肥、强壮、认识很多朋友、快乐……）

任务2：夸夸你的一个家人或者朋友。

（提示词语：帅、漂亮、能干、年轻、努力、认真、爱笑……）

3. 活动与游戏

活动一：自卖自夸

学生每人选择一件自己喜欢的物品，介绍它的优点。“自夸”环节中，学生要使用表递进关系的复句“不但……，而且……”，每说对一个句子，得1分，说错不得分，得分高者教师予以奖励。

活动二：仿说广告

找一个广告视频，将学生分组，每组学生根据视频内容设计一段广告词，要求广告词中含有递进关系的复句，最后大家讨论哪组设计得好。

活动三：有错就改

教师发放任务卡，要求学生在规定时间内（3分钟）修改病句，并说出修改理由。

任务卡

病句		应该怎么说
1	智子不但知道了，而且别的同学也知道了。	
2	他不但唱得很好听，而且喜欢唱歌。	
3	不但李钟文会说日语，而且李钟文会说汉语。	
4	他今天不但做了作业，而且吃了饭。	
5	我不但想吃日本菜，而且不想吃辣的菜。	
6	李钟文和爱珍在饭馆里不但吃饭而且谈话。	

四、示例小结

本教学示例以问答式导入，激发了学生的学习兴趣，使学生在轻松活泼的环境下学会了关联词语，体会了分句间的递进关系。在教学中，教师要选择合适的事例通过语境讲练复句，所选事例一定要贴近学生生活，符合学生的理解能力，可以涉及学习、生活、体育、购物、问路等方面，这样才能引起学生共鸣，达到事半功倍的效果。

复句教学环节的一般模式是：句型展示——机械练习——交际运用。充分讲解之后辅以适当的巩固练习，如：分句合并、情景会话、活动游戏等环节，符合精讲多练的原则，能使学习效率大大提高。交际练习是体现教学目的的重要环节，也是掀起教学高潮的部分，是“压轴戏”。交际练习的特点是真实，提出真实的问题，给予真实的回答，交流真实的看法。教师要创造真实的交际环境，引导学生学以致用。只有通过这种练习，学生才能真正了解相关复句类型的含义，准确掌握它的用法，在以后真实的语境中正确、灵活地使用。

五、任　务

任务一：请编写一组句子（10 句左右），目的是考察学生对复句的掌握情况。这些句子间要有内在的逻辑联系，学生可用之前学过的关联词语组成复句，进而连句成段。

任务二：“不但不（没）”“反而”是一组表示反面递进的关联词语，请设计几个切合学生实际的语境，让学生体会这组关联词语的用法。

示例二　善用表格和公式

一、示例缘起

条件关系复句在语言交际中，特别是在书面语中，使用频率较高、范围较广，但又相对复杂。因为根据前后分句间的逻辑关系，条件关系复句又可以分为充分条件复句、必要条件复句、无条件复句。本示例选取的“无论……，都……”属于其中的无条件复句。这是学生常用，但又经常出错的一个复句类型。

二、示例背景知识

“无论……都……”是典型的无条件复句。其中，“无论”和“都”或者“总”等常搭配使用，前一分句用“无论”引出条件，后一分句通常用“都”表达满足条件之后的目的或者得到的结果。这一句式基本语义是条件改变，但是结果不变。“无论”的后边一定要有“什么”“怎么”“谁”“哪”“多么”等词，或者有表示选择关系的并列成分。“无论”也可以换成“不管”。

三、示例实施

（一）教学目标

掌握以“无论……，都……”为代表的无条件复句的逻辑语义和句法结构。

（二）教学重点、难点

1. 教学重点

以“无论……，都……”为代表的无条件复句的逻辑语义和句法结构。

2. 教学难点

以“无论……，都……”为代表的无条件复句的正确使用。

（三）教学准备

1. 知识准备

学生已学习表选择关系的“或者”等语法点。

2. 教学材料准备

以“无论……，都……”讲练为主的 PPT。

（四）教学过程

1. 导　入

教师用 PPT 展示三个句子，请学生观察。

他去，　　　　我去。

他不去，　　　我去。

他去或者不去，　我都去。

通过观察学生发现：在条件 1“他去”或者条件 2“他不去”的情况下，都会产生同样的结果“我去”。

教师一边朗读句子，一边板书：无论他去不去，我都去。关联词语“无论”和“都”都要重读，并加着重号。

教师通过重读和板书，加深学生对“无论……，都……”这一复句类型的印象。

2. 讲　练

教师通过 PPT 展示练习 1，请学生用“无论……，都……”说句子。

练习 1

条件 1	条件 2	结果
回来	不回来	打个电话
爸爸同意	爸爸不同意	去中国学汉语
结果好	结果不好	不后悔
冬天	夏天	锻炼身体
刮风	下雨	去上课

练习 1 参考例句：

无论回不回来，你都要打个电话。

无论爸爸同意不同意，我都去中国学汉语。

无论结果好不好，我都不后悔。

无论冬天还是夏天，他每天都锻炼身体。

无论刮风还是下雨，我们都去上课。

教师小结：条件 1 或者条件 2 可以是正反两种情况，也可以是并列不矛盾的两种情况。“无论……都……”表示条件怎么改变，都不会影响结果。

教师通过 PPT 展示练习 2，请学生用“无论……都……”说句子。

练习 2

条件	疑问词	结果
困难	多么	坚持
说	怎么	不相信
做工作	什么	很认真
去旅游	哪儿	买礼物
请客	谁	不去

练习 2 参考例句：

无论多么困难，我们都要坚持。

无论你怎么说，我都不相信。

无论做什么工作，他都很认真。

无论去哪儿旅游，爸爸都给我买礼物。

无论谁请客，我都不去。

教师小结：句中只有一种条件时要加上任指疑问词“多么”“怎么”“什么”“哪儿”“谁”。“无论……，都……”表示条件怎么改变，都不会影响结果。

教师板书（公式）：

$$\text{无论/不管}\left\{\begin{array}{l}\text{……不……}\\ \text{……还是……}\\ \text{什么/怎么/谁/哪儿}\end{array}\right\}\text{，S（主语）都/也……}$$

3. 活动与游戏

活动一：我来说说看

用“无论……，都……”来描述一个人、一个事物或者一个现象，说明前面条件如何变化，都不会影响后面的结果。

活动二：前言搭后语

教师说前一个分句，学生说后一个分句，要求学生尽可能多说，训练学生汉语思维。如：

教师：无论他做什么工作，……

学生：都做不好。

都坚持不了很长时间。

都很认真。

……

活动三：抢答造句

此活动目的是复习学过的复句类型及相关关联词语。教师先将学生分为两组，然后说出一组关联词的前一个词，由学生抢答后一个词。教师说“因为”，学生答“所以”，然后由抢答者用此组关联词语说一个句子。答对即得2分，答错不得分，最后看哪组得分多。

四、示例小结

在复句教学中，教师要善于使用公式来凸显其特征，这样可以给学生建构一定的可依据和遵循的范式。特别是无条件复句，教师如果只是作意义的解释，学生还是很难理解并使用。通过意义要点和形式概括，学生更容易理解在所说条件范围内进行选择，结果都一样这一语义特征，更容易记住结构形式并准确使用，避免偏误的产生。

复句各分句间关系紧密，逻辑性强，为避免教学枯燥，讲练方法要多样化。各类复句及其关联词语的教学方法除了示例使用到的情景法、公式法以外，还可以使用比较法（近义辨析）和对比法（目的语和母语）等，教师在教学中要根据学生实际调整教学方法，发掘新的教学模式。在语法操练阶段，注意引导学生举一反三。总之，教无定法，贵在得法。

此外，在课堂教学中，教师要以肯定、鼓励为主，保护学生的学习积极性，对练习中出现的错误，要区别性质和程度，掌握恰当的分寸来纠正。

五、任　务

任务一：请设计一个教学方案，帮助学生区分两个易混淆的条件关系复句“只有……,才……”和“只要……，就……”。

任务二：搜集HSK－5、HSK－6真题中出现的有关复句的考题，归类总结，供学生练习使用。

示例三　温“故”而知“新”

一、示例缘起

选择复句相比其他复句而言更为复杂，加之在语义、语用上的一些特殊性，学生在习得选择复句时，很容易出错。据调查发现，学生在日常交际或者汉语写作时会选择逃避使用选择复句。而且目前汉语教学领域对于选择复句的研究相对较少，所以探讨选择复句的教学方法和教学技巧尤为重要。在 HSK－5，HSK－6 考试中，选择复句也是很重要的一个考点。

二、示例背景知识

选择复句是复句的一种，大致可分为三类，有难有易。“或者……，或者……”类（任选式）较简单；“要么……，要么……”“不是……，就是……”类（限选式）次之；“与其……，不如……”“宁可……，也不……”类（决选式）较难。两个选项分别用 A、B 来表示。

任选式：“或者 A，或者 B”表示“或 A 或 B”选哪个都可以，一般带有任凭选择的意味，但也不排除有 A 和 B 之外的第三种选择。

限选式：“要么 A，要么 B”表示“非 A 即 B”，明确限定了选择对象，强调二选一，不是这个就是那个，别无他选。

决选式：“与其 A，不如 B”形成“前舍后取”的优选关系。其中，前项被规定为落选项，后项被规定为优选项。A 与 B 相对比而存在，它们各代表可供选择的一种情况，在二者不可兼得的情况下，经过衡量得失，决定舍弃 A 选择 B，语气坚定。对于两种情况的优劣，一般取决于说话人的主观认识。由于主观认识不同，人们选择的情况也不一样。没有对比、无所选择的事物，不能使用这类复句进行表述。

三、示例实施

（一）教学目标

1. 正确使用“与其……，不如……”这一复句类型；
2. 掌握“与其……，不如……”的语法、语义、语用规则。

（二）教学重点、难点

1. 教学重点

掌握“与其……，不如……”句式的语法、语义、语用规则。

2. 教学难点

能在日常会话和写作中正确使用这一复句类型。

（三） 教学前准备

1. 知识准备

学生已学习选择复句中的任选式（“或者……，或者……”）和限选式（“要么……，要么……”）等语法点。

2. 教学材料准备

以“与其……，不如……”讲练为主的 PPT、游戏环节的图片。

（四） 教学过程

1. 导　入

教师先提供一个情境：我的手机很旧了，而且最近又坏了。如果去修旧手机，要花 800 元，如果要买一个新手机，要花 1000 元。你觉得我应该怎么办？请学生提建议。

根据学生回答，教师板书：

例 1：你 或者去修好旧手机，或者买一个新手机。

例 2：你 要么去修好旧手机，要么买一个新手机。

教师提问：例 1 和例 2 两个句子有什么不同？

学生回答。

例 1 表示去修好旧手机、买一个新手机两个选择都可以。

例 2 表示去修好旧手机和买一个新手机两个选择只能选一个。

教师接着提问：我对这两个选择都不太满意，但又必须在其中选择一个，请你们比较一下，哪个选择相对更好一点？学生比较，说理由，提建议。

教师板书：

例 3：你 与其去修好旧手机，不如买一个新手机。

由此引入本节课要学习的“与其……，不如……”这一语法点。同样也是二选一，不同的是，决选式复句是“舍前取后”。“修好旧手机”是落选项，“买一个新手机”是优选项。

教师板书：

例 4：你 与其花 800 元去修好旧手机，不如花 1000 元买一个新手机。

教师引导学生理解体会“与其……，不如……”的语义特征，并提示学生对落选项可以加贬义评说成分（花钱），对优选项可以加褒义的或作为评选依据的评说成分（好）。

2. 讲　练

（1）语法操练

教师用 PPT 展示如下练习，让学生根据提示用“与其……，不如……”造句。

练习

情境	A	B
放假了	在宿舍睡觉	去旅游
非常累	自己做饭	去饭馆吃饭
迷路了	自己找路	问路
周末	看电视	找朋友聊天
天很冷	在外面散步	去看电影

练习参考例句：

放假了，你与其每天在宿舍睡觉，不如去外地旅游一趟。

今天非常累，我们与其自己花时间做饭，不如去饭馆吃饭。

你迷路的话，与其自己找路，不如问问旁边的中国人。

周末的时候，我们与其看电视，不如找朋友聊聊天。

天很冷，我们与其在外面散步，不如去电影院看电影。

（2）完成句子

我们与其等到放假再去旅游，不如____________________。

你与其天天上课睡觉，不如____________________。

动物园太远了，与其坐两个小时的公共汽车去，不如____________________。

这场比赛真没劲，与其看这样的比赛，不如____________________。

与其说他们是对手，不如说____________________。

这些东西与其放着不用，不如____________________。

天这么热，与其跑去那么远的食堂，不如____________________。

这些东西质量太差，与其____________________，不如____________________。

（3）情境会话

教师描述情境，请学生运用“与其……，不如……”进行操练。

情境 A

大卫和李美丽去逛商场。李美丽看到一件衣服，很喜欢，可是很贵，还有一件衣服很便宜，可是她又不喜欢。如果你是大卫，你怎么建议？

参考建议：

大卫：要买就买喜欢的啊。你与其买一件不喜欢的便宜的衣服，不如买件喜欢的贵的衣服呢。

情境 B

山田佑和同屋林小弟商量周末的安排，请就这个话题，为他俩设计一个对话。

参考对话：

山田佑：这个周末，你有什么安排？

林小弟：还没想好，可能在宿舍看看电视、上上网。你呢？

山田佑：我听说有一部新电影，刚上映的，特别好看，我想去看。你与其在宿舍看电视上网，不如和我一起去电影院看电影吧。

林小弟：也好。我们怎么去呢？

山田佑：坐公交车去吧。

林小弟：这么近，与其做公交车去（电影院），还不如走路去呢，顺便还可以锻炼锻炼身体。

山田佑：好啊。那我们走路去。

通过语法操练，让学生体会“与其……，不如……”多用于谈看法，提建议。很多时候，A 和 B 可能都不是说话人所希望发生的，但是说话人认为后面的选择优于前面的选择。

3. 活动与游戏

<u>活动：大家帮帮忙</u>

三个学生一组，学生分组练习。一位学生描述一个需要选择的情境，一位学生提供两个可供选择的建议（如：“或者……，或者……”“要么……，要么……”）。第三位学生要运用新学的复句类型（“与其……，不如……”），提出自己的建议，并说出理由。

<u>游戏：句子接龙</u>

教师通过图片或者语言描述提供情境，引导学生运用“与其……，不如……”依次来回答，要求后一位学生提出的建议必须否定前一位学生的建议。如：

情境 1：下雨了，我要回家，可是没带雨伞。怎么办？

学生 1：你与其淋雨回家，　　　　不如等雨停了再走。

学生 2：你与其等雨停了再走，　　不如让朋友来接一下。

学生 3：你与其让朋友来接，　　　不如在教室休息一会儿。

……

四、示例小结

本示例运用了对比法教学。此法既引入知识点，以旧带新，又讲练知识点，便于学生理解运用。以本示例来说，对比法教学既复习了之前学过的任选和限选两类选择复句，又帮助学生学习了决选式选择复句。对比法教学既适用于讲练选择复句“与其……，不如……”,也适用于讲练“宁可……，也不……”。前者是“舍前取后”，后者是“取前舍后”。

对于汉语学习者来说，选择复句“宁可……，也不……”和“宁可……，也要……”，二者极易混淆，教师在讲练时也可以采用对比法教学。

另外，关联词是划分复句类别的重要标志，也是体现复句中正句与偏句两者间逻辑语义关系的重要表现形式，因此，关联词语教学也应得到充分重视。

五、任 务

任务一：“与其……，不如……”“宁可……，也不……”和“宁可……，也要……”都属于选择复句，学生在实际使用中往往容易混淆，请你设计一个练习，帮助学生有效辨析其异同。

任务二：为了考察学生掌握和使用选择复句的情况，请设计一份相关试卷。

示例四 课堂游戏欢乐多

一、示例缘起

“一……就……”是汉语中的一种特殊句式，在中国人的日常交际和生活中应用很广泛。这个句式结构并不复杂，但是在汉语教学中，教师发现学生对于这个句式常常把握不准，易产生偏误。“一……就……”句式本身表达多种语法意义，且相互之间既有联系又有区别，加之该句式结构上具体限制条件比较多，对初学者来说有一定难度。因此，研究“一……就……”这一紧缩句的教学，帮助学生提升学习效果很有必要。

二、示例背景知识

紧缩句由一般复句紧缩而成，是用单句形式来表达复句内容的句子，常用在口语中。紧，是紧凑，指分句间的语音停顿没有了；缩，是缩减，指有些词语被压缩掉了。许多一般复句可以变换成紧缩句。

紧缩句精练明快，往往成对使用或者单用一个关联词语表示分句间的关系，也可以没有关联词语。

紧缩句和单句中的连谓句相像，但不相同，主要在于紧缩句内有复句所具有的假设、条件等关系及相应关联词语。

和一般复句一样，紧缩句的主语可以相同也可以不同，可以承前省或蒙后省，可以全省或全不省。这些全靠语境来点明内部关系。

紧缩句可以独立成句或充当复句的一个分句。

三、示例实施

（一） 教学目标

掌握紧缩句“一……就……”的用法及多个义项。

（二） 教学重点、 难点

1. 教学重点

紧缩句“一……就……”表示“紧接”和“条件”语法意义时的不同用法。

2. 教学难点

掌握紧缩句“一……就……”中所隐含的逻辑关系。

（三） 教学前准备

1. 知识准备

学生已学习顺承复句、条件复句等知识点。

2. 教学材料准备

以紧缩句“一……就……”讲练为主的 PPT。

（四） 教学过程

1. 导　入

教师利用情境提问学生：爸爸下班回家做的第一件事是什么？妈妈下班回家做的第一件事是什么？你回家做的第一件事是什么？预计答案可能有“看电视、做饭、上网……”

根据学生所答，教师一边朗读句子一边板书，关联词语“一”和“就”都要重读。

爸爸一回家就看电视。

妈妈一回家就做饭。

我一回家就上网。

教师通过重音和板书，让学生在大脑中形成对“一……就……”这一句式的印象。

教师也可用动作导入。教师可以一边做动作一边说：“我一进门就关上手机”，“我一走进教室就打开窗户”，“我一拿起粉笔就在黑板上写字”等。

教师讲解：“一……就……”在这里表示做完一个动作以后马上开始第二个动作。

2. 讲　练

（1）语法操练

教师用 PPT 展示练习 1，让学生根据提示用“一……就……”造句。

练习 1

时间	V1（O）	V2（O）
昨天	吃晚饭	去看电影
每天	洗澡	睡觉
下周末	到北京	给我打电话
明天中午	下课	去机场接朋友
下午	买东西	回学校
今天中午	写作业	去寄快递

练习 1 参考例句：

昨天，我一吃完晚饭就去看电影了。

每天，他一洗完澡就睡觉。

下周末，你一到北京就给我打电话。

明天中午，我一下课就去机场接朋友。

下午，我一买完东西就回学校。

今天中午，我一写完作业就去寄快递。

通过练习，让学生注意关联词语“一”“就”在句子中的位置，体会句中的逻辑关系——做完一个动作以后马上开始第二个动作，两个动作相隔时间很短。这两个动作可以是已经发生的，也可以是目前还没有发生，但以后一定会发生的动作。

除了这个用法之外，“一……就……”还可以表示条件关系。

教师用 PPT 展示练习 2，让学生根据提示用“一……就……”造句。

练习 2

主语	条件	结果
大卫	看书	会睡着
他	听音乐	手舞足蹈
我	考试	紧张
李美丽	说话	脸红
爸爸	喝酒	醉
妈妈	有时间	就看电视

教师示范造句：大卫不喜欢学习，他一看书就会睡着。教师启发学生思考“看书”和“会睡着”两个动作之间有什么内在关系。前一个动作是后一动作的条件，极易形成后面的结果，而且隐含着“马上”或“立即”的意思。

学生根据表格造句。（教师要提供语境，不仅学生好理解，还可以事半功倍）。

练习 2 参考例句：

他很喜欢音乐，一听音乐就手舞足蹈。

我害怕考试，一考试就紧张。

李美丽很内向，一说话就脸红。

爸爸酒量不好，一喝酒就醉。

妈妈很喜欢看电视，一有时间就看（电视）。

上述讲练都是基于同一个主语的情况，还有一种主语不同的情况教师也要涉及到，如：“老师一讲他就明白了”。教师提醒学生：如果前后是一个主语，主语在“一”前或者“就”前都可以；如果有两个主语，一个在“一”前，一个在“就”前。

（2）句子改写

大卫下课了，他马上给女朋友打电话。→大卫一下课就给女朋友打电话。

林小弟刚进门，发现手机不见了。　　→________________

只要他回来，我就告诉你。　　　　　→________________

只要他看到酒，他就想喝。　　　　　→________________

只要老师进了教室，学生们就安静了。→________________

（3）活学活用

教师可以设置一个学生熟悉的情境，让学生根据这个情境进行练习。这个练习比“完成句子”难度大，也更能体现学生的理解能力和运用能力，适合课堂临时操练。

例如，教师问学生每天来教室后，第一件事情是做什么？或者让学生描述第一次来中国的场景，下飞机以后你最想做什么？你首先看到了什么？这样的问题答案是开放性的，学生很容易回答出来。

3. 活动与游戏

<u>游戏一：句子接龙</u>

用“一……就……”连续操练。比如甲说“我一下课就回家”，乙接着前一个句子说“我一回家就打开电脑”，丙接着说“我一打开电脑就上网”，丁接着说“我一上网就跟朋友聊天”……如此串联下去，进行接龙游戏。

<u>游戏二：情景小剧场</u>

教师先讲故事，然后请学生分角色表演，可适当增加情节。（注意：“先生”“戒尺”“阔气”这三个词的文化意义要给学生讲解一下。）

从前，在一个私塾里，学生正在听先生讲课。一会儿，有两个学生靠在课桌上睡着了。“啪”——先生一戒尺打醒了那个穿着破旧的学生，说：“你一摸到书就睡着了。你看他，”——先生指了指旁边那个穿戴阔气的学生说，“睡着了却还拿着书呢！”

四、示例小结

在实际教学中，教师设计的环节和活动，要模拟真实的交际环境，让学生产生说话的欲望。在课堂上营造一个和谐、自由、平等、宽松的环境。本示例利用情境和动作导入，学生很快就能领会紧缩句“一……就……”的语义。两个游戏很有趣味性，针对性也很强，学生能够学以致用，体会“一……就……”在具体语境中的意义。

孔子曰：学而时习之。讲解语法后要及时巩固，多练习。复句的练习方法教师可以根据教学实际灵活使用，除了造句法，还有合并法、填空法、改错法、替换法、组合法等。

五、任　务

任务一：请你设计一个关于紧缩句“再……也……”或者“非……不……”的教学方案。

任务一：请搜集一些难易适中的小文章，故事类更适宜，文章中应包含一些递进、并列等关系类型的复句，把其中的一些关联词语用括号替代，设计成关联词语填空题，供学生练习；或者直接去掉一个分句，让学生发挥想象力来补充完整。

思考与练习

1. 有专家认为“不但……，而且……”的构成基础比较复杂，有并列关系、程度或范围上的某种递进关系、因果关系、转折关系，对于初中级汉语学习者来说，你认为教师在讲练时有必要全部涉及到吗？

2. 在复句教学中，教师常常会发现这样一个现象，学生写的一些句子语法上没有错误，但读起来很别扭。你如何帮助学生纠正这样的问题？

3. 在学习复句时，一些形式上较接近，意义上有相似点的关联词语，学生往往容易混淆，教师如何讲解为宜？

4. 在复句教学中发现，有些句子中国人理解起来容易，汉语学习者由于文化背景不同，理解起来却很难，教师要花大量时间阐述复杂的文化因素。在语言教学中，文化因素的渗入是利大于弊，还是弊大于利？对于涉及文化因素的语法点，教师在教学中选择例句时，要注意哪些事项？

第六节　语段及其语篇

示例一　上下语句要连贯

一、示例缘起

初级汉语学生在拟写段落或语篇时，常遇到这样的情况：单个句子本身没什么问题，只是连成语段或语篇后，读起来怪怪的。究其原因，还是跟前后句子的衔接和连贯有关。例如，汉语初级班学生写“我的爱好”，虽然只写了几个句子，但从头至尾每句话开头都是“我”领起。学生或不知省略主语，或不会使用连接成分，甚至语义表达缺乏基本的逻辑性。因此，汉语教学不应仅仅停留在理解和分析词句的水平，更应在理解语言形式结构的基础上，分析篇章布局的特点和遣词造句的手法，传授汉语语篇衔接与连贯的方法，发展语篇能力，提高学生在一定环境运用汉语交流思想和获取信息的言语交际能力。

二、示例背景知识

人们在表达思想或情感时，往往不只说一个孤零零的句子，而要说很多话。这很多话是一个有中心、有层次、有关联的整体，“小”就构成了语段，“大”就构成了语篇。

（一）语篇的衔接理论

语篇主要是指能够表达一个完整信息、前后连贯、具有一定表达或交流目的和功能的语言单位。[①] 一般情况下，语篇不可能是一个杂乱无章、毫无逻辑可循、前言不搭后语的语句堆砌材料，其中每个语句都要瞻前顾后，不能各自为政。每个组成成分的连接，字面上要有合理的衔接手段，语义上要有合乎逻辑的连贯性，这是任何一种语言的语篇所共有的最显著特征之一。

系统功能语言学派的创始人韩礼德（Halliday，1976）和哈桑（Hasan，1976）把语篇衔接分为五类：即照应、省略、替代、连接和词汇衔接。[②]

照应，是指语言表达中某个语言单位与上下文出现的另一语言单位表示相同的人或事物的一种语言现象，即用名词、代词等语法关系表示语义关系。包括人称照应（他，我们

① 张洁．从衔接理论探讨对外汉语教学的语篇教学［D］：［硕士学位论文］．四川：四川大学，2007。

② 韩礼德（Halliday，1976），哈桑（Hasan，1976）．英语的衔接（Cohesion in English）［M］．外语教学与研究出版社，北京：2001。

的，每个人……），指示照应（这个，那些，这里，现在……）和比较照应（更、同样……）。

省略，是指语篇中的某个或某些基本结构成分被省去，一般都能在语篇中的其他地方找到。被省去的成分从句法或单句本身看是需要的，但发生在语篇层次中的省略，在上下文语境中已经清楚明了，无须赘述，符合语言使用的经济原则。省略包括名词性省略、动词性省略和小句性省略。

替代，是指用一个替代词去取代语篇中的某一个成分。替代可以通过替代成分与替代对象之间的相互关系，使语篇中的句子紧密地连接在一起，从而起到语篇前后衔接的作用。此外，替代还能传递对比信息，使新信息更加突出，加强语篇的衔接关系。

连接，是一种运用连接成分体现语篇不同成分之间具有何种逻辑关系的手段。它是衔接手段中比较复杂也比较重要的一种。连接是通过参照语篇其他部分，凸现相关联句子之间的逻辑关系，使读者更容易完整地理解语篇关系。主要由连接词、副词或词组实现的。而连接手段只是使句子之间的逻辑关系得到彰显，本身并不创造语篇的句子关系。

词汇衔接，是指通过词汇选择在语篇中建立一个贯穿语篇的链条，来建立语篇的连贯性。词汇关系有两种：重述和搭配。

上述五类衔接手段，人们习惯将其分为两层：语法层（照应、省略、替代和连接）和词汇层（重述和搭配）。

（二）语篇的主位和述位理论

布拉格学派的创始人之一马泰休斯（Vilém Mathesius）提出了主位（Theme）和述位（Rheme）的理论。他从句子交际功能的角度，把表示话题的成分称为主位，把其他部分称为述位。此后，系统功能语言学派接受并发展了该理论，提出：主位传递的是已知信息，是信息的起点，述位是围绕主题所说的话，传递的是新信息。信息的传递实际上是若干个主位和述位信息的合理组合，语篇中各句的主位和述位必须保持一定的内在联系，才能达到信息传递过程的平衡，实现语篇的连贯性。① 国内学者徐盛恒（1982）、黄国文（1988）、胡壮麟（1994）、朱永生（1995）等对主位推进模式的种类都提出过各自的主张。综合起来主要有四种：②

1. 平行性主位发展型

指主位的出发点是第一句的主位，第二句和之后的各句都是以第一句的主位为主位，并分别引出不同的述位，从不同角度讨论或补充这个主位。

2. 链式主位发展型或延续性主位发展型

指第一句中的述位，或其中一部分成为下一句的主位，第二句的主位又引出一个新的述位，它又成为第三句的主位，这样使语篇不断发展，一环套一环地进行下去。

3. 派生主位发展型

是指在第一句提出总主位后，进行总的描述，然后从总主位派生出几个次主位，即从

① ②黄秀坤．基于汉语作为第二语言教学的留学生语篇建构能力研究［D］：［博士学位论文］．长春：吉林大学，2015。

综合到具体、整体到局部进行分述，最后再回到第一句的总主位，对全文总结，构成完整的语篇。

4. 派生述位发展型

第一句的述位包含了几个可派生的次述位，接下去的句子，对第一句中提出的述位分述，并使之成为以下各句的主位。

按照单独一种模式向前推进的语篇虽然有，但为数不多。大多数语篇的主位推进都比较复杂，往往是几种模式结合使用。两种或两种以上基本模式放在一起使用的情形叫做**复合模式**。

上述四类主位推进模式与衔接理论中的替代、省略等手段，对于构建小语篇具有较大参考价值，为初级阶段汉语语篇教学进行针对性强、有效可行的操练提供了理论依据。

三、示例实施

（一） 教学目标

1. 掌握汉语连句成段的技能，发展语篇能力；
2. 语段或语篇表达要主题明确，前后连贯，条理清楚，增强逻辑思维能力。

（二） 教学重点、 难点

1. 教学重点

学会合理组织语言内容，尤其句与句之间的连贯顺序。

2. 教学难点

能够理解语段或语篇中句与句之间的语义关系。

（三） 教学准备

1. 知识准备

初级语法知识（可以表达完整的单句）。

2. 教学材料准备

导入新课使用的句子卡片，PPT 展示讲练中的课文对话。

（四） 教学过程

1. 导　入

教师先由简单的句子连接入手。

练习一

教师出示 3 个句子（卡片），让学生先读，再组成语段。

（1）游泳不好学。

（2）游泳我学了一个星期。

（3）游泳我还没学会。

连句成段：

游泳不好学，我学了一个星期，还没学会。

教师要引导学生注意语段中省略的内容。句（1）提及“游泳”，句（2）主语“游泳”可以省略，句（3）可以把“游泳”和“我”都省略，意思依然很清楚，不会发生歧义，而且读起来更简单，主题更连贯。这里运用了省略的衔接手段，在语篇结构上，属于平行性主位发展型推进模式。

练习二

教师出示5个句子（卡片），让学生先读，再排序，最后组成语段。

（1）差五分七点我到了学校武术馆。

（2）我的表慢了十分钟。

（3）为什么呢？

（4）可是比赛已经开始了。

（5）今天晚上七点学校武术馆有武术比赛。

排序：

（5）→（1）→（4）→（3）→（2）

连句成段：

今天晚上七点学校武术馆有（省略“武术”）比赛。差五分七点我到了（省略“学校”）武术馆，可是比赛已经开始了。为什么呢？因为（添加“因为”）我的表慢了十分钟。

教师要引导学生注意语段表达中事件发展的合理顺序，先说的句子和后说的句子有内在联系，即因果关系，这涉及到逻辑思维层面。“因为”起到连接作用。五个句子的顺序和所描写的事件时间先后一致，突出了省略的经济原则。在主位述位推进模式上，属于复合模式。

2. 讲　练

第一步：教师用PPT展示课文对话。

在路上

A：今天晚上我们一起吃饭吧，给你过生日。

B：今天？离我的生日还有一个多星期呢！

A：下个星期我要去北京，今天过吧。

B：好吧，离这儿不远有一个中国饭馆，走几分钟就到了。

选自姜丽萍主编《标准教程HSK2》第7课课文4

第二步：复述课文对话。由对话体改为叙述体，以第三人称“她”复述。允许学生在不偏离课文主题的前提下，重新组织课文语言和结构，要求表达连贯，衔接自然，逻辑通畅。

其中一位学生的复述（教师同时使用PPT展示）：

今天晚上她想和朋友一起吃饭，给朋友过生日。可是朋友的生日还有一个多星期呢。她下个星期要去北京，不能给朋友过生日。离这儿不远有一个中国饭馆，走几分钟就到了。

教师提问：这位同学复述得怎么样？如果有问题，应该怎么修改？

提示：单看每个句子语法上都没错，放在一起读着不顺而且混乱。关键是语篇的时间顺序和逻辑顺序出现了问题。该语篇完全按照对话的前后句子顺序行文，但对话本身是有语境和信息差的，符合话语交际原则。而复述是以第三人称行文，就要考虑听众或读者零信息的情况，一开始就说请朋友吃饭，让人以为今晚就是朋友生日，不符合逻辑发展顺序。而且时间词由今天晚上到下个星期，结尾句实际又回到今天晚上，这会给零信息的人造成时间混乱。因此，这篇对话复述时一定要考虑时间顺序，逻辑发展顺序，主题的连贯性。

第三步：教师根据语篇衔接手段，主位和述位理论，通过提问的方式，帮助学生梳理复述思路。

（1）B 的生日是什么时候？（答：B 的生日是下个星期。）

（2）A 下星期有什么事？（答：A 下星期要去北京。）

（3）A 打算怎么办？（答：A 打算今天晚上给 B 过生日。）

（4）A 打算今晚怎么给 B 过生日？（答：A 打算今晚和 B 一起去中国饭馆吃饭，给 B 过生日。）

（5）那个中国饭馆远不远？（答：中国饭馆不远，走几分钟就到了。）

第四步：教师根据学生的回答，使用 PPT 分析展示句际语义关系，请学生再次复述，完成语篇训练。

句际语义关系分析图：

下个星期是她朋友的生日 → 可是 下个星期她要去北京

所以

今天晚上给朋友过生日

↓

去中国饭馆吃饭

↓

饭馆离公司不远 → 几分钟就到

参考答案：

下个星期是她朋友的生日，可是她要去北京出差。所以，她准备今天晚上给朋友过生日。他们要去一个中国饭馆吃饭，这个饭馆离公司不远，走几分钟就到了。

修改后，“下个星期朋友的生日”和“下个星期出差”前后两句有了关联，放在一起表示“因”，通过连接成分“所以”，引出下文的“果”今晚过生日，不仅照应了上文，还带出后面句子的“中国饭馆”。这样，语段的因果逻辑更清楚，事件层次更分明，“过生日”的主题更明确，时间也更有序。还新增了“公司”“出差”等常用词语。在语义连贯方面，是兼有平行性主位发展模式和延续性主位发展模式的复合推进模式。

为了提高学生兴趣，复述可以增加一些难度。除上面的改变人称复述，还可以改变时间复述，由昨天变为明天，改变叙述角度，由倒叙变为正叙等等。

3. 活动与游戏

活动：复述课文对话

在家里

A：这是谁的房间？

B：这是我和我丈夫的，旁边那个小的房间是我女儿的。

A：你女儿的房间真漂亮！都是粉色的。

B：是啊，粉色是我女儿最喜欢的颜色。

选自姜丽萍主编《标准教程 HSK2》第 3 课课文 3

要求：以女儿的房间为主题，用第一人称“我”叙述，注意空间顺序和逻辑顺序的安排，前后语句连贯。可尝试运用派生主位发展型推进模式。

游戏：句子接龙

请分组完成接龙口头作文，学习使用省略和替代、主位和述位的语篇连贯手段。话题如下：

（1）我的宿舍不大……

（2）我有一只小狗……

（3）这个电影很有意思……

（4）我的自行车坏了……

四、示例小结

任何语篇都离不开表层的衔接与深层的连贯这两个必要条件，衔接主要是由语法手段和词汇手段组成，是语篇的有形网络。连贯则表示语篇中的深层语义关系，是语篇的无形网络。理解连贯需要对句际逻辑关系进行分析、对比、归纳、综合、推断，填补语义空缺才能实现，这要求学习者具有较强的逻辑思维能力。在汉语教学中，语篇衔接手段所涉及的词汇及语法点遍布在初、中、高各学习阶段，而语篇连贯所需的逻辑思维能力，涉及学生文化背景与母语思维习惯，且没有显性的结构形式，这些都为语篇教学带来了难度。教学示例以语篇衔接理论、主位述位理论为依托，以替代、省略等语法衔接手段和主位推进模式为抓手，通过连句成段、课文复述等操练形式，进行语篇教学，是初级阶段汉语语篇教学的有益尝试。

初级阶段的汉语学习者接触的多为对话体课文，单句和复句的操练较多，语法能力提高较快，会话交流较顺利。可是一旦要求学生进行独白式表达，他们便感到十分困难，无论是“形合”的衔接还是“意合”的连贯，初级阶段的学生都难以驾驭。因此，诸如

“我是英国人，我在香港出生，不过我现在住在伦敦”这样的小段表达比比皆是。在这个小段中，人称代词“我”重复出现，虽意义明确，形式规范，但不符合篇章表达习惯，句与句之间缺乏必要的省略和自然的衔接照应。可见，连句成段，连段成篇早在汉语学习初级阶段便与学习者的语言表达能力紧密相连了。因此，成段表达训练，即语篇教学必须尽早展开，反复操练，采用多种方法慢慢渗透，使学生有意识地操练并愿意主动表达。

初级阶段语篇能力的训练要从简单到复杂，循序渐进。从两三个句子开始，逐渐加长，结构也慢慢复杂。要注意两方面：一是经济原则，只要不产生歧义，语言使用就应简洁明了、经济节约，如语篇衔接理论中常用的省略、替代等；二是时间原则，除标示时间或时间先后顺序的词语出现以外，通常句子顺序应与所描写的事件或状态发生的时间先后顺序一致。

在训练方法上，可采用连句成段、句子排序等单项训练方式，也可融合在综合课或读写课、口语课、听力课等分项技能课中，结合课文、练习及扩展材料进行复述、转述、概述等练习，让学生在日常的课堂练习及完成作业等活动任务中，潜移默化地学习语篇衔接的语法和词汇手段，体会自然、合理、有序的句际逻辑组合关系，形成内容完整、条理清楚、层次分明的语段，语句上达到语法正确，语篇上做到逻辑“通”，表达“好”，文化“合适”。

五、任　务

任务一：收集5个对话练习材料，改写成5篇叙述体小短文。在改写过程中，注意上下句的连贯，并找寻学习者可能会出现的问题，为日后教学储备素材。

任务二：请查阅跟系统功能语言学派理论相关的3－5篇论文，整理一份文献综述。

示例二　连接成分课语篇

一、示例缘起

很多教师都发现，学生书面或口头表达时，很少用或不太会用连接成分。汉语作为第二语言教学的教材一般也缺少对语篇连接成分的特别关注。实际上，连接成分“是篇章中最基本、最直观的衔接方式”，[①] 在语用方面起着重要作用，要照应前后语义，要符合上下文语境。所以，教师在中高级阶段不能只孤零零地讲解某个连接词语，而应从语篇入手分析、讲练。

① 吴若愚. 维吾尔、哈萨克族学生汉语连接成分偏误分析［J］. 语言文字教学研究，2009（2）。

二、示例背景知识

20世纪50年代，叶圣陶先生就曾提出："上下两句分开来看都完整，连起来可不相应，那就说不上恰当地使用语言。前后两段分开来看都要得，连起来看可搭不上，那也说不上恰当地使用语言。因此，要给读者更多的帮助，应该在下一句和上一句，后一段和前一段的关系上有所讨论。"① 其实，叶圣陶先生探讨的就是语篇的连接问题。众所周知，语言的使用，很少只用一个句子，通常是一组句子（句群），而较长的语言表达又由段落构成。语篇中的连接成分是在句子、句群、段落之间起语义关联作用的重要手段，也就是叶圣陶先生所说：要对语言的上下、前后在"关系上有所讨论"。

胡壮麟（1994）把连接成分称作"逻辑联系语"或"逻辑连接"，② 指的是用各种具有连接功能的词语来体现语篇内部各部分语义关系的一种衔接手段。一般是通过连词、副词性关联词语和一些具有连接功能的实词、短语来实现。

廖秋忠（1992）认为：逻辑连接主要靠连接成分来实现。他把连接成分分为时间关系和逻辑关系两大类。又把逻辑关系分为顺接连接成分、逆接连接成分、转接连接成分三大类。其中，顺接连接成分包括八小类，逆接连接成分包括六小类，转接连接成分包括两小类。③

傅由（2003）借鉴不同学者的分类，同时提出时间关系也是逻辑关系的一种。并从连接成分的功能进行划分，具体如下表（编者有微调）。④

表4-15　汉语语篇连接成分分类

意义关系		连接成分	逻辑关系
1. 时间		最先，首先，起初，原来，以前，本来，然后，接着，不一会儿，不久，以后，后来，最后等	连贯
		同时，与此同时，此刻	并列
2. 事件		第一、第二……，其一、其二……，首先、其次、最后……，甲、乙、丙、丁……，一方面…另一方面，一来…二来等	连贯
3. 解释	举例	比如，例如，如，以……为例，拿……来说	连贯
	注释	（也）就是说，换句话说，即是说，或者说等	
4. 总结		总之，总而言之，总的说来，综上所述，由此可见，显而易见等	连贯

① 叶圣陶．从《语法修辞讲话谈起》［N］．人民日报，1955-1-15（第三版）。
② 胡壮麟．语篇的衔接与连贯［M］．上海外语教育出版社，上海，1994。
③ 廖秋忠．廖秋忠文集［M］．北京语言大学出版社，北京，1992：62-91。
④ 傅由．汉语研究与应用第一辑［M］．中国社会科学出版社，北京，2003：255-256。

续表

意义关系		连接成分	逻辑关系
5. 呼应	意外	岂料，谁知，哪里知道等	转折
	实情	其实，实际上，事实上等	
	预期	果然，果真，果不其然等	因果
	可理解	难怪，怪不得，无怪乎等	
	中性	终于，结果等	
6. 比较	对立	反之，反过来说，与此相反等	转折
	对比	对（相）比之下，与此相比等	
	类同	同样地，无独有偶等	并列
7. 转换话题		那么，至于，此外，另外等	连贯

上表中，时间顺序的连接成分，重在表现时间的序列和先后，有时也表现事件几个阶段的发生时间；事件顺序的连接成分比较复杂，词性各不相同，只在某些场合才起关联作用；解释关系的连接成分，是用后者说明前者，表达的是实在意义；总结关系的连接成分，把前面的内容加以归纳，概括出要点；呼应关系的连接成分，表达的是前后句、前后段的相互联系、相互照应，在某些场合起关联作用；比较关系的连接成分，表达两个事物之间对立、对比、类同的关系；转换话题的连接成分，向前指上一话题的结束，向后引导下一话题的开始。

连接成分的功能可从两方面探讨。其语义功能指连接成分是对前后小句语义关系的标示；其语用功能指连接成分对语段语篇的组织功能。

值得注意的是，汉语有很多词语不是存在于单句中，而是存在于语篇中。例如：最后、怪不得、突然、那么、另外等等，这类词语的解释和操作如果缺少了语境，是很难说清楚的。在中高级阶段进一步把连接词语的解释和语篇表达训练结合起来，一方面可以帮助学生更好地理解词语的意思和用法，另一方面也能提高学生语篇的组织能力。

三、示例实施

（一） 教学目标

1. 了解语篇连接成分的基本分类，即并列关系，因果关系，逆转关系，顺序关系；
2. 掌握语篇连接成分的逻辑语义关系，能够运用连接成分组织语篇。

（二） 教学重点、 难点

1. 教学重点

了解连接成分对前后句、前后段语义关系的标示作用，学会运用这一衔接手段。

2. 教学难点

掌握语篇上下文之间的逻辑语义、表达语境，提升逻辑思维能力。

（三）教学前准备

1. 知识准备

词法、句法等相关知识已达中级或以上水平。

2. 教学材料准备

PPT 展示导入新课的语段、表格、HSK－6 写作材料，班级微信学习群等。

（四）教学过程

1. 导　入

练习：语篇找问题

先请学生默读语段，然后大家讨论语段的问题。

起初他们认识的时候有很多问题。因为他们没有共同语言。后来，他们都学汉语了。他们用汉语给对方写了很多信。后来，他们一起学习，他们一起玩儿，他们常常见面。后来，他们相爱了，他们结婚了。

全班讨论找出问题：

（1）连接成分的重复。“后来”用了 3 次，可以改换时间词。

（2）主语的省略问题。几乎每句都用了主语“他们”。

（3）语义逻辑问题。应该先见面，再一起学习、一起玩儿。

（4）标点问题。有的地方应有标点，如“起初”后添加逗号，更便于理解且易读。

全班一起修改：

起初，他们认识的时候有很多问题，因为没有共同语言。后来，他们都学汉语了。他们用汉语给对方写了很多信。从此以后，他们常常见面，一起学习，一起玩儿。最后，他们相爱了，而且结婚了。

教师点评：本段的连接成分——时间词起了重要作用：起初→后来→从此以后→最后，使句子一句接一句有序地连贯起来。

2. 讲　练

关于连接成分的分类不同学者有不同的分类标准。结合留学生汉语学习的实际情况，本着易上手、易操作的原则，本示例借鉴郑贵友（2002）相对简明的分类方法。郑贵友把语篇中的连接成分分为四大类：并列关系，因果关系，逆转关系，顺序关系。[①] 从广义来说，第一，并列关系。包括：平列关系（也、或者等）；递进关系（而且、并且等）；换言关系（就是说、比如等）；补充关系（还有、另外等）。第二，因果关系。包括：因果关系（因为、因此等）；条件关系（那么、无论等）；目的关系（为了等）。第三，逆转关系。包括：让步关系（当然、虽然）；转折关系（但是、可是等）。第四，顺序关系。包

① 郑贵友．汉语篇章语言学［M］．外文出版社，北京：2002。

括：时间顺序（以后、后来等）；逻辑顺序（第一、第二等）。

参考郑贵友的分类方法，教师可根据学生所学词语，归整出汉语学习者语篇常用连接成分表。

表 4－16　汉语学习者语篇常用连接成分

语义关系	连接成分
1. 并列	而且，就是说，还有，再说，特别是……
2. 因果	所以，因为，如果，就，那么，因此……
3. 逆转	但是，可是，虽然，不过，当然……
4. 顺序	然后，以前，以后，现在，最后，第一、第二……，一是、二是……

教师提示学生，注意语篇连接成分的语义关系，这样，使用时才能更合上下文语境。

讲练一

第一步：学生默读表格中的连接成分，并提出自己的问题。教师针对学生问题通过举例进一步解释其语义关系，并为学生创造交际化的情景或语境，让学生造句或成段表达。

第二步：PPT 给出对话材料，学生分角色朗读。

黄勇：真没劲！有的队员根本不像是在比赛，倒像是在散步。

张英：就是。与其看这样的比赛，还不如在家看看书、聊聊天儿呢。

黄勇：以后再也不看这两个队的比赛了。

张英：我早跟你说过，他们都出线了，肯定不会尽力踢的。可你偏不信。

黄勇：我以为他们都是职业运动员，应该讲职业道德。

张英：等第二阶段开始，比赛肯定会精彩激烈的。

黄勇：那当然了，淘汰赛嘛，到时候谁输谁就得回家。

张英：再说，出线的队差不多都是各组的强队。

黄勇：我们过两天再来看吧。

选自马箭飞主编《汉语口语速成基础篇》第 21 课对话 2

第三步：让学生用叙述体复述对话内容。要求：叙述符合语义关系，可以选用上面表格中四种关系类型的连接成分。

分组练习，最后教师给出一个参考示例。如下：

黄勇和张英看完比赛很失望。张英觉得与其看这样的比赛，还不如在家看看书、聊聊天儿呢。〔以前〕，她跟黄勇说过，这两个队都出线了，肯定不会尽力踢。〔可是〕，黄勇偏不信，以为他们都是职业运动员，应该讲职业道德。黄勇〔也〕觉得比赛很没劲，〔特别是〕有的队员根本不像是在比赛，倒像是在散步。他决定以后再也不看这两个队的比赛了。〔不过〕，黄勇和张英觉得等第二阶段开始，比赛肯定会精彩激烈的。〔到时候〕，淘汰赛谁输谁就得回家。〔再说〕，出线的队差不多都是各组的强队。〔所以〕，他们打算过两天再来看比赛。

第四步：教师评讲示例。开头句，总括短文大意。中间部分，先复述张英说话内容，再复述黄勇说话内容，最后以“不过”这个连接成分引出两人一致的表达内容。这个复述需要调整对话原句顺序，使整个语篇更具逻辑性。具体使用的连接成分：表并列关系“也、特别是、再说”，表顺序关系“以前、到时候”，表逆转关系“可是、不过”，结尾句，表因果关系“所以”。

讲练二

第一步：PPT 展示 HSK－6 写作模拟试题，并提出写作要求。注意：（1）至（4）是 HSK 考试时的要求，（5）是针对本示例的写作要求。

（1）仔细阅读下面这篇文章，时间为 10 分钟，阅读时不能抄写、记录。

（2）10 分钟后，教师收回阅读材料，请学生将这篇文章缩写成一篇短文，时间为 35 分钟。

（3）标题自拟。只需复述文章内容，不需加入个人观点。

（4）字数为 400 左右。

（5）结合汉语语篇常用连接成分表，缩写短文时请使用 5 个以上连接成分。

①有人送我一幅山水画，虽然并不名贵，但是我很喜欢，就把它挂在墙上。每当觉得疲倦时，我就会抬头欣赏一会儿，让身心得到放松。

②时常有朋友到我这里来，他们看到这幅画也十分喜欢，一个个爱不释手、恋恋不舍的样子。于是，有个朋友向我讨价说：“给你 1000 元，你把它卖给我吧?”我摇摇头拒绝了。虽然这幅画就值几百块，但我怎能为了多赚几百块就忍痛割爱呢?

③过了几天，这位朋友又来了，进门就盯住那幅山水画，主动跟我谈价格说：“我知道，这幅画上次给你开价 1000 元太低了，这样吧，我今天给你开价 5000 元，卖给我怎么样?”我笑着拒绝他说：“这不是卖不卖的问题，再说，它怎么能值那么多钱呢?”任他怎么说，我还是婉言拒绝了。

④又过了几天，他又来了，进门连茶也顾不得喝一口，就又同我谈起那幅画的价格来了，他豪爽地说：“这次你也别推辞说卖不卖了，瞧，我给你拿来了一万块，不低了吧?这钱归你了，这幅画我现在就带走。”一万块的确是不少了，我自己都不相信这幅画能值一万元，但作为朋友，我并不想赚他的钱，让他破费一万元却买了幅并不名贵的画。另外，我也不喜欢他今天的态度。我拒绝他说：“跟你说过的，这幅画根本不值这么多钱，我只是喜欢它，并不指望靠它来赚钱，你出多高的价格，我都不会卖的。”见我这么坚决，朋友只好失望地走了。

⑤过了几个月，他忽然带着一个人来了，并向我介绍说那人是一个大老板，十分痴迷于收藏山水画，愿意出价 10 万元买我的那幅画。那人见了那幅画，也是赞叹不已，他说 10 万元现金他已随身带来了，只要我点头同意，我们便可立即成交。我忙向他们解释说：“这只是幅普通的山水画，根本不值那么多钱。”但任凭我怎么解释，朋友和那位老板都不相信，他们说：“如果不是件宝物，你能这么珍惜它，连 10 万元都不愿意卖吗?”

⑥我感到自己没法向他们解释清楚，就带着那幅画，带他们去拜访一位对山水画极有

造诣的专家。专家看了那幅画就笑了："这幅画最多值500元。""500元？"朋友和那位老板都大吃一惊，他们不相信这幅画竟然这么不值钱，我笑着说："这是专家估的价，你们没理由不相信吧？"

⑦他们两个人带着疑惑走了。我和那位专家相视大笑。专家说："你无意间运用了古玩交易技巧，一件并不贵重的东西，你珍惜它，它就具有价值了，你越珍惜它，在别人看来它的价值就越大。"

⑧其实，对于我们喜欢的东西，只要注入自己内心的珍惜，那么它们对我们来说就是价值连城的。

第二步：缩写语篇，训练并提高重建语篇的能力。

缩写训练实际上是"阅读——记忆——复现"的认知过程。在阅读和处理语篇信息时，要把握语篇宏观结构的规则。第一是删略规则，去掉不重要的信息；第二是概括规则，把两个或两个以上的信息单位浓缩为一个宏观结构；第三是组构规则，也把两个或两个以上的信息单位浓缩为一个宏观结构，但这是更高层次的宏观结构，常常运用连接成分来组构。下面结合阅读材料举例说明。

段①开篇：

有人送我一幅山水画，虽然并不名贵，但是我很喜欢，就把它挂在墙上。每当觉得疲倦时，我就会抬头欣赏一会儿，让身心得到放松。

下划线部分就是利用删略规则得到的语篇主体部分。大意是：山水画，不名贵，我喜欢，挂起来欣赏，我放松。

段②－⑥，运用概括规则，梳理信息思路就是：

第一次朋友1000元买画，我拒绝→第二次朋友5000元买画，我拒绝→第三次朋友1万元买画，我拒绝→第四次朋友带大老板10万元买画，我拒绝。最后，我找专家解释画的价格。

当然，真正缩写语篇时故事过程不能这样简单，还要补充一定的细节。同时运用组构规则，通过连接成分使上下段落更有层次、更为连贯。

段⑦－⑧，运用组构规则和删略规则，点明语篇主题即可。

第三步：病文讨论，PPT展示学生缩写的文字。

提示：学生把"我"转换成第三人称"他"了，还是用原文"我"为宜。

自己内心的珍惜

每个人有自己的理想，自己爱惜的事情。

有一个人具有一幅山水画，他特别喜欢这幅画。他很累的时候，就抬头看看它，因为它让他得到放松。有很多朋友去那里看这幅画，都喜欢它。然后，有个朋友去那里想买它。朋友给他1000块，但是有画的人拒绝了。

过了几天，朋友又去给他5000块买画。有画的人又拒绝了。接着，他告诉朋友，不是卖不卖的问题，它不值那么多钱。以后，朋友第三次去找他，给他一万块，朋友觉得这钱应该满足有画的人，他又拒绝了。此外，他没有办法解释朋友他不卖这幅画，因为他只是喜欢它，也这幅画根本不值那么多钱。

后来，过几个月，朋友又去了，但是他还带一个收藏山水画的老板。这个人给他10万块买它。有画的人解释说，它只是一幅普通的山水画。不过，他们不相信他的说话。最后，他找一位山水画的专家告诉他们画的价值，专家告诉他们最高的价格是500块。朋友与收藏画的人都大吃一惊，他们好像还不相信。过了一会儿，他们走了。

总的来说，在我们的生活中，有的东西价格很低，但是对我们的内心十分宝贵。

（注：学生习作原文）

第四步：要求尽量保留缩写原意。运用语篇宏观结构规则，分组讨论修改，重点是语篇连接成分的使用。最后教师给出参考示例。

自己内心的珍惜

每个人都有自己爱惜的东西。

朋友送我一幅山水画，我特别喜欢。〔当我累的时候〕，〔就〕抬头看看它，〔因为〕它让我放松。很多朋友〔也〕喜欢这幅画，〔而且〕，有个朋友想买它。朋友给我1000块，我拒绝了。

〔过了几天〕，朋友〔又〕给我5000块买画，我〔又〕拒绝了。〔接着〕，我告诉朋友，这不是卖不卖的问题，它不值那么多钱。〔后来〕，朋友第三次找我，给我1万块，朋友觉得我应该满意了。〔没想到〕，我〔还是〕拒绝了。我没有办法向朋友解释清楚不卖它，〔只是〕〔因为〕喜欢它。

〔过了几个月〕，朋友第四次找我，〔这时〕朋友还带来一个收藏山水画的老板，这个人给我10万块。我对他们说，它就是普通的山水画。〔可是〕，他们不相信我的话。〔最后〕，我找了一位山水画的专家，专家告诉他们，这幅画最高就值500块，朋友与那个老板都大吃一惊。〔然后〕，他们不相信地走了。

〔其实〕，一件并不贵重的东西，你珍惜它，它就有价值。在我们的生活中，有的东西价格很低，〔但是〕，我们的内心〔却〕认为非常有价值。

教师在黑板上列表格，请学生从修改后的缩写文章中挑出连接成分。板书：

语义关系	连接成分
1. 并列	也、而且、又（2次）、还是、这时
2. 因果	因为（2次）、就
3. 逆转	只是、可是、没想到、但是、却、其实
4. 顺序	当……的时候、过了+时间词（2次）、接着、后来、最后、然后

第四步：教师评讲。结合原文内容，朋友4次买画，“我”4次拒绝。复述故事时按时间和事件发展顺序就会符合逻辑。根据上下文语境，使用连接成分能让语义更加连贯。例如，最后一段，“但是”与“却”两个转折词语，更能表达价格与价值不一定对等，同时也照应了题目“内心的珍惜”。

3. 活动与游戏

活动一：大家都来找语病

抢答题，看谁说得又对又快？请分别指出问题，并重新梳理语段。

活动准备：PPT展示HSKK考试汉语学习者说的句子。可提示学生，其中有连接成分误用、遗漏、误加等偏误问题。

（1）我最理想的地方没有很多的汽车，人们可以走步，可以坐公交车。这样我觉得是，但是对环境比较好，但是对于人与人的交往也有所帮助。

（2）我理想的居住的地方是一个小的房子在我的农场，这个房子不大不小，正好有五个房间，五个卧室，也有两个厕所。

（3）最好我住的地方可以看见大海，这个大海应该希望有一个老游轮，我喜欢冲浪，还没学会，其实很想学。

（4）我想住在农村里，但是也想离城市不是很远，这样可以又享受很方便的设备，但是也可以欣赏很干净的环境。

活动二：健身晒微信

由教师发起，建立班级微信学习群。要求每位学生上传1－2张个人健身图片，根据图片内容，使用3－5个连接成分介绍自己的健身方式，100－200字。边说边录音，然后让全班同学再听一遍录音，一起挑问题。课下每人再转写成文字，下次课提交给老师评改。

四、示例小结

连接成分是语篇衔接的重要手段，是汉语学习者进行成段表达时偏误率较高的语法项目，更是语篇教学的重要内容。它体现了句与句之间的语义关系，同时又具有句际连接功能；既涉及连词、副词、时间词、处所词等词类，又涵盖起关联作用的短语；其数量大、类别多，研究水平也尚处于探索阶段。教学时，应注意区别性、阶段性及方式方法。

语篇连接成分特点突出，教学时应注意与复句中的关联词语相区别。两者的区别性特征为①：（1）语篇中的连接成分是连接句与句、段与段的，而复句的关联词语是连接分句的；（2）语篇中的连接成分不仅有连词、副词，而且有时间词、处所词等实词以及短语，而复句中的关联词语主要是连词和副词；（3）语篇中的连接成分一般都单用，而且很少出现在始发句中，而复句中的关联词语一般是成对使用，以便分句之间语义更加紧密；（4）语篇中的连接成分常常出现在句与句之间，因此作为句外成分，常常有停顿，用逗号分隔，而复句中的关联词语主要在句内出现。

① 吕文华．对外汉语教学语法讲义［M］．北京：北京大学出版社，2014：314。

语篇教学是一个长期的系统教学过程，应贯穿初、中、高各教学阶段，融汇于综合课、口语课、听力课、阅读课、写作课等各课型中。初级阶段可着重于省略、替代，语义逻辑连贯及汉语语篇思维习惯等方面的渗透和训练。到了中高级阶段，一是学生具备了一定程度的成段表达能力，渴望语言表达能力达到一个新高度；二是学生在初中级阶段基本完成了汉语语法教学内容，学习并积累了一定数量的汉语词汇，这给语段、语篇教学奠定了基础，提供了空间。同时，到了中高级阶段，课文内容也更趋于完整、丰富，为语篇教学提供了很好的素材和语料。因此，语篇连接成分的教学应放在中高级阶段较为适宜。

教学实践与研究表明，汉语学习者使用连接成分的能力与其汉语水平的高低成正比，而且学习者会有意识地避开一些虽已学过但比较复杂的连接成分。另外，不同母语背景的学习者，在汉语连接成分使用中出现的偏误情况也有所不同。因此，语篇连接成分的教学要注意针对性、实用性及方式方法。常用的练习方式有：让学生在语段或篇章中选择合适的连接成分填空；给出几组句子，让学生组句成段并填入恰当的连接成分；规定话题，提示连接成分，让学生组织成一个语段；让学生改正语段中使用有误的连接成分等。

五、任　务

任务一：说课训练。动手找一篇出现连接成分较多的课文，说说你的教学设计。

任务二：建立连接成分小型语料库。通过阅读，有意识地运用语篇连接成分，改写或自编语段，为日后教学储备素材。

思考与练习

1. 有研究者发现：学生学完初级阶段的汉语后，对话能力比较强，能够完成一定情境下的对话，但是主动表达能力欠缺，很难完成一个说话项目。你同意这种观点吗？请举例说明并谈谈应对策略。

2. 请谈谈语篇中的连接成分有什么特点？同样是连接词语“因为……所以”，其用法在语篇和复句中一样吗？

3. 有人说标点符号是句子的“呼吸”，人没有呼吸会死亡，句子没有标点就无法理解。你同意吗？在语篇连贯方面，标点符号有何作用？

4. 语篇中的连接成分比较复杂，学习者使用时害怕出错，常常采取回避策略。对此，你有什么看法和解决方案？

资料拓展

资料一：二语语法教学和母语语法教学

同样是语法教学，母语语法教学与二语语法教学在教学目标、教学内容、教学理念和教学方法等方面都存在着很大的区别。

在教学目标上，二语语法教学的目标是通过讲授语法知识培养学生的语法能力，并最终提高他们的语言交际能力，而不是传授语法学知识。母语语法教学的目标是提高语言使用的规范性和自觉意识，提高对于语言现象的分析能力。

在教学内容上，母语语法教学的内容主要是系统而简明的语法知识；而二语语法教学的内容要比母语语法教学内容细化得多，讲授的是用来指导学生用汉语交际的一条条具体的语法规则。比如，汉语中大量的构式或语块并不是母语语法的教学重点，但在二语教学中却非常重要如“越来越……”，“越……越……”，“V1 着 V1 着就 V2……”等。再如，讲到量词时，母语语法教学所用时间极短，常常是一带而过，但对二语语法教学，恐怕要用较长的时间，需要一个量词一个量词地去教学。正如赵金铭所说，“对中国人的语法是一般性的，粗线条的；对外国人的语法是细密的，管辖范围窄的”。①

在教学理念上，母语语法教学可以完全脱离具体的交际语境，学习的是一种抽象的语法理论；而二语语法教学是跟词汇学习同步进行的，是需要在具体的交际语境中学习的。

在教学方法上，母语语法教学多是教师讲授语法理论或带学生一起分析语法现象，学生事实上已经具备了相应的语法运用能力，只是缺乏自觉意识和理论分析能力。二语语法教学是通过多种方法和技巧让学生在操练中学会运用语法。二语语法教学不是教师讲会的，而是学生练会的。

…………

任何一个语法点的教学大概都应该包括以下几个环节，每个环节都有其目的，可图示如下：

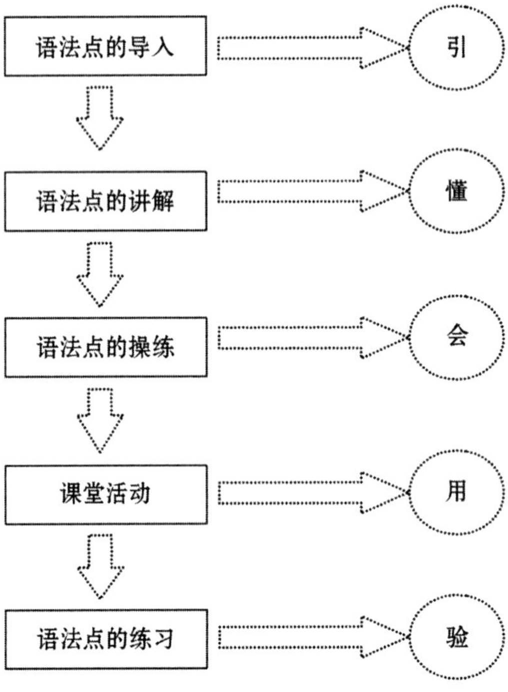

① 赵金铭．汉语研究与对外汉语教学［M］．北京：语文出版社，1997。

语法点的导入在于吸引学生，语法点的讲解目的在于让学生懂得，操练（包括课堂活动）目的在于让学生学会并且会用，练习目的在于检验学生是否真的掌握了该语法项目。另外，在整个语法教学环节中，语法点的操练非常重要，要做到“精讲多练”，甚至达到“以练代讲”。

——杨玉玲．国际汉语语法与语法教学［M］．北京：高等教育出版社，2013：215－218.

资料二：对外汉语教学中的句法、语义和语用

众所周知，对外汉语教学是实践语言教学，我们教语法的目的是指导学生进行语言实践，我们在教材中对语法规则的归纳、对意义的解释都要经得起实践的考验，稍有失误或疏漏，都会引起学生犯错误。我们一直提倡语法教学要讲究实用，其实还要讲究管用。我们展示的语法规则要充分、细致，一一列出使用的条件，什么时候该用、什么时候不该用，要列出词序，哪个在前、哪个在后，否则学生就会造出不合规则的句子。掌握语法规则的目的是要表达思想，要能正确、得体地进行交际，所以必须准确、到位地描写出结构形式所要表达的意义，以及在话语中表现出的语用特征，只有把形式和意义结合起来，把理解和应用结合起来，我们的汉语语法教学才能跨上一个新的台阶。

——吕文华．对外汉语教学语法讲义［M］．北京：北京大学出版社，2014：12－17.

资料三：语言操练

孙晖教授主张：“把交际引入课堂。语言课堂是语言社会的一个组成部分，它不应该仅仅成为语言模式的机械操练的场所，还应该成为语言实际运用的场所。”他们还提出了“首答权归学习者”的口号。

所谓“把交际引入课堂”，是指他们设计的练习顺序是：机械操练→准交际型演练→真实的交际。机械操练的话语模式本身是有意义的、自然的、活的语言，具有可用性。这种操练使学生感到是实际使用前的操练，所占时间不长，很快过渡到准交际型演练。准交际型演练不再是话语模式的孤立操练，而是有一定语境的会话练习。这种练习在会话中留有若干空白，让学生根据上下文思考，自己决定“说什么”和“怎么说”，而不是把现成的会话材料一股脑地摆在学生面前，强制他们机械地“吞咽”。这种练习就是语言智能的开发和自我开发的过程，是训练学生用汉语思维。

——杨惠元．汉语听力说话教学法［M］．北京：北京语言学院出版社，1996：218.

资料四：复句与逻辑思维

我们发现，在学习者出现的问题中，有的通过关联性词语或复句教学可以解决，有的仅靠关联性词语或复句教学是解决不了的。因为有些问题其实质不是语法问题，而是逻辑思维问题。逻辑思维有人类共性的一面，但同样有各语言独特的一面。一种语言中，既能反映出观察分析认知世界的角度，也能体现出其特有的思维方法、思维定式。复句在这个方面表现得会更为突出一些。因此教学生准确选择连词、整理好逻辑思维并将其表达出来，不是只教几个关联性词语就可以解决的。教学实践证明，单一地教给学生一组关联词语，学生可以准确地造出新的句子来，但是如果给学生一段文章，让学生在适当的位置填上合适的关联性词语，或者给学生几组关联词语让学生写短文时选择运用，学生就会错误百出，包括水平较高的学生，这反映出学生在逻辑思维中出现了问题。所以，这一部分教学应该是篇章和成段表达教学中比较重要的基础部分。教学中应让学生更多的体会、理解汉民族观察分析认知世界的角度及其特有的思维方式和定式，尽量多地给学生提供可以体会某种逻辑关系的语境，让他们从实际而具体的汉语应用中学习并把握好种种关系。

——卢福波．汉语语法教学理论与方法［M］．北京：北京大学出版社，2010：279－280.

资料五：任务型汉语语篇思维训练的步骤和策略

赵金铭（2008）认为任务教学法强调学生通过语言的有效使用，真正完成实际生活中的交际任务。教师和学生之间、学生和学生之间互相协作，完成交际任务，有效地提高学生的言语交际能力，这也是目前汉语国际教育中应该着重采取的教学方法之一。……

1. 基础式语篇表达训练

训练任务：掌握与表达主题相关的基本词汇及表达方法。

训练策略：

你说我猜。传统的生词教学大多以教师讲解为主，而在任务教学法的指导下，给学生创造活动的环境，让学生教，在教中学，在教中互练。……

情景表演。区别于传统的会话内容的情景表演。选定一个编剧，给他布置任务：在预习一个语段的过程中，根据故事情节设计人物、情节，并编写台词。由这个编剧兼任导演，组织几个同学排练，然后，在课堂上表演，其他同学对他们的会话、情节、表演提出评价。……

2. 复述式语篇表达训练

训练任务：掌握与表达主题相关的语段内容。

训练策略：

忠实性复述。教师首先把课文主要内容复述一遍，并提示主要信息，包括主要人物、事件发生时间、地点以及事件发生过程中的关键词、事件的结果等。然后，由学生进行复述。……

概括性复述。在忠实性复述的基础上，引导学生抓住主要信息，进行简要复述，这样有效地提高了学生的概括能力。……

3. 扩展式语篇表达训练

训练任务：掌握与表达主题相关的语段交际技能。

训练策略：

为了培养学生的交际能力，强调语篇表达训练以实际需求为驱动，即由模拟交际转化为真实或接近真实的交际。

对课文内容的延伸表达。……

对事件、主题的评论。……

经验性讲述。学生讲述发生在身边的真人真事。……

王世生（1997）把经验性讲述称为“外向式”表达训练，即远离课文内容的交际式语篇表达训练。这样的任务设计必须根据学习者已经学习的语言能力为基础，将抽象式、结果式等任务重新剥离和细分。这样的段落表达可能只是一句话、两句话，遵循循序渐进的任务设计原则。教师在课堂训练过程中要适当补充相关词语、短语、句式及语言、文化知识，并适当组织操练。

——黄秀坤．基于汉语作为第二语言教学的留学生语篇建构能力研究［D］：［博士学位论文］．长春：吉林大学，2015：129－132．（有调整和删减）

资料六：语篇关联

在书面语篇中，最高层是关联模式。在关联模式中，表示关联功能的衔接语主要有以下几种：

关联词，相当于话语标记，是含有弱信息含量的衔接语。如然后、接着、但是等。

插入语，在句法分析中不作分析，当做独立于句子之外的成分。既有关联功能，也表达一定的语气。如看样子、依我看、没想到等等。

转换词语，在叙事角度或角色角度转换时使用，如可能、确实、似乎等，具有语用标记的特点。

语气词，也是小句关联标记，有句内衔接作用。如呢、啊、嗯等。

…………

一个完整的语篇离不开形式上的衔接和语义上的连贯。

语篇的线性结构成分包括五级由大到小构成层级网，模式如下：

篇章（含题目）——语段（段落）——句群——复句——小句，一个完整的语篇由上述五级单位构成。

语篇中的语句按照从大到小的顺序排列可以分为：跨段排列、句群排列、复句排列几种。跨段排列分为首段（起始段）、延续段和尾段（结束段）；在语篇中，处于起始部分的语句不能出现在延续和结尾部分，反之亦然。原点句一般也处于起始段中，而关联词语一般只出现在延续段中，首段出现关联词语时往往是表示前连的词语，它不是指跨段衔接，而是段内复句内部的衔接。

在跨段句首句衔接中，还包括同义词语衔接，上下义词语衔接，搭配衔接，整体和部分衔接，交替泛指衔接等。

——邢欣．语篇衔接与对外汉语教学［M］．北京：世界图书出版公司，2011：27－28、80－86．（有删减）

本章参考文献

[1]刘月华,等．实用现代汉语语法(增订本)[M].北京:商务印书馆,2001.

[2]卢福波．对外汉语常用词语对比例释[M].北京:北京语言大学出版社,2009.

[3]吕叔湘．现代汉语八百词[M].北京:商务印书馆,1980.

[4]吕文华．对外汉语教学语法的补语系统[M].北京:北京语言文化大学出版社,1999.

[5]吕文华．对外汉语教学语法讲义[M].北京:北京大学出版社,2014.

[6]孟国．对外汉语十个语法难点的偏误研究[M].北京:北京大学出版社,2011.

[7]杨玉玲．现代汉语语法答问(下)[M].北京:北京大学出版社,2011.

[8]杨玉玲,吴中伟．国际汉语语法与语法教学[M].北京:高等教育出版社,2013.

[9]赵金铭．汉语研究与对外汉语教学[M],北京:语文出版社,1997.

[10]冯胜利,施春宏．三一语法——结构·功能·语境[M].北京:北京大学出版社,2015.

[11]邢福义．汉语复句研究[M].北京:商务印书馆,2001.

[12]周健．汉语课堂教学技巧325例[M].北京:商务印书馆,2013.

[13]崔永华,杨寄洲．汉语课堂教学技巧[M].北京:北京语言文化大学出版社,2002.

[14]卢福波．汉语语法教学理论与方法[M].北京:北京大学出版社,2010.

[15]杨惠元．对外汉语听说教学十四讲[M].北京:北京大学出版社,2011.

[16]崔希亮．对外汉语综合课课堂教学研究[M].北京:北京语言大学出版社,2010.

[17]郑贵友．汉语篇章语言学[M].北京:外文出版社,2002.

[18]邢欣．语篇衔接与对外汉语教学[M].北京:世界图书出版公司,2011.

[19]中国人民大学对外语言文化学院．汉语研究与应用第一辑[M].北京:中国社会科学出版社,2003.

[20]姜丽萍．国际汉语教学综合课教学方法与技巧[M].北京:北京语言大学出版社,2014.

[21]李衍华．逻辑·语法·修辞[M].北京:北京大学出版社,2011.

[22]王立群."不"和"没(有)"的句法、语义、语用区别[J].现代语文:语言研究版,2006,07.

[23]张雅文．初级阶段留学生动态助词"过"的偏误分析及教学建议[D]:[硕士学位论文].广州:暨南大学,2011:8－9.

[24]朱坤林.《现代汉语词典》中的离合词研究[J].吉林省教育学院学报,2006(2).

[25]崔希亮."把"字句的若干句法语义问题[J].世界汉语教学,1995(03).

[26]刘颂浩．论"把"字句运用的回避现象及"把"字句的难点[J].语言教学与研究,2003(02).

[27]刘月华．动态助词"$过_2$""$过_1$""$了_1$"用法比较[J].语文研究,1988(1).

[28]马真．程度副词在表示程度比较的句式中的分布情况考察[J].世界汉语教学,1988(3).

[29]孙宝妃．中高级留学生汉语关联词语教学方法研究[D]:[硕士学位论文].济南:山东师范大学,2011.

[30]刘娟．对外汉语教材紧缩句式的考察与分析——以《博雅汉语》、《新实用汉语课本》为例[D].上海师范大学,2013.

[31]禄丽华．不管……都……的篇误及其教学策略[D]:[硕士学位论文].南京:南京师范大学,2011.

[32]苑艳艳. 现代汉语"一……就……"句式探析及在教学中的应用[D]:[硕士学位论文]. 济南:山东大学,2008.

[33]周换琴."不但……而且"的语用分析[J]. 语文教学与研究,1995(1).

[34]曹冬雪."不但不 p,反而 q"的偏误分析[J]. 牡丹江大学学报,2011(11).

[35]张洁. 从衔接理论探讨对外汉语教学的语篇教学[D]:[硕士学位论文]. 成都:四川大学,2007.

[36]黄秀坤. 基于汉语作为第二语言教学的留学生语篇建构能力研究[D]:[博士学位论文]. 长春:吉林大学.

[37]汉语语法和汉语教学 http://oec. xmu. edu. cn/gb/teacher/yufa/09/09_05_1. html

[38]网络孔子学院:http://www. chinesecio. com/;教师资源中心:http://teacher. chinese. cn/

第五章

文化教学

表 5－1　美国《新闻周刊》所评 20 大中国文化符号①

汉语	北京故宫	长城	苏州园林	孔子	道教	孙子兵法	兵马俑	莫高窟	唐帝国
丝绸	瓷器	京剧	少林寺	功夫	西游记	天坛	毛主席	针灸	中国烹饪

表 5－2　北京大学课题研究：十大中国文化符号②

	最能代表中国的文化符号			
	美国	德国	俄罗斯	印度
1	长城	长城	长城	长城
2	中国烹调	阴阳图	阴阳图	中国烹调
3	阴阳图	中国烹调	龙	龙
4	汉语	北京故宫	中国烹调	中国功夫
5	龙	龙	中国功夫	北京故宫
6	大熊猫	中华医药	瓷器	天坛
7	丝绸	瓷器	中华医药	中国园林
8	北京故宫	兵马俑	汉语	丝绸
9	中国功夫	大熊猫	丝绸	汉语
10	唐装/旗袍	中国功夫	大熊猫	中华医药

在众多关于文化的定义中，2001 年 11 月联合国教科文组织通过的《世界文化多样性宣言》，把文化定义为“应把文化视为某个社会或某个社会群体特有的精神与物质，理智与情感的不同特点之总和。除了文学和艺术外文化还包括生活方式、共处的方式、价值观体系、传统和信仰。”（文化部外联局，2006）③

① 美国、英国、加拿大等国网友的综合投票。

② 2011 年 12 月北京大学新闻与传播学院课题组委托北京益派市场咨询调查有限公司通过美国国际抽样调查公司，在美国、德国、俄罗斯、印度进行了《中国文化印象》问卷调查。

③ 王丽雅．中国文化符号在海外传播现状初探［J］．国际新闻界，2013.5：74－83。

英国文化研究的奠基人之一雷蒙德·威廉斯也认为，[①] “文化”这一术语主要在三个相对独特的意义上被使用：艺术及艺术活动、一种特殊的生活方式、一种发展过程。它们彼此之间有区别也有联系，可以同时描述同一个对象。

中国文化，包罗万象，很难全面系统、毫无遗漏地全部呈现给学生。因此本章根据美国《新闻周刊》曾选出的20大中国文化符号（表5－1）和北京大学对中国文化符号在海外传播现状的研究（表5－2），从中国文化象征性符号、中国文化生活符号、中国艺术符号等角度出发，结合教学实践进行具体阐释及相关文化教学设计。

第一节　待人接物

示例一　中国红，喜庆的红

一、示例缘起

提到红色，你能想到什么？

还记得电影《辛德勒的名单》里那个红衣女孩儿吗？还记得英国威廉王子大婚时那一身红色军装吗？还记得张国荣《红》唱道“红像年华盛放的气焰，红像斜阳渐远的纪念”吗？

红色，作为三原色之一，为全世界人民所广泛使用，但是西方人和中国人对红色的看法一样吗？

在西方人眼中，红色代表热情、奔放，但也释放着“危险”的信号，如提醒车辆的红灯，提醒飞机的楼顶红灯，提醒行人的警车、救护车、消防车……无不闪耀着红色的信号。

而在中国，自古以来，“五行”“五色”“五方位”就占据着人们生活的方方面面。红色的流行，最早可追溯到周朝。随着历史的发展，红色也越来越盛行。当今，人们所见的明清故宫也都是红墙红柱。每逢节庆，人们也会欢欢喜喜地挂上红灯笼，点上红鞭炮，穿上红衣服……红色已是喜庆、热烈的表征。

伴随时代的变迁，红色非但没有退出人们的生活圈，更被赋予了新的涵义——革命。中国的国旗是红色的，学生的红领巾是红色的……红色是中国人的魂。

① 陶东风，和磊．文化研究［M］．桂林：广西师范大学出版社，2006：1－23。

二、示例背景知识

中国人自古对颜色就有丰富的认知，汉语中存在着大量的颜色词。而人们又从传统的哲学思想、民俗文化、色彩联想出发，赋予了各种颜色不同的象征意义，形成了独特的中华色彩文化。

颜色本身不存在高低、贵贱之分，但颜色在文化中的象征意义是非常复杂的。颜色通常与人的情感、经历息息相关，是主观观念在文化中的抽象体现。

在中国，古时候人们将青、赤、白、黑、黄五种颜色和五行、四季联系在一起：青主春，属木；赤主夏，属火；白主秋，属金；黑主冬，属水；黄则为中央。所以在历史长河的演变中，黄色逐渐成了皇帝的专用色。

到了近现代，人们在遵循颜色传统文化意义的同时，也融入了不同文化背景所带来的影响和差异。

李淑芬[①]曾分析道：安曼人认为人的灵魂为红色，精神为黑色。而墨西哥的玛雅人认为白色表示诺言与希望，黑色象征母亲、夜晚、不幸与死亡，红色代表财富力与权力，黄色则代表玉米与沃土。古埃及人认为黑色表示死而复生和永垂不朽，黄色代表高贵，红色表示暴力与邪恶（所以凶神都被涂上红色）。在非洲，颜色具有宗教象征意义。白色为死亡之色，红色是生命之色。伊斯兰国家的传统是：黑色动物被视为不祥之物，白色动物则被认为会给人带来好运。在摩洛哥的非斯，人们认为牛奶是圣洁的食品，具有驱除病魔的神奇作用，就是因为牛奶是白色之故。

在中国人的传统观念中，白色表示肃穆和哀悼，人们称“葬礼”为“白喜”。而对于世界上很多国家的人们来说，白色是纯洁明亮、高雅神圣的象征。婚礼的婚纱、白色的西装也常常在正式场合出现，甚至韩国人在节日婚庆时给对方封“白包”，都蕴含了美好的祝愿在其中。

三、示例实施

（一） 教学目标

1. 通过学习基本颜色词，如“红、黄、蓝、绿、黑、白”等，更好地表达思想、意见，与人沟通；

2. 通过了解颜色词所代表的文化含义，了解中国人的日常习俗，进一步理解语言所传递的文化内涵和哲学思想，促进汉语学习与跨文化交际。

---

① 李淑芬，张正举．论语言交际中的颜色文化［J］．湖南大学社会科学学报，1993.7（2）：65－72。

（二）教学重点、难点

1. 教学重点

熟练掌握、分辨不同颜色的词语；体会“红色”在中国人心中的地位及使用习惯。

2. 教学难点

具备将中国文化中的“红色”与其他颜色对比分析的能力。

（三）教学前准备

1. 知识准备

学生了解基本的颜色词，如“红、黄、蓝、绿、黑、白”等（可根据学生水平和教学安排分为拼音阶段和汉字阶段）；学生掌握了“最＋形容词”的用法。

2. 教学材料准备

准备红包若干（大小均可，可自制，亦可从商店采购），并制作匹配红包大小的颜色词卡片塞入其中，如“红、黄、蓝、绿、黑、白”等。

准备与“红色”相关的图片：如婚礼、节庆、窗花等，并制作成 PPT；准备与婚礼相关的视频：可选用电视剧《还珠格格（第二部）》最后一集片段，也可选用教师自身或身边的真实视频；在课堂上，教师准备一束玫瑰花、一些红包（根据学生数量准备）。

准备在中国文化中与“红色”相反的“白色”相关视频：电视剧《大宅门》第七集片段——年关将至，白家老太爷去世，红灯笼裹白布的一幕。

（四）教学过程

1. 导　入

教师手持玫瑰花进入教室，与学生交流，鼓励学生说出看到玫瑰花的感受（初级水平学生可用简单词汇表达，中级水平学生可用连贯的句子表达）。

按照发言顺序对学生的响应给予肯定，顺势给每人发一个红包，红包中放有教师事先制作好的颜色词卡片。

当学生看到自己手中的颜色词时，教师提问：你知道中国人最喜欢哪个颜色吗？

2. 讲　练

（1）教师用 PPT 展示所有红包中的颜色，并将“红色”放大，和红包的图片摆放在一起，向学生提问：“你喜欢红色吗？”引导学生将“红色”和好事儿联系在一起。

（2）在前一张 PPT 的基础上，增加红色玫瑰花的图片，向学生提问：“看到花的时候，你在想什么？”引导学生将“红色”和爱情联系在一起。

（3）展示一段“婚礼”视频，让学生观察并找出带红色的事物。

（4）视频结束后，先引导学生讲出自己的发现，教师运用表格进行总结（以电视剧《还珠格格（第二部）》片段为例）：

红	环境	室外	双“喜”	中国结	对联	灯笼	大门	花轿	马
		室内	床品	双“喜”	蜡烛	地毯	盘子	窗帘	
		物品	苹果	花生①	大枣	桂圆	莲子		
	人物		嘴唇	衣服	胸花	盖头			

教师在总结时可配合适当讲解，如将“花生、大枣、桂圆、莲子”与中国人“早生贵子”的美好祝愿相联系。

（5）展示图片：红色的大门、红色的服装、红色的场地、红色的装饰、人们的表情等，学生两人一组描述图片，教师可适当纠正，引导学生将“红色”和高兴的心情联系在一起。

（6）用 PPT 提示学生：在中国，“红色”是吉祥、美好、喜庆的象征。

（7）给学生布置调查任务：在中国，或在与中国有关的影片、视频中，还有什么时候出现很多“红色”？

3. 活动与游戏

活动：“红”与“白”

观看《大宅门》片段，引导学生讨论看到红色、白色场景的不同感受，了解在中国文化中，与“红”对立的颜色是“白”。不过，在某些语境下，“红”与“黑”也表对立。

建议列表对比：

	红	白
出现时间	春节期间	老太爷去世时
代表物品	红鞭炮	衣服
	新春墙纸“春”	腰带
	红灯笼	头花
	以红色为主的衣着打扮	挽联
转变	撕去红墙纸“春”	
	红灯笼被罩上白布	
	人们穿上白色素衣	

四、示例小结

本示例重点介绍中国文化中“红色”受大众普遍所接受的文化意义，可以更直观、迅

① 花生、桂圆、莲子等物品中的“红”元素需教师引导讲解。

速了解中国人的传统和现状。如果教学对象是中、高级学生，可再加入更多学生讨论、对比分析环节，将“红色”和其他颜色、学生母文化颜色词进行对比，效果更佳。此外，本示例未涉及“红色”其他的含义，如“红军”、本命年“穿红”“戴红”等，教师可根据教学对象接受程度、教学时间作相应安排。

在实际教学中，还应注意颜色词在教材中的系统性和整体性，以调整教师的教学方法。若教材对颜色词的展示较为分散，教师可适当补充相关词汇；在听、说、理解的基础上，教师则应着重关注书写、搭配、运用等教学，如“白”和“百”易造成偏误，“绿色食品”和“绿色的食品”“红歌”和“流行歌”等的搭配问题。

五、任　务

请你设计一个关于“黄色”所代表的中国文化内涵的教学过程。

示例二　“4”不是一个可心人儿

一、示例缘起

当今社会也是信息化社会，数字时刻围绕在人们身边。

法国著名作家安托万·德·圣·埃克苏佩里在《小王子》[①] 中就提到过，大人的世界总是用数字来衡量一个人的样子。

“你多大?”

“他多高?”

“她多重?”

“你的手机号是多少?”

“你在哪个房间住?”

“我每个月的工资有……”

这每一个问题都可以发展出一个完整的故事。

通过数字，人们可以更客观、更真实、更具体、更细致地认识每一个人，认识人类赖以生存的世界。

二、示例背景知识

数字从远古时代就出现在人们的生活中，用来记录历史、占卜吉凶，融合了丰富的文

① ［法］圣艾修伯里著，马爱农译，王璐朗读．EZFM 轻松调频双语有声童话经典：小王子（附光盘）［M］．北京：中国国际广播出版社，2015。

化内涵，它既是数量符号，也是神秘的文化符号。然而，就像不同文化圈的人喜好不同一样，数字在不同地域也有它们存在的方式。由于民族文化心理、政治宗教内容、语言表达和思维方式等文化差异的影响，人们对数字的审美观念也不尽相同，产生了或喜爱或厌恶的不同情感，因此也就出现了不同的数字文化。这种对数字的禁忌和好恶是世界上各个民族共同的文化现象，只是文化内容和表现形式不同罢了。

在跨文化交际和教学实际中，了解不同文化的数字观念有助于人们更好地体认不同民族的心理特征和生活方式，进而加深对其文化的理解。如“1”在中西文化中都表示“万物之始”“首位”；中德人民都非常喜爱“3”和“8”，“它们被视为神圣、吉祥和尊贵的象征”；[①] 泰语中“9”与“进步”谐音，也非常受人喜爱等。

美国人不喜欢 13，因为《圣经》故事中“13 人同桌”的最后的晚餐；日本人不喜欢 9，因为它和“苦”谐音。中国人呢？恰恰相反，我们有“十三陵”“十三太保”“十三层”古塔……甚至姚明曾因身披“13”号战袍被人们称为“姚 13”。

中国人常常避讳的是 4 和 7——“死”和“凄”。在一些大型商场里，电梯只有“1、2、3、3A”层，在一些餐厅、饭馆儿里，凡是遇到 4 和 7 的台号，就自动跳过，毕竟，谁都希望自己的生意红红火火，不要凄凄惨惨。尽管 4 在中国的传统文化中曾有过积极意义，如传统房屋结构是“四合院”，人们喜用词汇“四平八稳”“四海升平”“四通八达”等，但数字时代的到来，4 的身价也是一跌再跌。

三、示例实施

（一）教学目标

1. 学习数字词，能在日常生活中更方便地买东西、描述具体事物等。

2. 通过了解数字词所代表的文化相关知识和中国人的传统、习俗，进一步掌握中国人对数字的喜恶，了解不同地方不同数字的文化含义。

（二）教学重点、难点

1. 教学重点

熟练掌握数字词；体会不同数字在中国文化中的含义。

2. 教学难点

具备在中国文化中，将“4”与其他数字对比分析的能力。

（三）教学前准备

1. 知识准备

学生熟练掌握从 1 到 9 的所有数字。

① 孙晓. 中德数字文化的比较［J］. 电影评介，2012. 14：105－107。

2. 教学材料准备

准备图片。天坛台阶、商场电梯“3A”层、新人一对一对的物品、医院床位图（3 号床旁边是 5 号床，没有 4 号床）、四合院、古代铜钱、数字的变体图片（如把古代铜钱上下相垒，得出数字“8”）、全为 8 的车牌号等，制作成 PPT。

根据真实案例，准备一条改编新闻：《小货车车牌 88888 被查 8 次》。

（四）教学过程

1. 导　入

利用“过 7”游戏进行热身，帮助学生复习数字词。

学生依次从 1 数数（以 100 以内数字为主），但碰到与 7 有关的数字，如数字本身带 7（7，17，27……），或为 7 的倍数（7，14，21……），则要避免直接说出该数字词，须拍手，并说“过”。违反规则，可适当予以一至两次警告（视参与人数多少具体制定），超过次数立即淘汰。

为了避免因说错而被淘汰的学生无事可做，可进行改良版“过 7”游戏。即由说错的学生监督，若再次有人出错，则第一个出错的学生复活，可继续参加后续游戏，第二个学生做监督。

2. 讲　练

（1）教师用 PPT 展示图片：天坛台阶、商场电梯“3A”层、新人一对一对的物品等，鼓励学生观察数字在其中的表现形式。

（2）将数字分成三组，制作成 PPT：① 1、2；② 4；③ 5、6、8、9。依次讲解其在中国传统文化和当代生活中的作用。

（3）第一组：数字 1 和 2。对于这两个数字，中国人没有特别的喜好，但是有的人喜欢 1，因为代表着“第一”；最近几年，2 变成了“蠢笨”的代名词，但多用于朋友间的玩笑话，如“你太 2 了!”

（4）第二组：数字 4。

教师展示四合院、古代钱币的图片，说明中国古人对“4”不忌讳，反而认为“4”代表“四平八稳”，事物是“四四方方”的，古代铜钱也体现着“天圆地方”的思想。

到了近现代，因为 4 和“死（sǐ）”的读音相近，中国人便开始不喜欢 4 了。教师用 PPT 展示医院床位图片（3 号床的旁边即 5 号床），更直观地体现出中国人对“4”的忌讳。

（5）第三组：数字 5、6、8、9。

教师用 PPT 展示 1 ~9 这九个数字，将 5 放大，突出它的中间位置。另一方面，从拼音近似度的方面看，5 和“我”读音相近。通过以上两例，引导学生将 5 与“中心”这个概念相联系。

教师用 PPT 展示 6、8 的变体图片，突出 6、8 与金钱的关系，引导学生将 6、8 和“顺利、发达”相联系。

教师展示真实案例新闻《小货车车牌 88888 被查 8 次》，与学生互动：

周先生最近花很多钱买了一个“桂 K88888”的车牌，装在自己一辆 3 万元的小货车上。结果，上路不到一天，被查了 8 回。

警察们觉得这不是真的车，因为 5 个 8 的车牌真的太少了！周先生说，出门第一天，只要有警察，就让我停车。停的时间比走的时间还长。

而且，路上的人们看见后都过来，在车旁拍照，还有很多人问多少钱能买下这个车牌。

你猜猜这个车牌多少钱？

引发学生讨论后，教师总结：实际上，周先生购买该车牌花费上百万，他是一个生意人（卖水果），认为“8”代表“发财”，可使生意兴隆，因此购买此车牌收藏。

教师用 PPT 展示天坛台阶的图片，让学生数出每层 9 个台阶；用 PPT 展示故宫宫门的图片，让学生数出宫门每行每列均是 9 个门钉，告诉学生 9 为皇家所用是因为他们希望自己的生命、统治的时间很长，引导学生将 9 和“长久”相联系。

（6）讨论：学生分组讨论“为什么 5 月 20 日有很多人买玫瑰花？为什么每年 11 月 11 日网上买东西特别便宜？”探讨“520”“11. 11”的含义。

520：利用谐音，人们将其转化为“我爱你”。因此在 5 月 20 号很多人购买代表爱情的红玫瑰送给心爱的人。

11. 11：中国人将没有女朋友的人称为“光棍儿”——一根什么都没有的棍子，外形与数字“1”相像，因此 11 月 11 日被称作“光棍节”。2009 年 11 月 11 日，中国知名网站淘宝网举办促销活动，买卖双方的收获都大大超过预期。此后，每年 11 月 11 日不仅是单身汉的节日，也是网民们疯狂采购的日子。

（7）作业：记录你和你朋友的手机号码，讨论分析该号码是否为中国人所喜爱？为什么？

3. 活动与游戏

游戏：我知道你的词！

活动准备：本课词语卡片若干

活动操作：

步骤一

以抽签或指定的方式给每位学生分配一个所学生词，拿到生词的学生向全班同学展示，使每个人都记住自己和别人的词（7 – 8 人参与为宜，若学生人数多，可考虑分组进行）。

步骤二

学生随机依次报数：教师说“开始”后，学生可用抢答的方式说“1”，并依次进行。如果有两位学生同时说出一个数字，那他们要互相说出对方的词汇。

步骤三

说得快的学生继续游戏，说得慢的学生被淘汰并接受惩罚。

四、示例小结

本示例重在通过实例、图片进行讲解，教师需注意结合学生水平选择适当难度的教学语言传达信息。在与数字词相关的文化教学中，可引导学生将中国文化中数字的含义和自己母文化中数字的含义进行对比，对中、高级水平学生，可以适当引入谐音文化相关知识点，如中国人一般不分着吃梨、送礼不送钟等。

五、任 务

请你设计一个与谐音文化相关的教学安排。

思考与练习

1. 如果你的学生是红绿色盲，该如何对颜色词的文化象征义进行讲解？
2. 如果在课堂上，你准备的视频仅有画面，没有声音怎么办？
3. 你属于少数民族吗？在你的民族文化中，有数字谐音文化现象吗？

第二节 中华民俗文化

示例一 我手剪我心

一、示例缘起

“二十三，糖瓜粘；二十四，扫房子；二十五，磨豆腐；二十六……”这首民谣耳熟能详，到了腊月二十八，就要“打糕蒸馍贴花花”！这也是每年孩子们最欢喜的时候，把自己天马行空的想象变成各种各样多姿多彩的剪纸作品，贴在窗户上，既可以炫耀自己的成就，又可以和小伙伴们比赛。在白雪皑皑的冬天，这是多么美好的一幅图景！

在西方，每到冰雪降临，圣诞节到来的时候，家家户户也都争先恐后地布置房间，装饰圣诞树。如果，有一些中国元素的冰凌剪纸挂在圣诞树上，那是怎样的效果呢？

二、示例背景知识

汉朝以前，尽管纸张未被发明出来，但各种镂、雕、刻、剔、剪的技艺已相当成熟。

当纸张普及之后，人们将各种技艺方法从金箔、树根等不便于寻找的材料上转移到轻便的纸张上。中国剪纸由此走上历史舞台。

剪纸几乎和门、柜、窗、棚顶紧密相连，是最重要、也是最方便的装饰物。通常寄托着人们喜悦的情感。

发展到近现代，中国剪纸有单色剪纸、彩色剪纸、立体剪纸。有别于西方的剪纸艺术，中国剪纸更强调“意境”。民间流传着这样一句话：“有图必有意，有意必吉祥”。一个桃代表“长寿”的祝愿，一串葡萄代表“多子多孙”的希望……人们往往将自己心中所有的美好通过中国剪纸艺术表现出来。

三、示例实施

（一）教学目标

1. 了解中国剪纸艺术的基本脉络，与谐音文化、象形文化等文化知识融会贯通；
2. 掌握基本图样、简单字体的剪纸方法。

（二）教学重点、难点

1. 教学重点

掌握中国剪纸的基本技法；掌握基本的中国剪纸图样。

2. 教学难点

了解中国剪纸艺术的“镂空”与“留白”，并能与西方剪纸文化进行对比。

（三）教学前准备

1. 知识准备

学生掌握简单的汉字，如“春”“喜”等；学生应具备基本的动手操作能力，建议小学高年级以上学生操作。

2. 教学材料准备

准备已画好图纸的剪纸材料若干；准备已剪好的剪纸式样，如“春”“喜”等；准备复杂图案的图片，如“寿星和寿桃”“连年有余”“葡萄石榴”等；学生准备剪刀（或统一提供）。

（四）教学过程

1. 导　入

教师在课前将图片以“自动播放”的模式滚动放映，激发学生的好奇心和灵感。

通过多幅图片简要介绍剪纸的历史，简要讲解剪纸传达民风民俗、礼仪祭奠等装饰、美化的作用。

2. 讲　练

（1）教师展示“寿星寿桃”图、“连年有余”图、“葡萄石榴”图，让学生观察并回忆，是否在何处见过这样的图案？

（2）结合上述三幅图，简要介绍中国剪纸的特点。

通过“镂空”和“留白”营造透视、立体效果；讲究“形似神更似”——桃子代表长寿；鱼代表富余；葡萄、石榴代表多子多孙。

（3）展示剪纸基本图形：圆圈、三角、云勾、月牙、水滴。

（4）展示剪纸基本折法：三折法、四折法、五折法。

（5）教师提供已画好“喜”字轮廓的剪纸，让学生依照线条剪出自己的双“喜”，同时提问学生是否见过这个汉字。

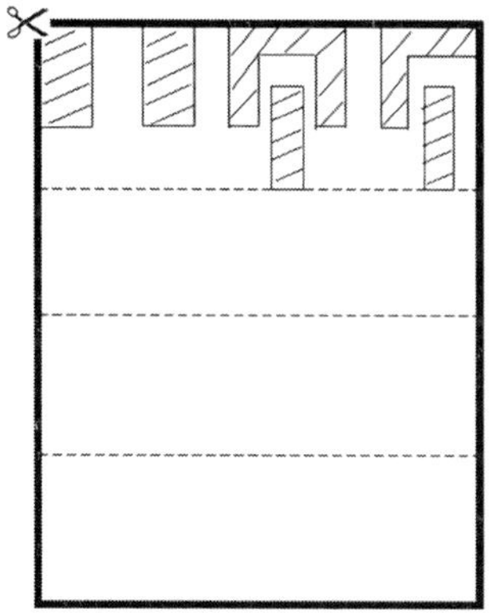

“双喜”轮廓

“双喜”制作步骤：

步骤一：将 A4 纸竖着对折两次，将纸平分为四部分；

步骤二：按照上图勾画轮廓（教师可提前准备好，并根据学生数量复印多份）。

步骤三：从开口边剪起，将阴影部分剪去。

（6）待学生了解了“双喜”的剪法，并知道它多出现在婚礼场合后，可展示 PPT 图纸，让学生在已完成基本字形的“双喜”纸上自己画轮廓、修剪，并完成“双喜”剪纸。

（7）每人发一张空白彩纸，请学生根据中国剪纸的基本图形和基本折法，自由发挥，剪出一幅图案。并用汉语简要介绍其含义。

双喜剪纸完成版

3. 活动与游戏

活动一：比比谁剪的“喜”字更漂亮？

活动准备：与学生数目相匹配的A4红纸、剪刀若干（可适当多准备一些纸张）；“喜”字模板。

活动操作：

步骤一

在教师指导下，按照模板剪出双“喜”，可从汉字结构、比例等因素考察美观性。

步骤二

在双“喜”基础上，学生在字体部分进行自我创作，再从创意性、寓意性等角度相互比较。

活动二：我手剪我心

让学生讲解自己的剪纸作品

活动准备：与学生数目相匹配的剪刀若干，彩纸若干张。

活动操作：

步骤一

学生进行课堂或课下自我创作，要求与中国文化或中国符号相关。

步骤二

汇总学生剪纸作品，进行口头报告活动，讲解自己剪纸设计的立意和用意。

四、示例小结

本示例从实际出发，结合汉字教学，系统展示了剪纸课的课堂流程。如果作为某一语言点的补充或穿插，可选取、简化其中的具体步骤。如果课程仍有余量，在“双喜”轮廓的基础之上，可鼓励学生在字形上开拓创新，结合剪纸的基本图形进行变体，如将“口”剪成“♥”形等。同时也可从单色剪纸过渡到多色剪纸，增加剪纸的美感，提高学生兴趣。

另外，剪纸课的安全问题也需注意。如教学对象年龄较小，应使用圆头安全剪刀，不要剪太复杂的图案，避免刺伤、扎伤自己和他人。再者，课后需要提醒学生收藏自己的作品，并保持教室干净、整洁的良好环境。

五、任　务

任务一：你会剪别的汉字吗？“福”？“寿”？请你设计一个关于其他汉字剪纸的教学安排。

任务二：请你编制一套“取中国剪纸之形，融西方思维之意”的现代女装设计方案。

任务三：请你策划一个关于京剧脸谱设计和实践的课外活动。

示例二　心有千千结

一、示例缘起

当你当选为汉语志愿者教师，即将奔赴异国他乡进行汉语教学时，你最想带的教具是什么？

在大多数人的清单里，一定有“中国结”吧！无论是作为装饰的可挂、可贴的中国结，还是有中国结的小礼物，相信你一定会备上几个。

无论是双环结、十字结、万字结，还是梅花结、凤尾结、金刚结，中国结从古至今以各种各样的形式出现在中国人的日常生活中。如果你的学生想买一件中国旗袍作纪念，那旗袍上的扣子又是怎么做出来的？我们一起学一学。

二、示例背景知识

中国结是中国特有的手工编织工艺品，它所显示的情致与智慧正是汉族古老文明中的一个侧面。

从旧石器时代的缝衣打结，到汉朝的仪礼记事，再至今日的装饰手艺，中国结或出现于宫廷，或流行于民间。周朝人随身佩戴的玉常以中国结为装饰，战国时代的铜器上有中国结的图案，清朝的屋内装饰有中国结。

中国结外观对称精致，符合中国传统装饰的习俗和审美观念。近年来，随着汉语教学的推广，中国结在全世界各国慢慢流行，被视作友谊与和平的象征。

中国结虽样式繁多，如十字结、吉祥结、万字结、蝴蝶结等，都包含着中国文化“天人合一”“性灵智慧”“向心凝聚”“吉祥如意”的内涵，① 代表了团结、幸福、平安，承载着人们深深的祝愿。

三、示例实施

（一）教学目标

编制中国结，了解中国结代表着中国人“吉祥、美好”的期望。

（二）教学重点、难点

1. 教学重点

熟练掌握吉祥结的制法。

---

① 黄作林，杨悦．浅论中国结的文化涵义［J］．重庆师范大学学报（哲学社会科学版），2006.4：125－128。

2. 教学难点

了解中国结在中国人心中的意义。

（三）教学前准备

1. 知识准备

学生已学过“把”字句，也学过“首先”“然后”“最后”等词汇，能听懂老师的动作描述。

2. 教学材料准备

教师准备已制成的中国结若干，如有汉语课专用教室，可在墙上放置一个大型中国结（约1.2米*0.8米大小）作为背景；也可准备小号中国结在最后作为奖励发给编得好的学生；

教师准备详细的步骤图，制作成PPT；

教师准备红色线、黄色线若干，并裁剪成段，每段长约1米，保证每位学生至少有3根替换量。

（四）教学过程

1. 导　入

教师身穿旗袍进入教室，夸赞学生的服饰，进而引到自身旗袍。向学生提问，讨论旗袍的哪些部分是中国所特有的。将落脚点放在衣服的“盘扣”上。

2. 讲　练[①]

（1）选择自己喜欢的颜色，每人领取一段绳子。

（2）将绳子在桌子上摆为“十字形”，可用透明胶带帮助定型。

（3）将C线部分向右上角摆放，压住D线部分。

（4）再将D线部分向左摆放，压住A线部分；将A线部分向下摆放，压住折过来的D线部分和B线部分。

（5）将B线部分向右摆放，并从下方的圈里穿过，拉紧四个角，整理成型。

（6）重复步骤2到步骤5的动作，有两个结叠在一起。

（7）将四个对角的地方轻轻向外拉，制成相应环状，一个漂亮的吉祥结就编成了。

① 以百度“吉祥结的编法图解”为基础改编，参考网址：http：//jingyan. baidu. com/article/0964eca2d135e98285f53638. html。

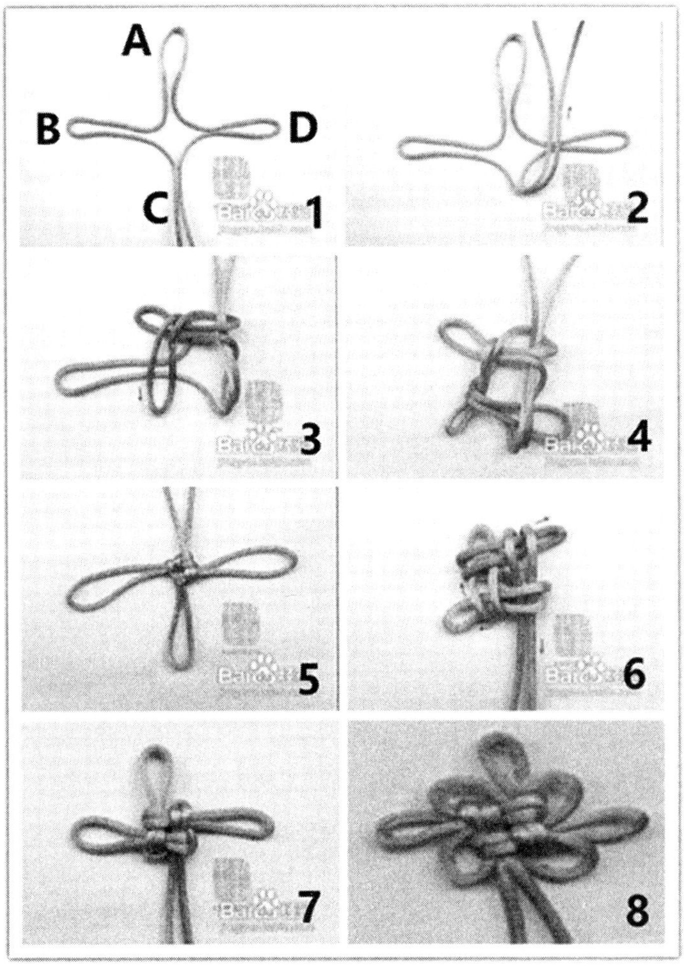

吉祥结编制步骤

四、示例小结

本示例重在操作，教师在进行具体讲解时，需注意到每位学生的进度，第四步、第五步是易混环节，适当放慢速度，保持学生的自信心和兴趣。

五、任　务

任务一：请你设计一个关于风筝制作的教学步骤。

任务二：请你设计一个针对幼儿园学生的灯笼制作活动。

思考与练习

1. 在进行剪纸、编中国结的教学过程中，应如何使用恰当的媒介语？请举例说明。

2. 一般课堂教学的座位排列方式包括传统排列式、两排靠墙分列式、U 型排列式等。在进行手工类课程时，哪种形式的座位安排更科学、合理？为什么？

第三节 海外文化活动

示例一 欢欢喜喜过大年

一、示例缘起

春节是全球华人一年一度最盛大的庆典，也是世界认识中国最重要的一个窗口。春节期间的衣着装扮、美食佳肴吸引着四面八方的来客，无论你在洛杉矶、巴黎，还是在悉尼、曼谷，只要在除夕夜和家人坐在一起，便是最美好的时光。

二、示例背景知识

春节是我国历史最为悠久，至今仍是与人们关系最为密切、最隆重、最盛大的节日。它的产生与我国传统农耕文化相辅相依，渗透着浓厚的生命意识。“春节的起源、春节民俗、春节的艺术化以及春节的文化特性都从不同的方面体现出生命的存在和长生、子孙繁衍和灵魂永生的观念。”①

作为一种文化行为，在当代人们更多地将春节与“小长假”“抢车票”“摇红包”联系在一起，这些春节期间的活动已经使人们渐渐淡忘了春节原本应该做什么：

腊月初八：喝腊八粥、泡腊八蒜；

腊月二十三：祭灶王爷；

腊月二十四～腊月二十九：准备年货；

腊月三十：除夕夜一家人团圆在一起，吃年夜饭、放鞭炮；

大年初一～初五：走亲访友；

正月十五：元宵节闹花灯、猜灯谜；

二月初二：龙抬头，这一天人们有理发的习俗。

---

① 高春霞. 中国春节文化与生命意识［D］. 兰州：兰州大学，2007。

至此，“春节”才告一段落。

三、示例实施

（一）教学目标

1. 通过春节庆典活动的准备，了解春节期间典型的传统项目和活动；
2. 通过春节庆典活动的举办，体验节庆氛围，增强语言和文化的联系。

（二）教学重点、难点

1. 教学重点

春节期间典型的传统项目和活动；人员分配和硬件设施准备。

2. 教学难点

由春节进一步了解中国文化；通过本国重大节庆与春节活动的列举、对比，体认文化的多元化。

（三）教学前准备

1. 知识准备

学生至少已学3个月及以上汉语，可以用标准的语音进行自我介绍，如“你好”“我是……国人”等；学生至少学过一项才艺技能，如剪纸、编中国结等。

2. 教学材料准备

教师准备与春节相关的故事：“年”的故事，除夕的传统，元宵节的故事等；

教师准备简单的汉字灯谜10～15条；

教师准备至少两首与春节相关的歌曲；

教师可准备汤圆制作材料：3cm＊3cm大小的糯米面团和可包进面团的小块巧克力。

（四）教学过程

1. 导　入

教师播放中国春节晚会视频片段，鼓励学生结合实际情况，策划一场“春节庆典”。

2. 讲　练

（1）教师将活动时间、地点告知学生，根据学生兴趣将学生分为：文字组、图片组、音乐组、活动组等。

（2）教师讲述“年”的故事、除夕的传统、元宵节的故事等。

（3）教师介绍春节典型的传统项目，如：剪纸、猜灯谜、制作汤圆等。

剪纸：以汉字“春”为主，适当融入其他图案；

猜灯谜：以简单的汉字字谜开始，如“孔雀东南飞”打一字。（答案：孙）

制作汤圆：教师可联系学校，制作“巧克力汤圆”：指导学生将面团按扁，包进巧克力，再搓回成一个圆球状。在沸水中煮至半透明状态即可食用。

（4）教师与学生共同讨论，制定庆典活动项目，包括

文艺演出：

根据“年”的故事改编短剧；

与春节相关的歌曲，如《欢欢喜喜过大年》、《卖汤圆》等；

与春节相关的舞蹈演出，如扇子舞等；

学生自编自创与汉语相关的其他节目。

活动设计：

筷子夹花生米；

书法体验；

剪纸体验；

编中国结；

画京剧脸谱等。

（5）教师协助学生准备节目、活动，给予指导和力所能及的物质支持。

（6）庆典活动前一周、两天、一天分别检查、彩排，力保庆典活动成功。

四、示例小结

本示例的讲授对象为海外汉语学习者，因此在春节活动之外，也可融入一些传统的有意思的游戏。此外，应特别注意在举办庆典活动时和当地院校、主办、协办机构的沟通与合作，尤其是安全问题，涉及到食品安全、人身安全等。场地、音响、服装等硬件设施也需因地制宜地加以要求、选择和控制。

五、任　务

请你策划一次关于“中秋节”或“端午节”的社区活动。

示例二　太极拳进社区

一、示例缘起

在海外的汉语教学，“走进当地，融入社区”非常重要。而中国文化博大精深，由于受到一定客观条件的限制，很难面面俱到地展示出来。此时，舞龙、舞狮、太极等普及型武术项目则可以将语言、文化、活动完美地结合在一起，既体现中国特色，激发人们兴趣，又以其动静结合的特点，适宜各类人群进行学习和练习。

二、示例背景知识

武术，作为最受欢迎的中国传统文化符号之一，一直彰显着强大的世界影响力。

普及武术，可从拳术开始。拳术是武术的基础，长拳是所有拳术的基础。长拳动作舒展大方，刚健有力。此外，太极拳也极富中国特色，便于上手，便于掌握，便于推广。同时，有民族特色的体育养生、民族民间体育，如导引养生功、舞龙舞狮、毽球、跳绳等在对外传播中也容易上手，容易见效。如果学生还有实战需要，散打可以提供一些搏击技能。

三、示例实施

（一）教学目标

1. 学习二十四式简化太极拳，掌握动作要领；
2. 了解中国的阴阳文化，体验“以柔克刚”的文化特点。

（二）教学重点、难点

1. 教学重点

基本掌握二十四式简化太极拳。

2. 教学难点

通过太极拳初步了解中国太极图乃至道教的内涵。

（三）教学前准备

1. 知识准备

能听懂对动作行进方式的描述。

2. 教学材料准备

准备太极拳背景音乐；准备太极图；准备一碗水，或播放电影《太极张三丰》在水缸中练功片段，说明“柔”和“刚”的关系。

（四）教学过程

1. 导　入

教师播放电影《功夫熊猫》或《功夫梦》片段，激发学生对武术的兴趣。

2. 讲　练

（1）播放“二十四式简化太极拳”视频，让学生完整地观看一遍，阐述太极拳简史及其主要功用。

（2）所有学生起立，保证身旁一米见方的自由活动空间。

（3）教师对前三个动作（起势、左右野马分鬃、白鹤亮翅）进行重点讲练：逐个动作分解示范与讲解，可将简化动作与实际格斗动作相比较，分析动作的实际意义。

为加强记忆，也可在前两个动作讲解时引入“切西瓜”等民间笑话。内容参考：

一个西瓜圆又圆（双手在胸前作太极抱球动作），

劈它一刀成两半（一只手作扶西瓜状，另一只手作刀状绵绵地向下劈），

你一半来（双手左捋）他一半（右捋），

给你你不要（双掌略蓄劲向左前推），

给他他不收（双掌略蓄劲向右前推）。

（4）带领学生复习动作，引导学生体会“气”在体内运行的感觉。

（5）利用 PPT 展示太极图，可引申至中西方文化对比。

中国文化以太极为例，是两个小圆在一个大圆内互动——内部运动；

西方文化以十字架为例，由一点向四周发散——外部运动。

（6）教师进一步用生活实例加以佐证。

比如，不同文化圈的人打招呼方式不同——中国人作揖，西方人拥抱、亲吻等。

（7）拓展：利用一个月左右时间完成二十四式太极拳的学习，并向家人、社区推广“二十四式简化太极拳”；举行中西方文化对比的讨论会。

四、示例小结

本示例专业性要求较高，教师须具备“二十四式简化太极拳”的教学能力，同时也要注意教学语言。若学生无法完全理解汉语讲解，教师须加大备课量，适当借助外语讲解，力求表达精准、明确。

本示例也仅针对课堂教学，因内容丰富，可将二十四式分解成 4 至 6 次课完成。如果针对社区民众，在进行太极拳推广之前，也可利用其他资源，如舞龙、舞狮造势，增强感染力和影响力。

五、任　务

任务一：你的教学对象是在华英国学生，请你设计一次以英国重大节日为主题的课外活动，带领学生动手操作，让更多中国人了解英国节日文化。

任务二：请你设计一个“中国民族音乐”或“中医”的社区推广活动安排。

思考与练习

1. 组织春节活动时，是否应该提供足够的饺子原材料，供当地民众体验制作过程并品尝？

2. 中秋节时，教师将自己从中国辛苦带的月饼发给学生，但是有的学生直接扔了，这时该怎么办？

3. 组织不同主题的文艺活动，选择歌曲时要符合哪些条件和要求？请举例说明。

资料拓展

资料一：遇到敏感问题怎么办

我现在教留学生《中国概况》，常常遇到这类敏感问题。我个人的体会是，不要总是用中学学到的知识来回答，而要有更高、更宽的视野。教师自己要多阅读，了解这些敏感问题的来源和那些观点的依据，同时了解我们国家对这些问题的态度和回答。实际上中国政府出版了不少白皮书，对相当多的敏感问题做了专门的解答，我们对此应该做到心中有数。作为国际汉语教师，应该对正、反两面的观点都有所了解，但是在面对学生的疑问时，应当站在中国政府的立场加以准确地说明。一般学生不会跟你争论，即使有争论，老师们也可以说："你可以有你的看法，我也可以有我的意见。"我的感觉是教师不用刻意回避，但也不要故意挑衅，还是要互相尊重。

——刘弘，引自朱勇．国际汉语教学案例争鸣［M］．北京：高等教育出版社，2015：93.

资料二：因材施教

教师因材施教可以从以下五方面了解学习者：

（1）教学对象属于哪个国家或地区、性别、年龄、宗教信仰、文化背景等。在文化背景方面需要注意各国学生的文化差异。如教授马来西亚、印尼等一些信仰伊斯兰教国家的学生时，就要注意他们宗教信仰中的一些忌讳问题。

（2）教学对象学习目的语的时间、目的及要求，针对不同的情况采用不同的教学方法。

（3）教学对象的母语或媒介语是什么，掌握几种外语。

（4）了解教学对象已有文化水平和所学专业，有助于教师了解学生的学习能力、学习习惯、学习态度以及汉语基础。

（5）了解教学对象的学习方法、学习能力、生活习惯、性格爱好及传统习俗等，如教授美国学生，教师就要给学生一个很明确的教学计划，明确告知学生每一节课的安排与学习任务，因为美国学生比较依赖老师给的计划，习惯按照老师的计划按部就班地学习。

——朱勇，引自朱勇．国际汉语教学案例争鸣［M］．北京：高等教育出版社，2015：333.（略有删减）

资料三：颜色文化

根据实验和人们的视觉感受，人们把白、绿、蓝、紫列为冷色。它使人感到安祥、优雅、洁净、因此，医院、研究所的工作服及其周围环境多采用冷色。据说英国伦敦希莱克费赖尔桥原来是黑色，每年都有人到桥上投河自杀，后来这座桥改添成蓝色，来这里自杀的人减少了一半。美国工厂产品包装箱原是黑色，搬运工感到很沉重，后改用淡绿色，工人觉得轻松多了，劳动效率也提高了。人们把红、黄、橙、棕列为暖色。暖色使人感到欢乐、兴奋和温暖。红色光波波长最长，诱目性强。据考证，人类最早对红色感兴趣。时至今日，红色被认为是吉祥。喜庆的象征。据统计，全世界150多个国家中，有123个国家的国旗图案中采用了红色。心理学家研究发现：暖色使人情绪高涨，有提神作用。因此，餐厅、剧院、幼儿园、小学的周围环境多代用暖色。

在商品包装上颜色给顾客很强的视觉冲击。实验证明，蓝色的食品不受欢迎，绿色包装的食糖和棕色包装的化装品难以打开销路。为了顺应顾客的心理，产品设计、店铺的装璜与布局都要在色彩上下功夫，如可口可乐用红底白字罐装，百事可乐用黑底配上红蓝色的大塑料瓶装。人们远远从货架上就能捕捉到商品信息，留下深刻的印象，萌发购买的欲望。

颜色的感情象征意义并不是人们主观臆造出来的，而是社会约定俗成的。人们在生活中对色彩的作用，界定在严格的范围内，所以，节日和喜庆时刻，人们总选用欢乐、明快、鲜亮的颜色来渲染气氛：在哀丧、悲痛的场合用黑白等单调颜色，以造成朴素、庄严、肃穆的气氛。

——李淑芬，张正举．论语言交际中的颜色文化［J］．湖南大学社会科学学报，1993.7（2）：65－72.

资料四：春节文化

春节的起源、春节民俗、春节的艺术化以及春节的文化特性都从不同的方面体现出生命的存在和长生、子孙繁衍和灵魂永生的观念考察在春节民俗文化中的生命意识，发现在松散的春节民俗事象背后，却有一种无形的整合力量，使得这些零散的事象成为有序系列中的有机环节。这无形的力量，来自农业生产自身的要求，也来自人类自身发展的规律，是某种规律的变形形式，具体地说，是人向自然寻求契合，体现了中国传统文化地天人合一思想和传宗接代思想。每一个民俗事象都隐含着一定的文化意义，而背后的文化意义正是民俗事象久传不衰的内在的、深层次原因。一种从古至今不变的“集体无意识”和种种现实的需要的结合是春节各种习俗流传至今的根本性原因，失去了这两个方面的原因，春节习俗文化难以具有如此强盛的生命力。流逝的是时间，流不走的是代代相传岁岁相袭的节俗。虽然春节中有些民俗已失去了存在的现实基础，但却以一种象征的意义在人们心中扎根，作为一种信仰和仪式得以传承。在流动不息的时光链条上，生命意识如牢固的金丝线，串起了丰富的春节习俗。

——高春霞．中国春节文化与生命意识［D］：［硕士学位论文］．兰州：兰州大学，2007.

资料五：剪纸教学

本文主要以笔者自身的剪纸教学案例为研究对象，结合国际汉语教学届前辈们关于文化教学的相关研究和剪纸届前辈们的相关研究，探讨分析了国际汉语教学背景下，影响剪纸教学内容和方法的诸多因素，总结了剪纸教学的原则。在此基础上针对美国中小学生开展了问卷调查和实验教学，最后提出了针对美国中小学生教材设计的构想。笔者得出了如下的结论：

第一，在国际汉语教学背景下，剪纸教学是文化教学的一部分，这是开展剪纸首先应该树立的教学理念。在教学过程中，应该采用恰当的方式对与剪纸相关的文化常识做必要的文化阐释，帮助学生理解和学习。

第二，国际汉语教学背景下剪纸教学的内容，受教学对象、教学目标以及课程设置等诸多因素的影响，因此在教学实践中，应该根据教学对象的实际情况、教学目标、课程设置类型等合理安排教学内容。

第三，国际汉语教学背景下剪纸教学的方法，受教学理念、教学对象、教学环境和教师素质等多方面的因素影响，剪纸教学过程中应该综合考虑各影响因素，灵活运用教学方法。

第四，国际汉语教学背景下的剪纸教学应遵循如下原则：明确教学理念，注重文化传播；以教学对象为中心，教学设计从教学对象的实际情况出发；教学内容多样化原则；教学手段丰富化原则。

第五，针对美国中小学生的剪纸教学实践以及教材编写思路，以调查问卷统计结果为研究基础，根据学生情况适当加入中国文化知识以及和剪纸相关的文化阐释，教学内容以折叠团花剪纸为主，多为花鸟、动物剪纸，符合美国中小学生对剪纸教学内容的选择兴趣。

——李旺．中国剪纸在国际汉语教学中的应用——以个人剪纸教学实践为例［D］：［硕士学位论文］．北京：中央民族大学，2013.

本章参考文献

［1］姜丽萍，李俊芬．课堂活动设计指南［M］．北京：北京语言大学出版社，2014.

［2］李晓琪．对外汉语文化教学研究［M］．北京：商务印书馆，2006.

［3］［美］柯顿，达尔伯格；唐睿等译．美国中小学外语课堂教学指南：第4版［M］．北京：外语教学与研究出版社，2013.

［4］梁簌溟．中国文化要义［M］．上海：上海人民出版社，2011.

［5］陶东风，和磊．文化研究［M］．桂林：广西师范大学出版社，2006.

［6］周思源．对外汉语教学与文化［M］．北京：北京语言大学出版社，2009.

［7］朱勇．国际汉语教学案例争鸣［M］．北京：高等教育出版社，2015.

［8］黄作林，杨悦．浅论中国结的文化涵义［J］．重庆师范大学学报（哲学社会科学版），2006.（4）：125

-128.

[9]李淑芬,张正举．论语言交际中的颜色文化[J]．湖南大学社会科学学报,1993.7(2):65-72.

[10]孙晓．中德数字文化的比较[J]．电影评介,2012.14:105-107.

[11] 王丽雅．中国文化符号在海外传播现状初探[J]．国际新闻界,2013.5:74-83.

[12]高春霞．中国春节文化与生命意识[D]:[硕士学位论文]．兰州:兰州大学,2007.

[13]李旺．中国剪纸在国际汉语教学中的应用——以个人剪纸教学实践为例[D]:[硕士学位论文]．北京:中央民族大学,2013.

[14][法]圣艾修伯里;马爱农,译;王璐,朗读．EZFM 轻松调频双语有声童话经典:小王子(附光盘)[M]．北京:中国国际广播出版社,2015.